영어 단어 탄생 이후, 전세계 최초 본래의미 " 공개

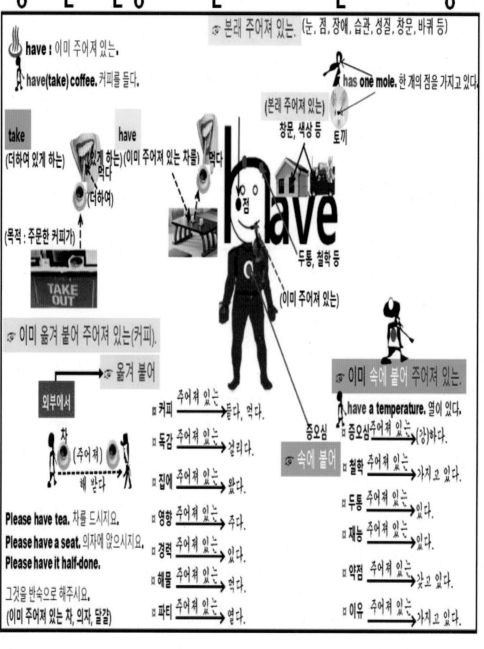

저자 정형휘

명상인(수행 30년)
우주의 빛에 이끌리는 사명으로 영어 동사 본래의 의미를 세상
에 공개하여 영어를 학습하는 독자들에게 도움을 주고자 출판
하게 되었습니다.

동사 宇宙의 빛 한수

저자	정 형 휘
발행인	배 미 령
인쇄	넥스트 프린팅
발행처	도서출판 COSMOS
등록번호	제2021-000011호
주소	부산광역시 연제구 거제대로 230번길
TEL	051-632-1222

가격   23,000원

ISBN 979-11-976290-0-6

머리말

영어 문장 속에서 문장을 구성하는 핵심요소는 동사입니다. **본래 의미 (본질)를 알고 영어 학습을 하게 되면 영어는 상당히 쉽습니다.** 그러나 대부분의 영어 연구가들은 기존에 주어진 동사의 뜻이나 구조적인 설명에 그치고 있습니다.

동사 하나하나에는 여러 가지의 뜻이 실려 있습니다. 영어 연구가들은 뜻 사이의 상호관련성을 찾고 있으나, 관련성을 찾지 못하고 있습니다. **학문으로 상호관련성을 찾는 것은 불가능한 일입니다.** 영어는 공간의 영역입니다.

영어 본래의 의미는 영영사전, 라틴어 그리고 그 이전의 그리스어에서 도 찾아볼 수 없는 것입니다.

이 책은 접두사, 어근, 접미사를 통합한 동사 본래의 의미 책입니다. 본래 의미로 여러 가지의 뜻을 활용할 수 있어 효과적인 영어 학습이 될 것입니다.

영어를 학습하는 세상의 독자들이 동사 본래의 의미를 알고, 활용하여 영어 학습에 도움이 되어 **경제적인 고통, 시간적인 고통, 정신적인 고통 에서 벗어난다면** 본 저자는 더할 나위 없는 영광이 되겠습니다.

아울러 이 책이 나오기까지 묵묵히 많은 배려와 격려를 아끼지 않은 아내 배미령과 자식들에게 감사를 드립니다.

저자 드림.

차례-

raise

영어 본래의 의미(달라붙어 위로 올라가게 하는)

위치 점의 선에 달라붙어 위로 **올라가게 하는** 표현. 이러한 의미를 나타낼 때 raise를 쓰면 된다.

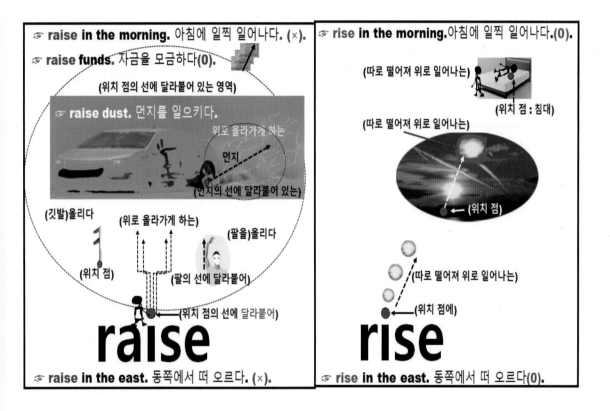

그래서

사전에서 raise의 뜻을 찾아보면 "올리다, 일으키다, 높이다, 늘리다, 승진시키다, 격분하다, 제기하다, 마련하다, 모금하다, 세우다, 기르다, 변조하다 등"의 다양한 뜻들이 실려 있다. 한국어는 문맥이나 상황에 맞는 뜻으로 표현을 하면 된다.

☞ raise. 위치 점의 선에 달라붙어 위로 올라 가게 하는 표현.

raise a flag. 깃발을 들어 올리다.	**raise his spirits.** 그의 기분을 고양시키다.
raise a kite. 연을 올리다.	**raise their voices slightly.** 약간 목소리만 높이다.
raise her eyebrows. 눈썹을 올리다.	**raise a big voice.** 큰 소리를 지르다.
raise my hands. 나의 손을 들어 올리다.	**raise the ire.** 분노를 일으키다.
raise their hands too. 지나치게 손을 든다.	**raise one's salary.** 임금을 인상하다.
raise your face. 얼굴을 들다.	**raise concerns.** 우려를 불러 일으키다.
raise its walls again. 벽을 다시 재건하다. 세우다.	**raise prices.** 물가를 올리다.
raise a big building. 큰 건물을 짓다.(올리다).	**raise next year.** 내년에 올리다.
raise a question. 문제를 제기하다.	**raise dust.** 먼지를 일으키다.
raise fund. 모금을 하다.	**raise the spirits of dead.** 사자의 혼을 부르다.
raise their awareness. 그들의 인식을 높이다.	**raise its rates.** 가격을 올리다.
raise the necessary funds. 필요한 자금을 마련하다.	**raise product prices.** 제품 가격을 올리다.
raise a mortgage rate. 융자 비율을 높이다.	**raise its admission.** 입장료를 올리다.
raise a laugh. 웃기다.	**raise interests.** 이자를 올리다.
raise old memories. 옛 기억을 떠 올리다.	**raise a child.** 아이를 기르다.
raise me department manager. 나를 부장으로 승진시키다.	**raise five dogs.** 5마리의 개를 기르다.

(위로 올라가게 하는) (빵)
부풀다
(위치 점의 선에 달라붙어)

위로 올라가게 하는
먼지
(위치 점의 선에 달라붙어)

- ◆ flag. n. 기.
- ◆ kite. n. 연, 사기꾼.
- ◆ eyebrow. n. 눈썹.
- ◆ wall. n. 벽.
- ◆ question. n. 질문, 문제.
- ◆ awareness. n. 인식, 의식.
- ◆ mortgage. n. 융자, 대출.
- ◆ department. n. 부, 과.
- ◆ manager. n. 부장, 지배인.

- ◆ spirit. n. 기분, 정신. 영혼.
- ◆ slightly. ad. 약간, 조금.
- ◆ ire. n. 분노.
- ◆ concern. v. 염려하다, 걱정하다.
- ◆ dust. n. 먼지, 돈.
- ◆ dead. a. 죽은.
- ◆ rate. n. 가격.
- ◆ admission. n. 입장료.
- ◆ interest. n. 이자, 이익.

1. raise a flag. 깃발을 들어 올리다.

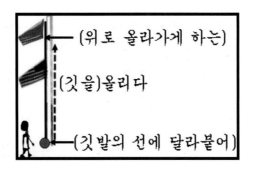

☞ 위치 점의 선에 달라붙어 위로 **올라가게 하는 표현**. 깃발의 선에 달라붙어 위로 올라가게 하다. 깃발을 들어 올리다.

그래서 한국어"올리다 등"의 표현을 한다. 한국어는 문맥이나 상황에 맞는 뜻으로 표현을 하면 된다.

2. raise a kite. 연을 올리다.

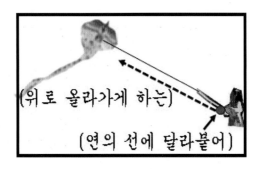

☞ 위치 점의 선에 달라붙어 위로 **올라가게 하는 표현**. 연의 선에 달라붙어 위로 올라가게 하다. 연을 올리다.

그래서 한국어"올리다 등"의 표현을 한다. 한국어는 문맥이나 상황에 맞는 뜻으로 표현을 하면 된다.

3. raise her eyebrows. 눈썹을 올리다.

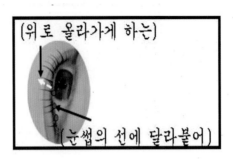

☞ 위치 점의 선에 달라붙어 위로 **올라가게 하는 표현**. 눈썹의 선에 달라붙어 위로 올라가게 하다. 눈썹을 올리다.

그래서 한국어"올리다 등"의 표현을 한다. 한국어는 문맥이나 상황에 맞는 뜻으로 표현을 하면 된다.

4. raise my hands. 나의 손을 들어 올리다.

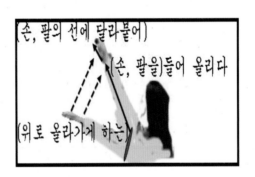

☞ 위치 점의 선에 달라붙어 위로 **올라가게 하는 표현**. 나의 손의 선에 달라붙어 위로 올라가게 하다. 나의 손을 들어 올리다.

그래서 한국어"올리다 등"의 표현을 한다. 한국어는 문맥이나 상황에 맞는 뜻으로 표현을 하면 된다.

5. raise a big building. 큰 건물을 짓다.

☞ 위치 점의 선에 달라붙어 위로 **올라가게 하는 표현**. 건물의 선에 달라붙어 위로 올라가게 하다. 큰 건물을 짓다.

그래서 한국어 "짓다 등"의 표현을 한다. 한국어는 문맥이나 상황에 맞는 뜻으로 표현을 하면 된다.

6. raise their awareness. 그들의 인식을 높이다.

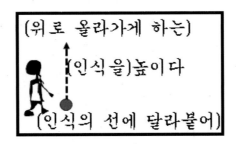

☞ 위치 점의 선에 달라붙어 위로 **올라가게 하는 표현**. 인식의 선에 달라붙어 위로 올라가게 하다. 그들의 인식을 높이다.

그래서 한국어 "높이다 등"의 표현을 한다. 한국어는 문맥이나 상황에 맞는 뜻으로 표현을 하면 된다.

7. raise old memories. 옛 기억을 떠 올리다.

☞ 위치 점의 선에 달라붙어 위로 **올라가게 하는 표현**. 옛 기억의 선에 달라붙어 위로 올라가게 하다. 옛 기억을 떠 올리다.

그래서 한국어"떠 올리다 등"의 표현을 한다. 한국어는 문맥이나 상황에 맞는 뜻으로 표현을 하면 된다.

8. raise me department manager. 나를 부장으로 승진시키다.

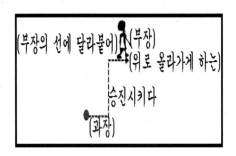

☞ 위치 점의 선에 달라붙어 위로 **올라가게 하는 표현**. 나를 부장의 선에 달라붙어 위로 올라가게 하다. 나를 부장으로 승진시키다.

그래서 한국어"승진시키다 등"의 표현을 한다. 한국어는 문맥이나 상황에 맞는 뜻으로 표현을 하면 된다.

9. raise one's salary. 임금을 인상하다.

☞ 위치 점의 선에 달라붙어 위로 **올라가게 하는 표현**. 임금의 선에 달라붙어 위로 올라가게 하다. 임금을 인상하다.

그래서 한국어 "인상하다 등"의 표현을 한다. 한국어는 문맥이나 상황에 맞는 뜻으로 표현을 하면 된다.

10. raise prices. 물가를 올리다.

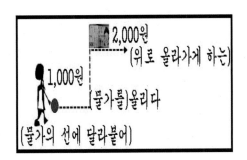

☞ 위치 점의 선에 달라붙어 위로 **올라가게 하는 표현**. 물가의 선에 달라붙어 위로 올라가게 하다. 물가를 올리다.

그래서 한국어 "올리다 등"의 표현을 한다. 한국어는 문맥이나 상황에 맞는 뜻으로 표현을 하면 된다.

11. raise its admission. 입장료를 올리다.

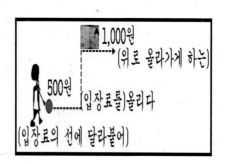

☞ 위치 점의 선에 달라붙어 위로 **올라가게 하는 표현**. 입장료의 선에 달라붙어 위로 올라가게 하다. 입장료를 올리다.

그래서 한국어"올리다 등"의 표현을 한다. 한국어는 문맥이나 상황에 맞는 뜻으로 표현을 하면 된다.

12. raise interests. 이자를 올리다.

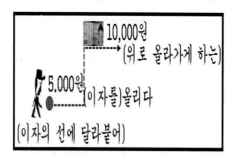

☞ 위치 점의 선에 달라붙어 위로 **올라가게 하는 표현**. 이자의 선에 달라붙어 위로 올라가게 하다. 이자를 올리다.

그래서 한국어"올리다 등"의 표현을 한다. 한국어는 문맥이나 상황에 맞는 뜻으로 표현을 하면 된다.

13. raise dust. 먼지를 일으키다.

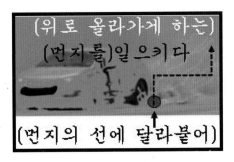

☞ 위치 점의 선에 달라붙어 위로 **올라가게 하는 표현**. 먼지의 선에 달라붙어 위로 올라가게 하다. 먼지를 일으키다.

그래서 한국어"일으키다 등"의 표현을 한다. 한국어는 문맥이나 상황에 맞는 뜻으로 표현을 하면 된다.

14. raise five dogs. 5마리의 개를 기르다.

☞ 위치 점의 선에 달라붙어 위로 **올라가게 하는 표현**. 개의 선에 달라붙어 위로 올라가게 하다. 5마리의 개를 기르다.

그래서 한국어"기르다 등"의 표현을 한다. 한국어는 문맥이나 상황에 맞는 뜻으로 표현을 하면 된다.

☞ raise for. 전체를 향하여 달라붙어 위로 **올라가게 하는 표현.**

raise money for charity. 자선을 위한 돈을 마련하다.

raise funds for a scholarship. 장학금을 위한 자금을 모으다.

raise money for leukemia children. 백혈병 어린이를 위한 기금을 모으다.

raise money as contribution. 기부금으로 모으다.

◆ charity. n. 자선, 자비.
◆ scholarship. n. 장학금, 학문.
◆ leukemia.n. 백혈병.
◆ contribution. n. 기부금, 기여.

☞ **raise for.** 영어 본래 의미(전체를 향하여)

전체를 향하여 달라붙어 위로 **올라가게 하는 표현.** 이러한 의미를 나타낼 때 raise for를 쓰면 된다.

15. raise funds for a scholarship. 장학금을 위한 자금을 모으다.

☞ 전체를 향하여 달라붙어 위로 **올라가게 하는 표현.** 장학금을 향하여 달라붙어 위로 올라가게 하다. 장학금을 위한 자금을 모으다.

그래서 한국어"모으다 등"의 표현을 한다. 한국어는 문맥이나 상황에 맞는 뜻으로 표현을 하면 된다.

rise

영어 본래의 의미(따로 떨어져 위로 일어나는)
위치 점에서 따로 떨어져 **위로 일어나는 표현**. 이러한 의미를 나타낼 때 rise를 쓰면 된다.

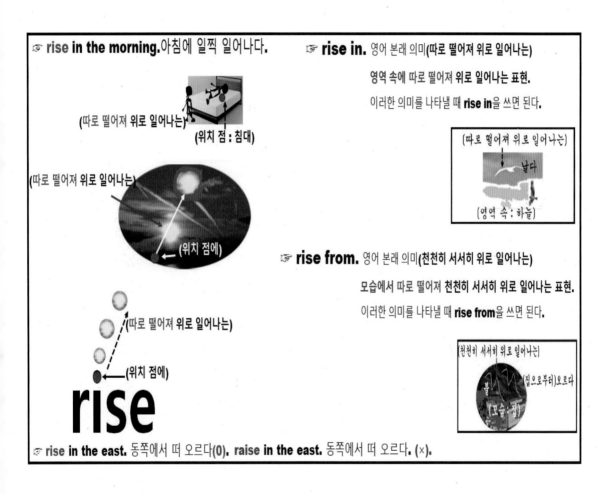

☞ **rise in the morning.** 아침에 일찍 일어나다.

(따로 떨어져 위로 일어나는)
(위치 점 : 침대)

(따로 떨어져 위로 일어나는)
(위치 점에)

(따로 떨어져 위로 일어나는)
(위치 점에)

rise

☞ **rise in the east.** 동쪽에서 떠 오르다(0). **raise in the east.** 동쪽에서 떠 오르다. (x).

☞ **rise in.** 영어 본래 의미(따로 떨어져 위로 일어나는)
영역 속에 따로 떨어져 **위로 일어나는 표현.**
이러한 의미를 나타낼 때 **rise in**을 쓰면 된다.

(따로 떨어져 위로 일어나는)
날다
(영역 속 : 하늘)

☞ **rise from.** 영어 본래 의미(천천히 서서히 위로 일어나는)
모습에서 따로 떨어져 **천천히 서서히 위로 일어나는 표현.**
이러한 의미를 나타낼 때 **rise from**을 쓰면 된다.

(천천히 서서히 위로 일어나는)
(집으로부터)오르다
(모습 : 집)

그래서

사전에서 rise의 뜻을 찾아보면 "일어서다, 생기다, 올라가다, 높아지다, 일어나다, 오르다, 출세하다, 승진하다, 증대하다, 격해지다 등"의 다양한 뜻들이 실려 있다. 한국어는 문맥이나 상황에 맞는 뜻으로 표현을 하면 된다.

☞ **rise.** 위치 점에서 따로 떨어져 위로 일어나는 표현. (떨어져 위로 일어나는)

    rise early. 일찍 일어나다.

    rise two percent. 2퍼센트 오르다.

    (위치 점 : 침대)

    rise 3% last year's. 작년보다 3% 상승하다.

    rise increment of 10 heart beats per minute.
    분당 심장박동 **10**이 증가하다.

☞ **rise from.** 모습에서 천천히 서서히 따로 떨어져 위로 일어나는 표현.

    rise from the dead. 죽음에서 부활하다.

    rise from his house. 그의 집에서부터 오르다.

☞ **rise in.** 영역 속에서 따로 떨어져 위로 일어나는 표현.

    rise in the sky. 하늘에 날다.

    rise from the kitchen. 부엌에서 오르다.

    (따로 떨어져 위로 일어나는)

    rise from the chimney. 굴뚝에서 오르다.

    rise in anger. 화가 나서 커지다.

    rise from his knees. 앉았다가 일어나다.

    in the sky.

    rise in the east. 동쪽에서 떠오르다.

    rise from a chair. 의자에서 일어나다.

    rise from table. 테이블을 떠나다.

    (영역 속 : 하늘 속에서)

    rise from humble origins. 보잘 것 없는 태생에서 출세하다.

☞ **rise at.** 정한 곳에서 따로 떨어져 위로 일어나는 표현.

    rise at six. 6시에 폐회하다.

    (천천히 서서히 위로 일어나는)

    rise at five yesterday. 5시에 일어나다.

    화재

    from his house.
    (모습 : 집)

☞ **rise to.** 정해져 있는 곳에 맞추어 따로 채워 위로 일어나는 표현.

    rise to view. 시야에 들어오다.

    (연기는 굴뚝에서 따로 떨어져)

    rise to the level of race. 인종의 수준 까지 올라가다.

    rise to a fence. 울타리를 뛰어 넘다.

- ◆ increment. n. 증대, 증가량.
- ◆ heart. n. 심장.
- ◆ beat. v. 치다.
- ◆ anger. n. 화, 노염.
- ◆ view. n. 시야, 전망.

- ◆ dead. a. 죽은, 활기 없는.
- ◆ knee. n. 무릎.
- ◆ humble. a. 비천한, 보잘 것 없는.
- ◆ origin. n. 태생, 기원.
- ◆ race. n. 인종, 혈통.

1. rise early. 일찍 일어나다.

☞ 위치 점에서 따로 떨어져 **위로 일어나는 표현**. 위치 점(침대)에서 일찍 따로 떨어져 위로 일어나다. 일찍 일어나다.

그래서 한국어"일어나다 등"의 표현을 한다. 한국어는 문맥이나 상황에 맞는 뜻으로 표현을 하면 된다.

2. rise 3% last year's. 작년보다 3% 상승하다.

☞ 위치 점에서 따로 떨어져 **위로 일어나는 표현**. 위치 점에서 따로 떨어져 위로 3% 일어나다. 작년보다 3% 상승하다.

그래서 한국어"상승하다 등"의 표현을 한다. 한국어는 문맥이나 상황에 맞는 뜻으로 표현을 하면 된다.

☞ rise in. 영어 본래 의미(영역 속에서 위로 일어나는)

영역 속에서 따로 떨어져 위로 일어나는 표현. 이러한 의미를 나타낼 때 rise in 을 쓰면 된다.

3. rise in the sky. 하늘에 날다.

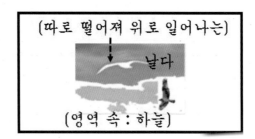

☞ 영역 속에서 따로 떨어져 **위로 일어나는 표현**. 영역 하늘 속에서 따로 떨어 져 위로 일어나다. 하늘에 날다.

그래서 한국어"날다 등"의 표현을 한다. 한국어는 문맥이나 상황에 맞는 뜻으로 표현을 하면 된다.

4. rise in the east. 동쪽에서 떠오르다.

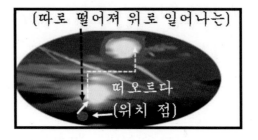

☞ 영역 속에 따로 떨어져 **위로 일어나는 표현**. 동쪽에서 따로 떨어져 위로 일 어나다. 동쪽에서 떠오르다.

그래서 한국어"떠오르다 등"의 표현을 한다. 한국어는 문맥이나 상황에 맞는 뜻 으로 표현을 하면 된다.

☞ **rise to.** 영어 본래 의미(맞추어 따로 채워 위로 일어나는)

정해져 있는 곳에 맞추어 따로 채워 **위로 일어나는 표현**. 이러한 의미를 나타낼 때 rise to를 쓰면 된다.

5. rise to view. 시야에 들어오다.

☞ 정해져 있는 곳에 맞추어 따로 채워 **위로 일어나는 표현**. 정해져 있는 시야에 맞추어 따로 채워 위로 일어나다. 시야에 들어오다.

그래서 한국어"들어오다 등"의 표현을 한다. 한국어는 문맥이나 상황에 맞는 뜻으로 표현을 하면 된다.

☞ **rise from.** 영어 본래 의미(**따로 떨어져 위로 일어나는**)

모습에서 천천히 서서히 따로 떨어져 위로 일어나는 **표현**. 이러한 의미를 나타낼 때 rise from을 쓰면 된다.

6. rise from the dead. 죽음에서 부활하다.

☞ 모습에서 천천히 서서히 따로 떨어져 **위로 일어나는 표현**. 죽은 모습에서 천천히 서서히 따로 떨어져 위로 일어나다. 죽음에서 부활하다.

그래서 한국어"부활하다 등"의 표현을 한다. 한국어는 문맥이나 상황에 맞는 뜻으로 표현을 하면 된다.

7. rise from his house. 그의 집에서부터 오르다.

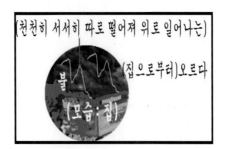

☞ 모습에서 천천히 서서히 따로 떨어져 **위로 일어나는 표현**. 집에서 천천히 서서히 따로 떨어져 위로 일어나다. 그의 집으로부터 오르다.

그래서 한국어 "오르다 등"의 표현을 한다. 한국어는 문맥이나 상황에 맞는 뜻으로 표현을 하면 된다.

8. rise from table. 테이블을 떠나다.

☞ 모습에서 천천히 서서히 따로 떨어져 **위로 일어나는 표현**. 테이블에서 천천히 서서히 따로 떨어져 위로 일어나다. 테이블에서 떠나다.

그래서 한국어 "떠나다 등"의 표현을 한다. 한국어는 문맥이나 상황에 맞는 뜻으로 표현을 하면 된다.

carry

영어 본래 의미(옮겨 붙이는)

① 옮겨 붙이는, ② 강력한 힘이 옮겨붙어 있는 표현. 이러한 의미를 나타낼 때 carry를 쓰면 된다. carry의 한국어 "나르다"는 영어 본래 의미가 아니다.

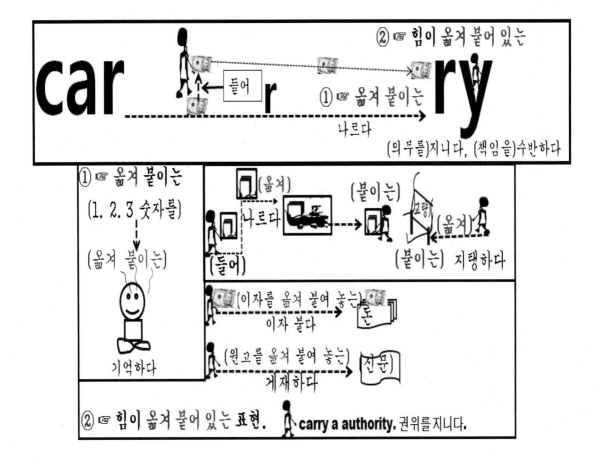

그래서

사전에서 carry의 뜻을 찾아보면 "나르다, 옮기다, 운반하다, 전하다, 휴대하다, 지니다, 발송하다, 확장하다, 따르다, 수반하다, 게재하다 등"의 다양한 뜻들이 실려 있다. 한국어는 문맥이나 상황에 맞는 뜻으로 표현을 하면 된다.

☞ 한국어는 문맥이나 상황에 맞는 표현을 쓰면 된다

<1. 옮겨 붙이는>

carry the luggage. 짐을 나르다.

carry baggage. 짐을 운송하다.

carry 5 meters. 5미터까지 가다.

carry that item. 그 물품을 팔다.

carry a tune. 정확히 노래하다.

carry the article. 기사를 싣다.

carry the trash can. 쓰레기통을 팔다.

carry a joke too fan. 농담을 너무 심하게 하다.

carry more than five kilograms. 5 킬로그램 이상 지탱하다.

carry five percent interest. 5퍼센트 이자가 붙다.

carry all sorts of diseases. 온갖 질병을 옮기다.

<2. 강력한 힘이 옮겨 붙어 있는>

carry a authority. 권위를 지니다.

carry the ball. (어떤 일을) 책임지고 하다.

carry a responsibility. 책임을 수반하다.

(옮겨)

나르다

들어

(짐)

(붙이는)

- luggage. n. 여행용 휴대품, 수화물.
- baggage. n. (집합적) 수화물, 가방.
- tune. n. 올바른 가락, 곡.
- article. n. 기사, 계약.
- trash. n. 쓰레기.
- fan. n. 선풍기. v. 부추기다, 선동하다.
- interest. n. 이자. 관심.
- sort. n. 종류.
- disease. n. 질병, 병.

- authority. n. 권위, 근거.
- ball. n. 용기, 배짱.
- responsibility. n. 책임.

☞1. 옮겨 붙이는 표현.

1. carry the luggage. 짐을 나르다.

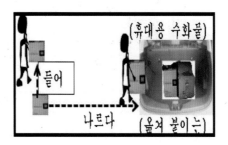

☞ 옮겨 **붙이는** 표현. 짐을 옮겨 붙이다. 짐을 나르다.

그래서 한국어 "나르다 등"의 표현을 한다. 한국어는 문맥이나 상황에 맞는 뜻으로 표현을 하면 된다.

2. carry baggage. 짐을 운반하다.

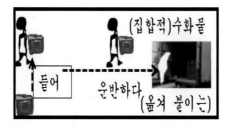

☞ 옮겨 **붙이는** 표현. 짐을 옮겨 붙이다. 짐을 운반하다.

그래서 한국어 "운반하다, 나르다 등"의 표현을 한다. 한국어는 문맥이나 상황에 맞는 뜻으로 표현을 하면 된다.

3. carry 5 meters. 5 미터까지 가다.

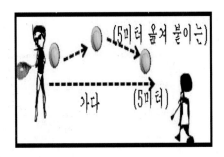

☞ 옮겨 **붙이는** 표현. 5 미터까지 옮겨 붙이다. 5 미터까지 가다.

그래서 한국어"가다 등"의 표현을 한다. 한국어는 문맥이나 상황에 맞는 뜻으로 표현을 하면 된다.

4. carry the article. 기사를 게재하다.

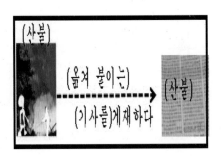

☞ 옮겨 **붙이는** 표현. 기사를 옮겨 붙이다. 기사를 게재하다.

그래서 한국어"게재하다, 실다 등"의 표현을 한다. 한국어는 문맥이나 상황에 맞는 뜻으로 표현을 하면 된다.

5. carry a joke too fan. 농담을 심하게 하다..

☞ 옮겨 **붙이는 표현**. 농담을 옮겨 붙이다. 농담을 심하게 하다.

그래서 한국어"(농담을)하다 등"의 표현을 한다. 한국어는 문맥이나 상황에 맞는 뜻으로 표현을 하면 된다.

6. carry five percent interest. 5 퍼센터 이자가 붙다.

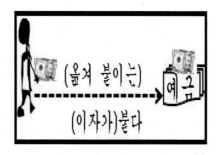

☞ 옮겨 **붙이는 표현**. 이자를 옮겨 붙이다. 5 퍼센터 이자가 붙다.

그래서 한국어"(이자가)붙다 등"의 표현을 한다. 한국어는 문맥이나 상황에 맞는 뜻으로 표현을 하면 된다.

7. carry the plan. 계획을 수행하다.

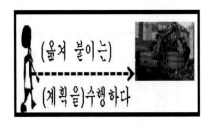

☞ 옮겨 **붙이는 표현**. 계획에 옮겨 붙이다. 계획을 수행하다.

그래서 한국어"(계획을)수행하다, 옮기다 등"의 표현을 한다. 한국어는 문맥이나 상황에 맞는 뜻으로 표현을 하면 된다.

8. carry that item. 그 물품을 팔다.

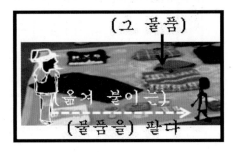

☞ 옮겨 **붙이는 표현**. 그 물품을 옮겨 붙이다. 그 물품을 팔다.

그래서 한국어"팔다, 옮기다 등"의 표현을 한다. 한국어는 문맥이나 상황에 맞는 뜻으로 표현을 하면 된다.

9. carry a authority. 권위를 지니다.

☞ 강력한 **힘**이 옮겨붙어 **있는 표현**. 권위가 옮겨붙어 있다. 권위를 지니다.

그래서 한국어"(권위를)지니다 등"의 표현을 한다. 한국어는 문맥이나 상황에 맞는 뜻으로 표현을 하면 된다.

10. carry the ball. (어떤 일을) 책임지고 하다.

☞ 강력한 **힘**이 옮겨붙어 **있는 표현**. 일이 옮겨붙어 있다. 일을 책임지고 하다.

그래서 한국어"(일을)책임지고 하다 등"의 표현을 한다. 한국어는 문맥이나 상황에 맞는 뜻으로 표현을 하면 된다.

☞ **carry on.** 영역에 옮겨 붙어 계속 움직여 가는.

carry it out. 그것을 실행하다.

carry on studying. 공부를 계속하다.

carry out her normal work. 정상적인 근무를 수행하다.

carry on the work. 일을 계속하다.

carry out the plan. 그 계획을 수행하다.

carry on the new business. 새 사업을 수행하다.

carry out by the thief. 도둑에 의하여 실행되다.

carry ships off course. 배들은 항로를 벗어나서 가다.

(계속 움직여 가는 : 일을 계속하다)

- ◆ plan. n. 계획, 안.
- ◆ thief. n. 도둑.
- ◆ course. n. 진로, 행로, 진행.
- ◆ business. n. 사업, 장사.

☞ **carry out.** 영어 본래 의미(옮겨 채우는)

정해져 있는 것에 옮겨 채우는 표현. 이러한 의미를 나타낼 때 carry out을 쓰면 된다.

11. carry it out. 그것을 실행하다.

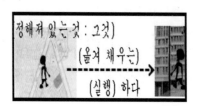

☞ **정해져 있는 것에 옮겨 채우는 표현.** 정해져 있는 그것에 옮겨 채우다. 그것을 실행하다

그래서 한국어"(실행)하다 등"의 표현을 한다. 한국어는 문맥이나 상황에 맞는 뜻으로 표현을 하면 된다.

12. carry out by the thief. 도둑에 의하여 실행되다.

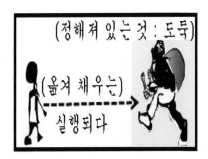

☞ **정해져 있는 것에 옮겨 채우는 표현**. 도둑에 옮겨 채우다. 도둑에 의하여 실행되다.

그래서 한국어"실행되다 등"의 표현을 한다. 한국어는 문맥이나 상황에 맞는 뜻으로 표현을 하면 된다.

13. carry out her normal work. 정상적인 근무를 수행하다.

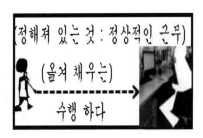

☞ **정해져 있는 것에 옮겨 채우는 표현**. 정상적인 근무에 옮겨 채우다. 정상적인 근무를 수행하다.

그래서 한국어"(근무, 일을)수행하다 등"의 표현을 한다. 한국어는 문맥이나 상황에 맞는 뜻으로 표현을 하면 된다.

☞ **carry on.** 영어 본래 의미(붙어 계속 움직여 가는)

영역에 옮겨붙어 계속 움직여 가는 **표현**. 이러한 의미를 나타낼 때 carry on을 쓰면 된다.

14. carry on studying. 공부를 계속하다.

☞ 영역에 옮겨붙어 계속 움직여 가는 **표현**. 공부에 옮거붙이 계속 움직여 가다. 공부를 계속하다.

그래서 한국어"계속하다 등"의 표현을 한다. 한국어는 문맥이나 상황에 맞는 뜻으로 표현을 하면 된다.

15. carry on the work. 일을 계속하다.

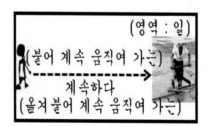

☞ 영역에 옮겨붙어 계속 움직여 가는 **표현**. 일에 옮겨붙어 계속 움직여 가다. 일을 계속하다

그래서 한국어"계속하다 등"의 표현을 한다. 한국어는 문맥이나 상황에 맞는 뜻으로 표현을 하면 된다.

영어 본래 의미(향하여 가는)

정해놓은 목적 없이 **단순하게**(막연하게) 향하여 가는 **표현**. 이러한 의미를 나타 낼 때 go를 쓰면 된다. go의 한국어"가다"는 영어 본래 의미가 아니다.

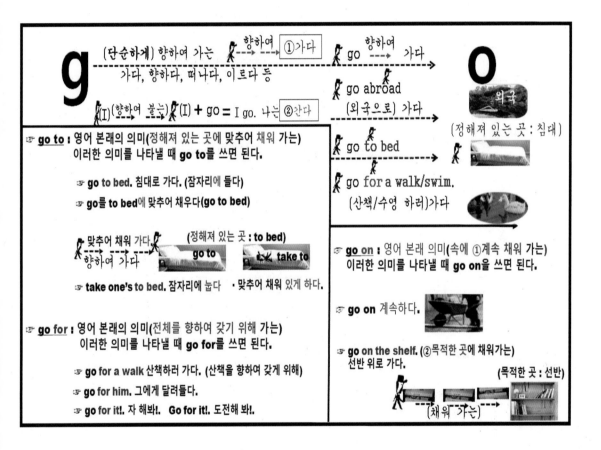

그래서

사전에서 go의 뜻을 찾아보면 "가다, 향하다, 떠나다, 주어지다, 놓이다, 닿다, 들어가다, 진행하다, 뻗다, (수량이)…되다 등"의 다양한 뜻들이 실려 있다. 한 국어는 문맥이나 상황에 맞는 뜻으로 표현을 하면 된다.

\<go 사용법\>

따가다 1. go "향하여 가는" 표현. 이러한 의미를 나타낼 때 <u>go</u>를 쓰면 된다.

가다

"가다" ⇨ go wrong. 잘못 가다.
go tomorrow. 내일 가다.

2. goes "정한 위치에 달라붙어 **나가는**" 표현. 이러한 의미를 나타낼 때 <u>goes</u>를 쓰면 된다.

"나가는" ⇨ go<u>es</u> to school. 학교에 다닌다.
go<u>es</u> the Bible 성서에 씌어 있다.

3. gone "영역에서 ① 떨어져 **나가 없어지는.** ② 속에서 다르게 바뀌어 **나가는**" 표현.
이러한 의미를 나타낼 때 <u>gone</u>를 쓰면 된다.

"나가없어지는" ⇨ gone to America. 미국에 갔다.(He, she, they만 사용)
gone for two days. 이틀 비웠다.

"속에서 다르게" ⇨ gone a funny color. 이상한 색으로 변했다.
gone mad. 정신이 돌았다.

4. going "공간관계 속에 붙어 **나가고 있는**" 표현. 이러한 의미를 나타낼 때 going를 쓰면 된다.

"나가고있는" ⇨ going to sleep. 자려고 간다.
going to do. 하려고 한다.(공간관계 : 사람과 잠, 나와 하는 것)

일 ↖ ↑ 계획
목표
← 나가다 → 장소
↓ 시간
기계 ↙ ↓ ↘ 어떤
정신 상태

☞ **go. 향하여 가다.** →가다

go now. 지금 가다.	**go way.** 떠나다.
go anywhere. 어디든지 가다.	**go there.** 그 곳에 가다.
go skating. 스케이트 타러 가다.	**go out.** 외출하다.
go home early. 집에 일찍 가다.	**go straight.** 곧장 가다.
go too far. 너무 멀리 가다.	**go too close.** 너무 가까이 가다.
go camping. 캠핑 가다.	**go and get.** 가서 가져오다.

◆ go anywhere. ad. 어디에나, 어디에도. ◆ way. n. 길. 진행, 상태.

◆ straight. ad. 곧장, 계속해서. ◆ camping. n. 야영. 캠프

☞ go. 향하여 가다.

go a good way. 도움이 되다.	**go shopping.** 장보러 가다.
go cheap. 헐값에 나가다.	**go abroad.** 외국으로 가다.
go sight seeing. 관광 가다.	**go back.** 뒤돌아 가다.
go hunting. 사냥하러 가다.	**go and get.** 가서 가져오다.
go home early. 집에 일찍 가다.	**go a head.** 앞서가다.
go under. 실패하다.	**go down.** 내려가다.
go deep. 깊이 들어 가다.	**go hungry.** 배고프게 지내다.
go slowly. 천천히 가다.	**go wrong.** 잘못 가다.
go free. 자유롭게 가다.	**go tomorrow.** 내일가다.
go bad easily. 쉽게 상하다.	**go lock the door.** 문을 잠그다.
go Dutch. (비용을**)** 각자 부담하다.	**go out.** 외출하다.

go bankrupt because the debt. 빚 때문에 파산하다.

go break last year. 작년에 파산하다.

- ◆ cheap. a. 싼, 싸게 파는.
- ◆ hunting. n. 사냥.
- ◆ deep. a. 깊은, 깊이.
- ◆ wrong. a. 잘못된, 그릇된.
- ◆ Dutch. a. 따로따로.
- ◆ bankrupt. a. 파산한.

- ◆ sight. n. 봄, 풍경.
- ◆ head. n. 머리, 선두, 우두머리.
- ◆ hungry. a. 배고픈, 메마른.
- ◆ free. a. 자유로운, 마음대로의.
- ◆ debt. n. 빚, 부채.
- ◆ break(과거.broke). vt. 파산하다.

1. go abroad. 외국으로 나가다. (향하여 가는)

☞ goes abroad. 해외에 가다. (goes. 정한 위치에 달라붙어 나가는)

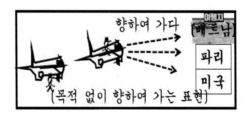

☞ 정해놓은 목적 없이 **향하여 가는 표현**. 정해놓은 목적 없이 외국으로 향하여 가다. 외국으로 나가다.

그래서 한국어"나가다 등"의 표현을 한다. 한국어는 문맥이나 상황에 맞는 뜻으로 표현을 하면 된다.

2. go shopping. 물건 사러 가다.

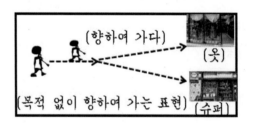

☞ 정해놓은 목적 없이 **향하여 가는 표현**. 정해놓은 목적 없이 물건 사러 향하여 가다. 물건 사러 가다.

그래서 한국어"가다 등"의 표현을 한다. 한국어는 문맥이나 상황에 맞는 뜻으로 표현을 하면 된다.

☞ go to. 영어 본래 의미(정해져 있는 곳에 채워 가는)

이미 정해져 있는 곳에 맞추어 채워 가는 표현. 이러한 의미를 나타낼 때 go to 를 쓰면 된다.

☞ go to. 맞추어 채워가는 표현.

정해져 있는 곳 : 굴 속에 맞추어 채워 가는

go to the park. 공원에 가다.

go to any vacant. 아무 빈자리로 가다.

go to the phone booth. 전화박스로 가다.

go to the university. 대학에 진학하다.

go to the special school. 특수학교에 가다.

go to my room now. 지금 내 방으로 가다.

go to Busan a few days. 부산에 며칠 가다.

go to the north coast. 북쪽 해안으로 가다.

go back to his hometown. 그의 고향으로 돌아가다.

go to the party. 파티에 가다. **go to the movies.** 영화보러가다.

go to Busan via the pacific coast. 태평양 연안을 거쳐 부산에 가다.

go to the rest room to rest. 휴식을 취하기 위해 화장실에 가다.

(rest room : 극장 등 화장실)

go to one's reward. 천국에 가다.

(정해져 있는 빈자리에 맞추어 채워 가는)

- ◆ vacant. a. 빈, 비어 있는.
- ◆ university. n. 대학.
- ◆ special. a. 특별한, 특정한.
- ◆ coast. n. 해안, 연안.
- ◆ hometown. n. 고향, 가정.
- ◆ town. n. 읍. The town. 시민. 읍민.
- ◆ via. L. 경유로, ...을 거쳐.
- ◆ pacific. a. 태평양의. 평화로운.
- ◆ reward. n. 보답,
- ◆ gone to one's reward.죽어서 천국에 간.

3. go to the library. 도서관에 가다.

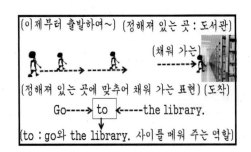

☞ 이미 정해져 있는 곳에 맞추어 채워 **가는 표현**. 이미 정해져 있는 도서관에 맞추어 채워 가다. 도서관에 가다.

그래서 한국어"가다 등"의 표현을 한다. 한국어는 문맥이나 상황에 맞는 뜻으로 표현을 하면 된다.

4. go to school. 학교에 가다. (학생이 등교하는).
☞ (go to The school(학교 건물). 학교(건물)에 가는).

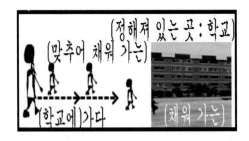

☞ 이미 정해져 있는 곳에 맞추어 채워 **가는 표현**. 이미 정해져 있는 학교에 맞추어 채워 가다. 학교에 가다.

그래서 한국어"가다 등"의 표현을 한다. 한국어는 문맥이나 상황에 맞는 뜻으로 표현을 하면 된다.

5. go to his rival. 상대방에게(쪽으로) 돌아가다.

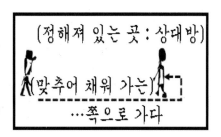

☞ 이미 정해져 있는 곳에 맞추어 채워 **가는 표현**. 이미 정해져 있는 상대방에게 맞추어 채워 가다. 상대방에게 돌아가다.

그래서 한국어 "돌아가다 등"의 표현을 한다. 한국어는 문맥이나 상황에 맞는 뜻으로 표현을 하면 된다.

6. go to homeless shelter. 노숙자 수용시설로 가다.

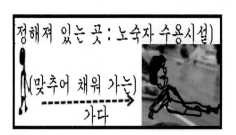

☞ 이미 정해져 있는 곳에 맞추어 채워 **가는 표현**. 이미 정해져 있는 수용시설에 맞추어 채워 가다. 노숙자 수용시설로 가다.

그래서 한국어 "가다 등"의 표현을 한다. 한국어는 문맥이나 상황에 맞는 뜻으로 표현을 하면 된다.

6. go to the beach. 해변으로 가다.

☞ 이미 정해져 있는 곳에 맞추어 채워 **가는 표현**. 이미 정해져 있는 해변에 맞추어 채워 가다. 해변으로 가다.

그래서 한국어"가다 등"의 표현을 한다. 한국어는 문맥이나 상황에 맞는 뜻으로 표현을 하면 된다.

☞ **go for.** 영어 본래 의미(향하여 갖기 위해 가는)

전체를 향하여 갖기 위해 **가는 표현**. 이러한 의미를 나타낼 때 go for를 쓰면 된다.

☞ **go for. 전체를 향하여 갖기 위해 가는 표현.**

go for it !. 자, 해봐!. 도전해봐!.

go for food and rent. 식비와 방세로 들어가다.　**n.** 집세.

go for dinner today. 오늘 저녁 먹으러 가다.

go for nothing. 수포로 돌아가다.　**(오토바이 타는 것을 갖기 위해 향하여 가는)**

go for a bike ride. 오토바이 타러 가다.

go for only fame and wealth. 부와 명예를 쫓다. **n.** 명예

go for practice. 실습하러 가다.　**n.** 실습, 실행.

7. go for a bike ride today. 오늘 자전거 타러가다.

☞ 전체를 향하여 갖기 위해 **가는 표현**. 자전거 타는 것을 향하여 갖기 위해 가다. 오늘 자전거를 타러가다.

그래서 한국어 "타러가다 등"의 표현을 한다. 한국어는 문맥이나 상황에 맞는 뜻으로 표현을 하면 된다.

8. go for one blok. 한 블록을 가기 위해 가다.

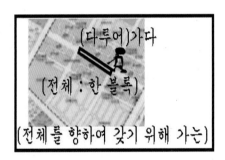

☞ 전체를 향하여 갖기 위해 **가는 표현**. 한 블록을 향하여 갖기 위해 가다. 한 블록을 가기 위해 가다.

그래서 한국어 "가다 등"의 표현을 한다. 한국어는 문맥이나 상황에 맞는 뜻으로 표현을 하면 된다.

9. go for only fame and wealth. 부와 명예를 쫓아가다.

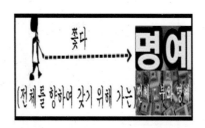

☞ 전체를 향하여 갖기 위해 **가는 표현**. 부와 명예를 향하여 갖기 위해 가다. 부와 명예를 쫓아가다.

그래서 한국어 "쫓아가다 등"의 표현을 한다. 한국어는 문맥이나 상황에 맞는 뜻으로 표현을 하면 된다.

10. go for him with a knife. 칼로 그에게 듬벼들다.

☞ 전체를 향하여 갖기 위해 **가는 표현**. 그를 향하여 갖기 위해 가다. 칼로 그에게 듬벼들다.

그래서 한국어 "듬벼들다 등"의 표현을 한다. 한국어는 문맥이나 상황에 맞는 뜻으로 표현을 하면 된다.

11. go for the coffee BOUR. 커피 딸린 경약식으로 하다.

☞ 전체를 향하여 갖기 위해 **가는** 표현. 커피 딸린 경양식을 향하여 갖기 위해 가다. 커피 딸린 경양식을 하다.

그래서 한국어"하다 등"의 표현을 한다. 한국어는 문맥이나 상황에 맞는 뜻으로 표현을 하면 된다.

☞ **go on.** 영어 본래 의미(채워 가는)

① 목적한 곳에 채워 **가는**, ② 영역 속에 계속 채워 **가는** 표현. 이러한 의미를 나타낼 때 go on을 쓰면 된다.

☞ go on. ① 목적한 곳에 채워 가는, ② 영역 속에 계속 채워 가는.

go on. 계속 가다. ② 영역 속에 계속.   **go on a picnic.** 소풍을 가다. ① 목적한 곳

go on a journey. 여행을 가다. ① 목적한 곳   **go on tell.** 말을 계속하다. ② 영역 속에 계속.

go on forever. 영원히 가다. ① 목적한 곳   **go on and on.** 계속해서 가다. ② 영역 속에 계속.

go on a diet. 다이어트를 하다. ① 목적한 영역   **Oh, go on.** 아, 그래 그래. ② 영역 속에 계속

go on a day excursion. 당일 소풍을 가다. ① 목적한 곳   **n.** 소풍, 수학여행.

go on the top shelf. 맨 위 선반으로 가다. ① 목적한 곳   **n.** 선반.

go on shopping spree. 흥청망청 쇼핑을 하다. ① 목적한 곳   **n.** 흥청거림.

go back on my word. 나의 말을 어기다. ① 목적한 곳

go on the gamble. 도박을 하다. ① 목적한 곳

go church on Sunday. 일요일마다 교회에 가다. **n.** 교회. (the Church.(조직체)교회 (목적한 곳 : 교회)

go under. 가라앉다, 실패하다, 파멸하다.

go out shopping. 장보러 외출 하다. ① 목적한 곳

go out door. 야외에 나가다. ① 목적한 곳   ☞ 목적한 곳에 **채워 가는**

---

12. go church on Sunday. 일요일마다 교회에 가다. (교회 신도)
☞ go the church. 교회가다. (교회 건물에 가다)

☞ 목적한 곳에 채워 **가는 표현**. 목적한 일요일에 (일요일마다) 채워 가다. 일요일마다 교회에 가다.

그래서 한국어"가다 등"의 표현을 한다. 한국어는 문맥이나 상황에 맞는 뜻으로 표현을 하면 된다.

13. go on picnic. 소풍을 가다.

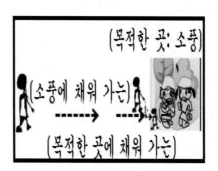

☞ 목적한 곳에 채워 **가는 표현**. 목적한 소풍에 채워 가다. 소풍을 가다.

그래서 한국어"가다 등"의 표현을 한다. 한국어는 문맥이나 상황에 맞는 뜻으로 표현을 하면 된다.

14. go on the gamble. 도박을 하다.

☞ 목적한 곳에 채워 **가는** 표현. 목적한 도박에 채워 가다. 도박을 하다.

그래서 한국어"하다 등"의 표현을 한다. 한국어는 문맥이나 상황에 맞는 뜻으로 표현을 하면 된다.

☞ go through 반복하여 채워 가는.

adapt and go ahead. 앞서 가려다가 적응하다. **vt.** 적응시키다.

go the way you want. 원하는 방향으로 가다.

go back ten times. 10번이나 찾으러 가다.

go through life. 살면서 경험하다.

go through the _rough_ days. 괴로운 나날을 보내다. **a.** 괴로운, 거친.

go through official _channels_. 공식적인 경로를 거치다. **n.** 경로, 해협.

go through a complex _process_. 복잡한 과정을 거치다. **n.** 과정, 경과.

go through all these _changes_. 이러한 모든 변화를 경험하다. **n.** 변화.

☞ go through. 영어 본래 의미(반복하여 채워 가는)

정해져 있는 영역 속에 반복하여 **채워 가는 표현**. 이러한 의미를 나타낼 때 go through를 쓰면 된다.

15. go through the rough days. 괴로운 나날을 보내다.

☞ 정해져 있는 영역 속에 반복하여 **채워 가는 표현**. 정해져 있는 괴로운 날 속에 반복하여 채워 가다. 괴로운 나날을 보내다.

그래서 한국어 "보내다 등"의 표현을 한다. 한국어는 문맥이나 상황에 맞는 뜻으로 표현을 하면 된다.

16. go through all of his things. 소지품을 샅샅이 뒤지다.

☞ 정해져 있는 영역 속에 반복하여 **채워 가는 표현**. 정해져 있는 소지품 속에 반복하여 채워 가다. 소지품을 샅샅이 뒤지다.

그래서 한국어 "뒤지다 등"의 표현을 한다. 한국어는 문맥이나 상황에 맞는 뜻으로 표현을 하면 된다.

Come

영어 본래 의미(공간 이동을 나타내는)

현재 위치(출발점)에서 ①천천히 서서히 **나가서(가다)** ②이르는(도착점: 오다)
표현. 이러한 의미를 나타낼 때 come을 쓰면 된다. come의 한국어"오다"는 영
어 본래의 의미가 아니다.

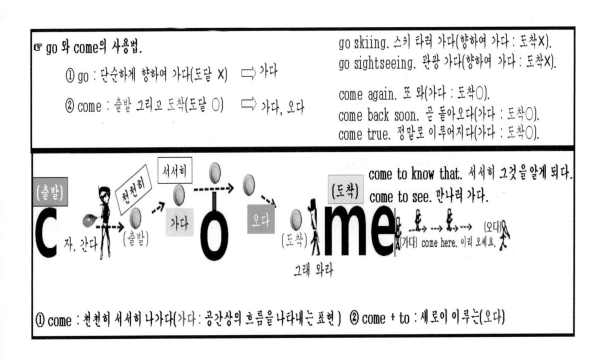

그래서

사전에서 come의 뜻을 찾아보면 "가다, 오다, 이르다, 도착하다, (생각이) 보이
다, 나타나다, 일어나다, 풀리다, 보이다, 되다 등"의 다양한 뜻들이 실려 있다.
한국어는 문맥이나 상황에 맞는 뜻으로 표현을 하면 된다.

☞ come. 가다, 오다.

come back home. 집에 돌아오다.

come the man. 그 사람이 오다.

come too late. 너무 늦게 오다.

come after. 다음에 오다.

come back soon. 곧 돌아오다.

come back again. 다시 돌아오다.

come near. 가까이 오다.

come here. 여기에 오다.

come the reply. 대답이 돌아오다.

come along the road. 길을 따라 오다.

come within a week. 일주일 내내 오다.

1. come back home. 집으로 돌아오다.

☞ 천천히 서서히 **나가서(가다) 이르는(오다) 표현**. 천천히 서서히 나가서(가다) 집에 이르다(돌아오다). 집에 돌아오다.

그래서 한국어"오다 등"의 표현을 한다. 한국어는 문맥이나 상황에 맞는 뜻으로 표현을 하면 된다.

2. come along the road. 길을 따라 오다.

☞ 천천히 서서히 **나가서(가다) 이르는(오다) 표현**. 천천히 서서히 길을 따라 나가서 이르다(도착). 길을 따라 오다.

그래서 한국어"오다 등"의 표현을 한다. 한국어는 문맥이나 상황에 맞는 뜻으로 표현을 하면 된다.

3. come too late. 너무 늦게 오다.

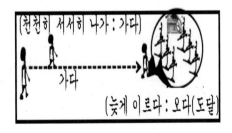

☞ 천천히 서서히 **나가서(가다) 이르는(오다) 표현**. 천천히 서서히 나가서 너무 늦게 이르다(도착). 너무 늦게 오다.

그래서 한국어"오다 등"의 표현을 한다. 한국어는 문맥이나 상황에 맞는 뜻으로 표현을 하면 된다.

☞ come. 가다, 오다.

come presently. 곧 오다.　　　　　**ad.** 즉시, 곧

come the cosmos. 우주가 발생하다.　　**n.** 우주

come along often. 자주 찾아 온다.

come here a few days ago. 며칠 전에 여기에 오다.

come home just now. 바로 조금 전에 집에 오다.

come and watch our rehearsal. 예행 연습을 보러 가다.　**n.** 연습.

come despite the bad weather. 좋지 않은 날씨에도 불구하고 오다.

(despite : ...에도 불구하고)

easy come, easy go. 쉽게 얻은 것은 쉽게 나간다.

1. come from. 영어 본래 의미(떨어져 나가서 이르는)

본바탕에서 떨어져 나가서(가다) 이르는(오다) 표현. 이러한 의미를 나타낼 때 come from을 쓰면 된다. 그래서 한국어 "..로부터, ..에서 등"의 표현을 한다.
4. come from sheep. 양에서 오다.

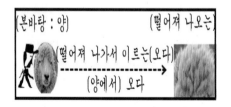

☞ 본바탕에서 떨어져 나가서(가다) **이르는(오다)** 표현. 만들어져 있는 양에서 떨어져 나가서 이르다. 양에서 오다.

그래서 한국어 "오다 등"의 표현을 한다. 한국어는 문맥이나 상황에 맞는 뜻으로 표현을 하면 된다.

3. come from the Greek word. 그리스 단어에서 오다.

☞ 본바탕에서 떨어져 나가서 **이르는 표현**. 본바탕 그리스 단어에서 떨어져 나가서 이르다. 그리스 단어에서 오다.

그래서 한국어"오다 등"의 표현을 한다. 한국어는 문맥이나 상황에 맞는 뜻으로 표현을 하면 된다.

☞2. come from. 목적으로부터 옮겨 가서 이르는

come from abroad. 해외에서 들어오다.(2. 목적으로부터)

come from the house. 그 집에서 흘러 나오다.(2. 목적으로부터)

come from sheep. 양으로부터 나온다.(1. 본바탕에서)

come from the kettle. 주전자로부터 나오다.(2. 목적으로부터)

come from ancient. 예로부터 오다(1. 본바탕에서)

(ancient. 옛날의, 예로부터)

come from very long age. 오랜 옛날로부터 오다.(1. 본바탕에서)

come from the experience. 경험으로부터 오다.(2. 목적으로부터)

(experience. 경험, 체험)

come from North American. 북미 출신이다.(1. 본바탕에서)

come from the words. 말로붙어 나오다.(1. 본바탕에서)

come from all social background. (2. 목적으로부터)

사회 각계 각층에서 오다.

2. come from. 영어 본래 의미(옮겨가서 이르는).

목적으로부터 옮겨가서 이르는(오다) 표현. 이러한 의미를 나타낼 때 come from을 쓰면 된다.

come from the experience. 경험으로부터 오다.

come from the words. 말로부터 나오다.

5. come **from very long age**. 오랜 옛날로부터 오다.

☞ 목적으로부터 옮겨가서 이르는(오다) 표현. 오랜 옛날로부터 옮겨가서 이르다(오다). 옛날로부터 오다.

그래서 한국어"오다 등"의 표현을 한다. 한국어는 문맥이나 상황에 맞는 뜻으로 표현을 하면 된다.

6. come from abroad. 해외에서 들어오다. (sightseeing. 관광, 유람)

☞ 목적으로부터 옮겨가서 이르는(오다) 표현. 해외로부터 옮겨가서 이르다(오다). 해외로부터 오다.

그래서 한국어"오다 등"의 표현을 한다. 한국어는 문맥이나 상황에 맞는 뜻으로 표현을 하면 된다.

1. come to. 영어 본래 의미(만들어져 있는 곳에 가서 이르는)

이미 만들어져 있는 곳에 가서 이르는(오다) **표현**. 이러한 의미를 나타낼 때 come to를 쓰면 된다.

☞ come to. 이미 만들어져 있는 곳에 가서 이르는 표현.

come to the office. 사무실에 오다.

come to see you. 너를 만나러 가다.

come to New Zealand. 뉴질랜드에 오다.

come to help. 도와주러 오다.

(만들어져 있는 곳 : **to the office**)

가다   이르다

come to <u>conclusion</u>. 결론에 도달하다. (**conclusion**. 결론, 종결)

come to a hasty conclusion. 성급한 결론에 도달하다. **a.** 급한, 조급한, 경솔한)

come to an <u>agreement</u>. 동의에 도달하다. **n.** 동의, 협정, 부합.

come to <u>consider</u>. 고려하게 되다. **v.** 고려하다, 숙고하다, 간주하다.

come to <u>clash</u>. 충돌하게 되다. **n.** 충돌. **v.** 충돌하다.

<u>**come** presently <u>to belive</u>. 결국 신뢰하게 되다.

(**come** to <u>believe</u>. 믿게 되다, 신뢰하게 되다) **v.** 믿다, 신뢰하다.

come to my <u>heart</u>. 내 가슴에 와 닿다. **n.** 가슴, 심장, 애정.

come to back to her. 그녀에게 기억이 되돌아 오다.

<u>when it **come** to</u> the children. 아이들에 관하여 말하자면.

(**when it come to.** ..으로 말하자면)

6. come to the office. 사무실에 오다.

☞ 이미 만들어져 있는 곳에 가서 이르는(오다) **표현**. 이미 만들어져 있는 사무실에 가서 이르다(오다). 사무실에 오다.

그래서 한국어 "오다 등"의 표현을 한다. 한국어는 문맥이나 상황에 맞는 뜻으로 표현을 하면 된다.

7. come to an agreement. 동의에 도달하다.
(agreemeent. 동의, 협정, 부합)

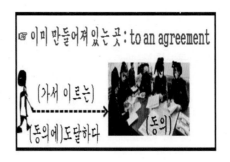

☞ 이미 만들어져 있는 곳에 가서 이르는(오다) **표현**. 이미 만들어져 있는 동의에 가서 이르다(동의에 오다). 동의에 도달하다.

그래서 한국어 "도달하다 등"의 표현을 한다. 한국어는 문맥이나 상황에 맞는 뜻으로 표현을 하면 된다.

8. come to conclusion. 결론에 도달하다.

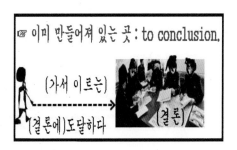

☞ 이미 만들어져 있는 곳에 가서 이르는(오다) **표현**. 이미 만들어져 있는 결론에 가서 이르다. 결론에 도달하다.

그래서 한국어 "도달하다 등"의 표현을 한다. 한국어는 문맥이나 상황에 맞는 뜻으로 표현을 하면 된다.

9. come to help. 도와주러 오다.

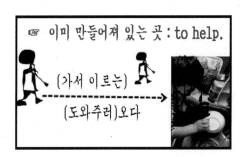

☞ 이미 만들어져 있는 곳에 가서 이르는(오다) **표현**. 이미 만들어져 있는 도와에 가서 이르다. 도와주러 오다.

그래서 한국어 "오다 등"의 표현을 한다. 한국어는 문맥이나 상황에 맞는 뜻으로 표현을 하면 된다.

2. come to. 영어 본래 의미(만들어져 있는 곳에 가서 채우는)

이미 만들어져 있는 곳에 가서 채우는(오다) 표현. 이러한 의미를 나타낼 때 come to를 쓰면 된다.

10. come to my garden. 홍수가 정원까지 왔다.

☞ 이미 정해져 있는 곳에 가서 채우는(오다) 표현. 이미 정해져 있는 정원에 가서 채우다. 홍수가 정원까지 오다, 가다.

그래서 한국어"오다, 가다 등"의 표현을 한다. 한국어는 문맥이나 상황에 맞는 뜻으로 표현을 하면 된다.

11. come to tomorrow. 내일까지 오다, 가다.

☞ 이미 만들어져 있는 곳에 가서 채우는 표현. 이미 정해져 있는 내일에 가서 채우다. 내일까지 오다, 가다.

그래서 한국어"오다, 가다 등"의 표현을 한다. 한국어는 문맥이나 상황에 맞는 뜻으로 표현을 하면 된다.

get

영어 본래 의미(들어와서 갖게 되는)

정해져 있는 것이 들어와서 **갖게 되는(쥐는) 표현**. 이러한 의미를 나타낼 때 get을 쓰면 된다. get의 한국어"얻다"는 영어 본래의 의미가 아니다.

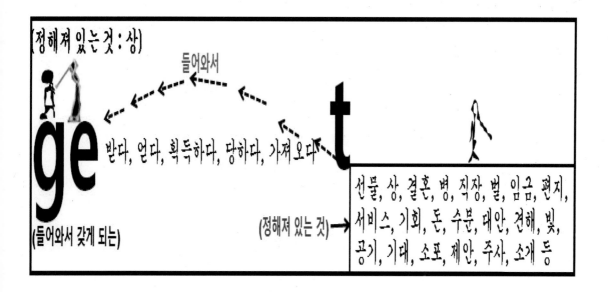

그래서

사전에서 get의 뜻을 찾아보면 "얻다, 획득하다, 손에 넣다, 입수하다, (허가를) 받다, (식사를) 준비하다, 알아듣다, 이해하다, 가지고 있다, 가서 가져오다 등" 의 다양한 뜻들이 실려 있다. 한국어는 문맥이나 상황에 맞는 뜻으로 표현을 하면 된다.

☞ get. 들어와서 갖게 되는

get a letter. 편지를 받다.	**get the seat.** 좌석을 양보 받다.
get a prize. 상을 받다.	**get sick.** 병에 걸리다.
get F. F를 받다.	**get a penalty** 형을 받다.
get a salary. 임금을 받다.	**get services.** 서비스를 받다.
get a fine. 벌금을 부과	
get an introduction. 소개를 받다.	**get an advice.** 충고를 받다.
get suggestion. 제안을 받다.	**get the message.** 메시지를 받다.
get the permission. 허락을 받다.	**get an order.** 주문을 받다.
get an operation. 수술을 받다.	**get co-operation.** 협력을 받다.
get good hospitality. 환대를 받다.	**get a bad review.** 혹평을 받다.
get services. 서비스를 받다.	**get an invitation** 초대를 받다.

(상)
들어와서
(갖게 되는)

- ◆ prize. n. 상품, 상. 훌륭한.
- ◆ penalty. n. 형, 형벌, 벌금
- ◆ fine. n. 벌금.
- ◆ suggestion. n. 제안, 제의.
- ◆ order. n. 주문, 명령, 정돈.
- ◆ hospitality. n. 환대, 친절.
- ◆ service. n. 서비스, 봉사.

- ◆ sick. n. 병의.
- ◆ salary. n. 봉급, 임금, 급료.
- ◆ advice. vt. 충고하다.
- ◆ permission. n. 허가, 면허.
- ◆ operation. n. 수술, 조작.
- ◆ review. n. 비평, 재조사.
- ◆ invitation. n. 초대, 안내.

1. get a prize. 상을 받다.

☞ 정해져 있는 것이 들어와서 **갖게 되는 표현**. 정해져 있는 상이 들어와서 갖게 되다. 상을 받다.

그래서 한국어"받다 등"의 표현을 한다. 한국어는 문맥이나 상황에 맞는 뜻으로 표현을 하면 된다.

2. get an order. 주문을 받다.

☞ 정해져 있는 것이 들어와서 **갖게 되는 표현**. 정해져 있는 주문이 들어와서 갖게 되다. 주문을 받다.

그래서 한국어"받다 등"의 표현을 한다. 한국어는 문맥이나 상황에 맞는 뜻으로 표현을 하면 된다.

☞ get. 들어와서 갖게 되는

get a strong wind. 강풍을 맞다.	**get a hint.** 힌트를 얻다.	**get scared.** 흉터를 갖다.	**get it done.** 그것을 행하다.
get the news 뉴스를 듣다.	**get response.** 응답하다.	**get a suntan.** 일광욕을 하다.	**get started now.** 지금 시작하다.
get a hunt. 사냥을 하다.	**get home.** 집에 도착하다.	**get the spotlight.** 각광을 받다.	**get a response.** 응답하게 하다.
get marriage. 결혼하다.	**get a chance.** 기회를 얻다.	**get a chance.** 기회를 얻다.	**get an alternative.** 대안이 있다.
get bruise. 타박상을 입다.	**get ready.** 준비가 되다.	**get a ladder.** 사다리를 가져오다.	**get an injection.** 주사 맞다.
get some sleep. 잠을 좀 자다.	**get a headache.** 두통이 있다.	**get certified.** 자격을 얻다.	**get the right answer.** 정답을 얻다.
get a flat tire. 펑커가 나다.	**get and get.** 가서 가져오다.		
get first dibs. 우선권을 갖다.	**get the flu.** 독감에 걸리다.		
get worse. 악화되다.	**get along well.** 잘 지내다.		
get scared. 흉터를 갖다.	**get it done.** 그것을 행하다.		

강풍이 들어와서
(갖게 되는 : 맞다)

- ◆ hunt. vt. 사냥하다, 추적하다.
- ◆ bruise. n. 타박상.
- ◆ dibs. n. 우선권, 잔돈.
- ◆ scared. a. 겁을 먹은.
- ◆ response. n. 응답.
- ◆ flu(influenza). n. 독감. 감기.
- ◆ spotlight. n. 각광, 관심.
- ◆ certified. a. 증명된, 공인한.
- ◆ alternative. n. 대안, 하나를 택할 여지.

- ◆ marriage. n. 결혼.
- ◆ flat. a, 바싹 붙어 있는.
- ◆ worse. a. 악화된.
- ◆ suntan. n. 일광욕.
- ◆ headache. n. 두통.
- ◆ chance. n. 기회, 우연.
- ◆ ladder. n. 사다리.
- ◆ response. n. 응답, 대답.
- ◆ injection. n. 주사.

3. get a strong wind. 강풍을 맞다.

☞ 정해져 있는 것이 들어와서 **갖게 되는 표현**. 정해져 있는 강풍이 들어와서 갖게 되다. 강풍을 맞다.

그래서 한국어"맞다 등"의 표현을 한다. 한국어는 문맥이나 상황에 맞는 뜻으로 표현을 하면 된다.

4. get his jokes. 그의 농담을 이해하다.

☞ 정해져 있는 것이 들어와서 **갖게 되는 표현**. 정해져 있는 농담이 들어와서 갖게 되다. 농담을 이해하다.

그래서 한국어"이해하다 등"의 표현을 한다. 한국어는 문맥이나 상황에 맞는 뜻으로 표현을 하면 된다.

☞ get. 들어와서 갖게 되는

get his jokes. 그의 농담을 이해하다. (n. 농담, 장난)

get very superstitious. 매우 미신적이다. (a. 미신적인, 미신의)

get a champion ship. 챔피언이 되다.

get a lot of moisture. 많은 수분을 얻다. (n. 수분, 습기, 수증기)

get rid of him. 그를 제거하다. (get rid of. ~을 제거하다).

(vt, 제거하다, 해방하다, 면하게 하다. get~of. ...을 제거하다)

get that figure. 저 몸매를 가지다. (n. 인물, 사람의 모습)

get a little time. 시간을 좀 가지다.

get a good result. 좋은 결과를 얻다. (n. 결과, 성과, 답)

get a good job. 좋은 일자리를 얻다. (n. 일, 직업, 일자리)

get what one wants. 원하는 일을 얻다.

get home all right. 집에 잘 도착하다. (a. 올바른. all right. 무사히)

(들어와서)
(챔피언을 갖게 되는)

5. get ride of him. 그를 제거하다.

☞ 정해져 있는 것이 들어와서 **갖게 되는 표현**. 정해져 있는 그의 제거가 들어와서 갖게 되다. 그를 제거하다.

그래서 한국어 "제거하다 등"의 표현을 한다. 한국어는 문맥이나 상황에 맞는 뜻으로 표현을 하면 된다.

6. get home all right. 집에 잘 도착하다.

☞ 정해져 있는 것이 들어와서 갖게 되는 **표현**. 정해져 있는 집에 들어와서 갖게 되다. 집에 잘 도착하다.

그래서 한국어"도착하다 등"의 표현을 한다. 한국어는 문맥이나 상황에 맞는 뜻으로 표현을 하면 된다.

7. get a champion ship. 그는 챔피언이 되다.

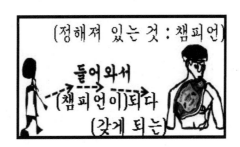

☞ 정해져 있는 것이 들어와서 갖게 되는 **표현**. 정해져 있는 챔피언이 들어와서 갖게 되다. 챔피언이 되다.

그래서 한국어"(챔피언이)되다 등"의 표현을 한다. 한국어는 문맥이나 상황에 맞는 뜻으로 표현을 하면 된다.

get the packages. 소포를 준비하다. **(n.** 소포, 짐꾸러기**)**

get some fresh air. 신선한 바람을 쐬다.

get cold feet suddenly. 갑자기 겁을 먹다.

(cold. a. 네키지 않는, 냉담한, 냉정한. **feet. n.** 아래, 밑바닥**)**

get behind his brother. 동생 뒤로 가다.

get some coffee. 약간의 커피를 준비하다.

8. get the packages. 소포를 준비하다.

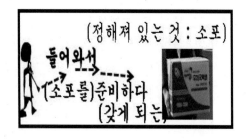

☞ 정해져 있는 것이 들어와서 갖게 되는 **표현**. 정해져 있는 소포가 들어와서 갖게 되다. 소포를 준비하다.

그래서 한국어 "준비하다 등"의 표현을 한다. 한국어는 문맥이나 상황에 맞는 뜻으로 표현을 하면 된다.

☞ get. 들어와서 갖게 되는

get <u>correct ideas</u>. 적당한 견해를 갖다.　　　　(n.적당한. idea. 견해)

get <u>lonely</u> sometimes. 가끔 외로움을 가지다.　　(a. 외로운, 고독한)

get <u>a check cashed</u>. 수표를 현금으로 바꾸다.　　(n. 수표, 현금)

(get a check~-ed.수표를 현금으로 바꾸다**)**

get a driver's <u>license</u>. 운전면허증을 획득하다.　　(n. 허가증)

get an <u>itch</u> while walking. 걷는 동안 가려움을 받다. (n. 가려움)

get it right every time. 언제나 올바르게 이해하다.

get very <u>definite ideas</u>. 정확히 좋아하는 스타일을 가지다.

(definite. a. 명확한, 뚜렷한, 정확히**. idea. n.** 취향, 견해**)**

get high <u>level</u> classes. 높은 수준의 수업을 받다.　(n. 수준)

get along with the noise. 소음을 듣고 살아가다.　(n. 소음, 소리)

9. get correct ideas. 적당한 견해를 갖다.

☞ 정해져 있는 것이 들어와서 갖게 되는 **표현**. 정해져 있는 적당한 견해가 들어와서 갖게 되다. 적당한 견해를 갖다.

그래서 한국어"갖다 등"의 표현을 한다. 한국어는 문맥이나 상황에 맞는 뜻으로 표현을 하면 된다.

10. get a driver's license. 운전면허증을 획득하다.

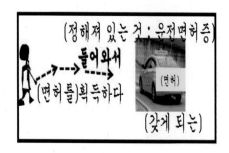

☞ 정해져 있는 것이 들어와서 갖게 되는 표현. 정해져 있는 운전면허증이 들어와서 갖게 되다. 운전면허증을 획득하다.

그래서 한국어"획득하다 등"의 표현을 한다. 한국어는 문맥이나 상황에 맞는 뜻으로 표현을 하면 된다.

☞ **get to.** 영어 본래 의미(맞추어 채워 갖게 되는)

이미 정해져 있는 것에 맞추어 채워 **갖게 되는 표현.** 이러한 의미를 나타낼 때 get to를 쓰면 된다.

11. get used to IT-related. IT 관련된 것에 익숙하다.
☞ 정해져 있는 것에 맞추어 채워 **갖게 되는 표현.** 이미 정해져 있는 IT에 맞추어 채워 갖게 되다. IT 관련된 것에 익숙하다.

그래서 한국어"익숙하다 등"의 표현을 한다. 한국어는 문맥이나 상황에 맞는 뜻으로 표현을 하면 된다.

take

영어 본래 의미(더하여 있게 하는)

꼭 맞게 더하여 **있게 하는 표현**. 이러한 의미를 나타낼 때 Take를 쓰면 된다.
take의 한국어 "잡다"는 영어 본래의 의미가 아니다.

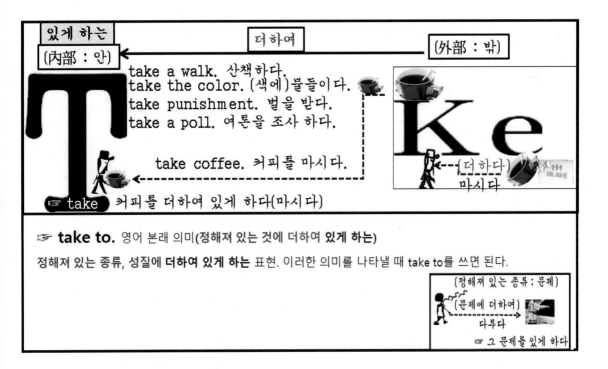

그래서

사전에서 take의 뜻을 찾아보면 "(손에)쥐다, 잡다, 나르다, 마시다, 획득하다, 벌다, 훔치다. 손에 넣다, 먹다, 마시다, 채용하다, 예약하다, 빌리다 등"의 다양한 뜻들이 실려 있다. 한국어는 문맥이나 상황에 맞는 뜻으로 표현을 하면 된다.

☞ take. 꼭 맞게 더하여 있게 하는

take time. 시간이 걸리다.	**take the risk.** 위험을 감수하다.
take two hours. 두 시간 걸리다.	**take a subway.** 지하철을 타다.
take a rest. 휴식하다.	**take a bath often.** 자주 목욕하다.
take offence. 화를 내다.	**take this road.** 이 도로를 가다.
take a book. 책을 받다.	**take credit.** 명예를 얻다.
take exercise. 운동을 하다.	**take photographs.** 사진을 찍다.
take a trip. 여행을 하다.	**take chinese medicine.** 한약을 먹다.
take a job. 취직하다.	**take chances.** 위험을 감수하다.
take the phone. 전화를 들다.	**take an exam.** 시험을 보다.
take down. 내려놓다.	**take a break.** (잠깐)휴식하다.
take a seat. 앉다.	**take action.** 행동을 취하다.

타다

(더하여 있게 하는)

- ◆ hour. n. 시간. 때.
- ◆ reast. n, 휴식.
- ◆ offence. n. 화가나는, 위반.
- ◆ exercise. n. 운동, 연습.
- ◆ trip. n. 여행, 체험.
- ◆ job. n. 직업, 일.
- ◆ seat. v. 자리에 앉히다.
- ◆ risk. n. 위험, 보험금.
- ◆ subway. n. 지하철.
- ◆ bath. n. 목욕, 욕실.
- ◆ credit. n. 명예, 신용.
- ◆ medicine. n. 약, 의학.
- ◆ chinse. a. 중국의.
- ◆ photograph. n. 사진.
- ◆ chances. v. 운에 맡기고 하다.
- ◆ break. v. 휴식하다.
- ◆ action. n. 행동, 활동.
- ◆ down. ad.(밑으로) 내려.

1. take a trip. 여행을 하다.

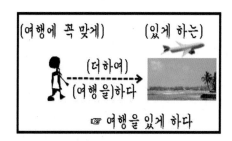

☞ 꼭 맞게 더하여 **있게 하는 표현**. 여행에 꼭 맞게 더하여 있게 하다. 여행을 하다.

그래서 한국어"(여행을)하다 등"의 표현을 한다. 한국어는 문맥이나 상황에 맞는 뜻으로 표현을 하면 된다.

2. take a bath ofter. 자주 목욕하다.

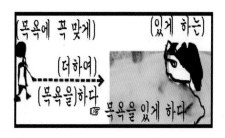

☞ 꼭 맞게 더하여 **있게 하는 표현**. 목욕에 꼭 맞게 더하여 있게 하다. 자주 목욕을 하다.

그래서 한국어"(목욕을)하다 등"의 표현을 한다. 한국어는 문맥이나 상황에 맞는 뜻으로 표현을 하면 된다.

☞ take. 꼭 맞게 더하여 있게 하는

take heart. 용기를 내다.　　　**take steps(measures).** 조치를 취하다.

take a look. 살펴보다.　　　　**take rice.** 쌀밥을 먹다.

take the language. 말이 통하다.　**take a detour.** 우회하다.

take issue. 논쟁하다.　　　　　**take an opportunity.** 기회를 잡다.

take an order. 주문을 받다.　　　**take turn.** 교대하다.

take fish oil supplements. 생선 기름 보조식품을 먹다.

take a breather. 숨을 돌리다.

take after her. 엄마를 닮았다.

(더하여)

있게 하는 : 먹다)

◆ heart. n. 용기, 심장.　　　　　◆ language. n. 말, 언어.

◆ rice. n. 쌀, 밥.　　　　　　　◆ issue. n. 논쟁, 토론.

◆ order. n. 주문, 지시.　　　　　◆ detour. n. 우회, 도는 길.

◆ opportunity. n. 기회, 행운.　　◆ turn. v. 돌리다, 회전시키다.

◆ step. n. 조치, 한 걸음.　　　　◆ breather. n. 숨쉬는 것, 심한 운동.

◆ supplement. n. 보충, 추가.　　◆ measure. n. 조치, 수단.

---

3. take heart. 용기를 내다.

☞ 꼭 맞게 더하여 **있게 하는** 표현. 용기에 꼭 맞게 더하여 있게 하다. 용기를 내다.

그래서 한국어 "(용기를)내다 등"의 표현을 한다. 한국어는 문맥이나 상황에 맞는 뜻으로 표현을 하면 된다.

4. take the language. 말이 통하다.

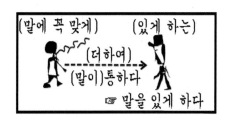

☞ 꼭 맞게 더하여 **있게 하는 표현**. 말에 꼭 맞게 더하여 있게 하다. 말이 통하다.

그래서 한국어 "(말이)통하다 등"의 표현을 한다. 한국어는 문맥이나 상황에 맞는 뜻으로 표현을 하면 된다.

5. take issue. 논쟁하다.

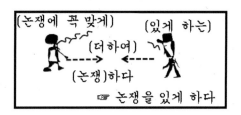

☞ 꼭 맞게 더하여 **있게 하는 표현**. 논쟁에 꼭 맞게 더하여 있게 하다. 논쟁하다.

그래서 한국어 "(논쟁을)하다 등"의 표현을 한다. 한국어는 문맥이나 상황에 맞는 뜻으로 표현을 하면 된다.

☞ take. 꼭 맞게 더하여 있게 하는

take an elevator. 엘리베이터를 타다.	**take the purple line.** 자주색 노선을 타다.
take hold of them. 그들을 사로잡다.	**take our hospitality.** 우리의 호의를 받다.
take place every day. 매일 발생하다.	**take a relaxing map.** 느긋한 낮잠을 자다.
take the pills two. 두 알씩 복용하다.	**take an honest look.** 긍정적으로 보다.
take the wrong train. 기차를 잘못 타다.	**take another 100 years.** 다른 100년이 걸리다.
take his advice. 충고를 받아들이다.	**take advantage of her**(사람). 그녀를 속이다
take the first prize. 1등 상을 타다.	**take advantage of the offer**(물건). 제공물을 이용하다.
take the first drink. 서슴 음주하다.	**take advantage of this trip.** 여행을 이용하다.
take a stroll every morning. 매일 산책하다.	**take two strong men.** 2명의 힘센 사람이 필요하다.
take after her mother. 엄마를 닮다.	**take the dog away.** 개를 다른 곳으로 옮기다.
take bike apart. 오토바이를 분해하다.	**take makes us sick.** 우리를 아프게 하다.
take it easy. 서두르지 않고 진정하다.	**take all other persons.** 기타 사람들을 잡다.

(더하여)

(있게 하는 : 복용하다)

* elevator. n. 엘리베이터. 승강기.
* purple. a. 자주빛의.
* hold. v. 붙들다, (주위를) 끌어두다.
* hospitality. n. 환대, 호의.
* place. v. 되살리다, n. 장소.
* relaxing. a. 느긋한.
* pill. n. 알약, (야구) 공.
* nap. n. 낮잠, v. 졸다.
* wrong. a. 잘못된, 틀린.
* offer. v. 제공하다, 권하다.
* advice. v. 충고하다, 권하다.
* advantage. n. 유리, 이익.
* prize. n. 상, 훌륭한 것.
* strong. a. 힘센, 강한.
* drink. n. 술, 마실 것.
* sick. n. 병의, 병에 걸린.
* stroll. n. 산책, 쉬운 일.
* person. n. 사람, 인물.
* after. ad. ...을 본받아(본떠). (take after...을 닮다).
* bike. n. 오토바이, 자전거.
* apart. ad. 따로 따로, 떨어져서.
* easy. a. 쉬운, 마음편한.

6. take hold of them. 그들을 사로잡다.

☞ 꼭 맞게 더하여 **있게 하는 표현**. 사로잡는데 꼭 맞게 더하여 있게 하다. 그들을 사로잡다.

그래서 한국어 "잡다 등"의 표현을 한다. 한국어는 문맥이나 상황에 맞는 뜻으로 표현을 하면 된다.

7. take the first drink. 처음 음주를 하다.

☞ 꼭 맞게 더하여 **있게 하는 표현**. 처음 음주에 꼭 맞게 더하여 있게 하다. 처음 음주를 하다.

그래서 한국어 "(음주를)하다 등"의 표현을 한다. 한국어는 문맥이나 상황에 맞는 뜻으로 표현을 하면 된다.

☞ take to. 영어 본래 의미(채워 있게 하는)

정해져 있는 것에 채워 있게 하는 표현. 이러한 의미를 나타낼 때 take to를 쓰면 된다.

☞ take to. 채워 있게 하는 표현. | **☞ take A to B.** A를 B에 맞추어 채워 있게 하는 표현.

take opportunity to enter. 기회를 타다.

(미국에 여행을 맞추어 채워) (정해져 있는 것 : 미국에)

take a trip to America. 미국을 여행하다.

(미국)

take five day to clean. 청소하는 데 5일 걸리다.

(미국에 맞추어 채워)

(있게 하는 : 미국을 여행하다)

take years to break even. 본전치기 하는 데 수년이 걸리다.

took to him at that time. 그 당시 그를 좋아했다.

(take to...을 좋아하다**).**

take to address the possible problem. 그 문제를 다루다.

take me a while to calm down. 마음을 진정시키는 데 시간이 걸리다.

- ◆ opportunity. n. 기회, 행운. ◆ enter. v. ...에 들어가다.

- ◆ trip. n. 여행, 체험.

- ◆ clean. v. 청소하다, (방을) 치우다.

- ◆ break. v. (주가가) 폭락하다, 깨어지다.

- ◆ even. a. 소득이 없는. v. 본전하기다, 손익이 없다.

- ◆ address. v. (문제를) 다루다. 처리하다.

- ◆ possible. a. 가능한, 있을 수 있는.

- ◆ calm. v. (흥분을) 진정시키다. n. 고요함.

8. take a trip to America. 미국을 여행하다.

☞ 정해져 있는 A를 B에 맞추어 채워 **있게 하는 표현**. 정해져 있는 미국에 여행을 맞추어 채워 있게 하다. 미국을 여행하다.

그래서 한국어"(여행을)하다 등"의 표현을 한다. 한국어는 문맥이나 상황에 맞는 뜻으로 표현을 하면 된다.

9. take to him at that time. 그 당시에 그를 좋아했다.

☞ 정해져 있는 것에 채워 **있게 하는 표현**. 정해져 있는 그에게 채워 있게 하다. 그 당시에 그를 좋아했다.

그래서 한국어"(좋아)했다 등"의 표현을 한다. 한국어는 문맥이나 상황에 맞는 뜻으로 표현을 하면 된다.

10. take to adress the possible problem. 그 문제를 다루다.

☞ 정해져 있는 것에 채워 **있게 하는 표현**. 정해져 있는 다루는 것에 채워 있게 하다. 그 문제를 다루다..

그래서 한국어"다루다 등"의 표현을 한다. 한국어는 문맥이나 상황에 맞는 뜻으로 표현을 하면 된다.

11. take me a while to calm down. 마음을 진정시키는 데 시간이 걸리다.

(take A to B. A를 B에 맞추어 채워 있게 하는 표현). 이러한 의미를 나타낼 때 take A to B를 쓰면 된다.

☞ 정해져 있는 A를 B에 맞추어 채워 **있게 하는 표현**. 마음을 진정시키는 데 시간이 걸리다.

그래서 한국어"(시간이)걸리다 등"의 표현을 한다. 한국어는 문맥이나 상황에 맞는 뜻으로 표현을 하면 된다.

Bring

영어 본래 의미(옮겨 가져오는)

공간 관계 속에 **붙어 옮겨 가져오는(가는) 표현**. 이러한 의미를 나타낼 때 bring

을 쓰면 된다. bring의 한국어"가져오다"는 영어 본래의 의미가 아니다.

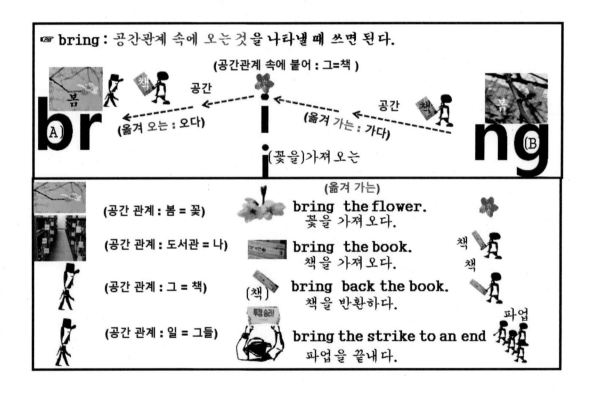

그래서

사전에서 bring의 뜻을 찾아보면 "가져오다, 데려오다, 옮기다, 올리다, 일으키

다, 초래하다, 생각나게 하다, 야기하다, 회복시키다, 받아들이다 등"의 다양한

뜻들이 실려 있다. 한국어는 문맥이나 상황에 맞는 뜻으로 표현을 하면 된다.

☞ bring. 옮겨 가져오는(가는) 표현.

bring the check. 수표를 가져오다.

bring happiness. 행복을 가져오다.

bring home the bacon. 생활비를 벌다.

bring a good price. 좋은 가격에 팔리다.

bring a small gift. 작은 선물을 가져오다.

bring with a great obligation. 큰 의무와 더불어 오다.

bring back the children. 아이를 데리고 돌아오다.

bring the shoes to him. 구두를 그에게 가져가다.

bring me to a library. 나를 도서관으로 데리고 가다.

bring about peace. 평화를 가져오다.

bring about the unemployment problem. 실업 문제를 일으키다.

- cheak. n. 수표.
- bacon. n. 수입, 이익.
- gift. n. 선물, 싸게 산 물건.
- obligation. n. 의무, 책임.
- shoe. n. 구두, 신.
- peace. n. 평화, 평온.
- unemployment. n. 실업, 실직.

- happiness. n. 행복, 행운.
- home. n. 가정생활, 가정.
- with. prep. 더불어(..와 함께).
- back. ad. (되) 돌아와서, 뒤로.
- library. n. 도서관, 문고.
- problem. n. 문제.

1. bring the check. 수표를 가져오다.

☞ 공간 관계 속에 붙어 옮겨 가져오는(가는) 표현. 수표에 붙어 옮겨 가져오다. 그래서 한국어"가져오다 등'의 표현을 한다. 한국어는 문맥이나 상황에 맞는 뜻으로 표현을 하면 된다.

2. bring happiness. 행복을 가져오다.

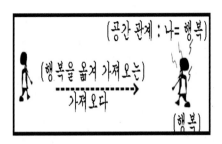

☞ **공간 관계 속에 붙어 옮겨 가져오는(가는) 표현.** 행복에 붙어 옮겨 가져오다.
행복을 가져오다.

그래서 한국어"가져오다 등"의 표현을 한다. 한국어는 문맥이나 상황에 맞는 뜻으로 표현을 하면 된다.

3. bring home the bacon. 생활비를 벌다.

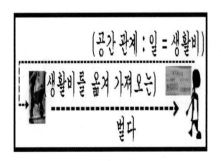

☞ **공간 관계 속에 붙어 옮겨 가져오는(가는) 표현.** 생활비에 붙어 옮겨 가져오다. 생활비를 벌다.

그래서 한국어"벌다 등"의 표현을 한다. 한국어는 문맥이나 상황에 맞는 뜻으로 표현을 하면 된다.

4. bring a good price. 좋은 가격에 팔리다.

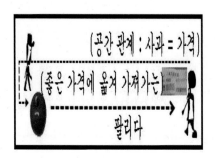

☞ 공간 관계 속에 붙어 옮겨 가져오는(가는) **표현**. 좋은 가격에 붙어 옮겨 가져가다. 좋은 가격에 팔리다.

그래서 한국어"팔리다 등"의 표현을 한다. 한국어는 문맥이나 상황에 맞는 뜻으로 표현을 하면 된다.

5. bring a small gift. 작은 선물을 가져오다.

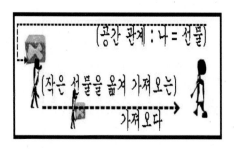

☞ 공간 관계 속에 붙어 옮겨 가져오는(가는) **표현**. 작은 선물에 붙어 옮겨 가져오다. 작은 선물을 가져오다.

그래서 한국어"가져오다 등"의 표현을 한다. 한국어는 문맥이나 상황에 맞는 뜻으로 표현을 하면 된다.

6. bring with a great obligation. 큰 의무와 더불어 오다.

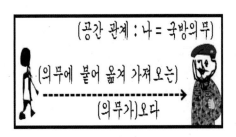

☞ 공간 관계 속에 붙어 옮겨 가져오는(가는) **표현**. 의무에 붙어 옮겨 가져오다. 큰 의무와 더불어 오다.

그래서 한국어"오다 등"의 표현을 한다. 한국어는 문맥이나 상황에 맞는 뜻으로 표현을 하면 된다.

7. bring back the children. 아이를 데리고 돌아오다.

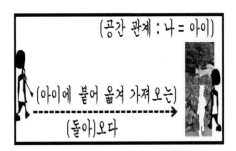

☞ 공간 관계 속에 붙어 옮겨 가져오는(가는) **표현**. 아이에 붙어 옮겨 가져오다. 아이를 데리고 돌아오다.

그래서 한국어"오다 등"의 표현을 한다. 한국어는 문맥이나 상황에 맞는 뜻으로 표현을 하면 된다.

☞ bring to. 영어 본래 의미(맞추어 옮겨 가는)

정해져 있는 것에 **맞추어 옮겨 가는 표현**. 이러한 의미를 나타낼 때 bring to를 쓰면 된다.
(bring A to B. A를 B에 옮겨 가는)

8. bring the shoes to him. 구두를 그에게 가져가다.

☞ 정해져 있는 것에 **맞추어 옮겨 가는 표현**. 정해져 있는 그에게 맞추어 구두를 옮겨 가다. 구두를 그에게 가져가다.

그래서 한국어 "가져가다 등"의 표현을 한다. 한국어는 문맥이나 상황에 맞는 뜻으로 표현을 하면 된다.

9. bring me to a library. 나를 도서관으로 데리고 가다.
10. bring the strike to an end. 파업을 끝내다.

☞ 정해져 있는 것에 **맞추어 옮겨 가는 표현**. 정해져 있는 끝에 맞추어 파업을 옮겨 가다. 파업을 끝내다..

그래서 한국어 "끝내다 등"의 표현을 한다. 한국어는 문맥이나 상황에 맞는 뜻으로 표현을 하면 된다.

☞ bring about. 영어 본래 의미(채워져 있는 것을 옮겨오는)

완전하게 채워져 있는 것을 **옮겨 오는 표현**. 이러한 의미를 나타낼 때 bring about를 쓰면 된다.

11. bring about peace. 평화를 가져오다.
12. bring about the proble. 문제를 일으키다.

send

영어 본래 의미(공간영역에 보내는)

정한 곳이 없는 공간영역에 **나아가게 하는(보내는) 표현.** 이러한 의미를 나타낼 때 send를 쓰면 된다.

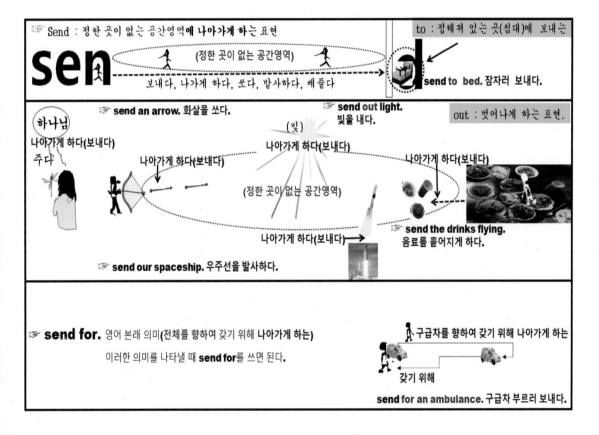

그래서

사전에서 send의 뜻을 찾아보면 "보내다, 파견하다, 발신하다, 송전하다, 던지다, 부르르 보내다, 내몰다, (신이) 주다, 우송하다, 발송하다 등"의 다양한 뜻들이 실려 있다. 한국어는 문맥이나 상황에 맞는 뜻으로 표현을 하면 된다.

send a letter. 편지를 보내다.

send abroad. 해외에 보내다.

send this package. 이 소포를 보내다.

send a generous contribution. 후원 성금을 보내다.

send an arrow. 화살을 쏘다.

send our spaceship. 우리의 우주선을 보내다.

send your application form. 너의 지원서를 보내다.

send to : 정해져 있는 곳에 맞추어 채워 나아가게 하는 표현.

토끼 굴

send to school. 수업하러 보내다.(학생 수업)

(send to the school : 정해져 있는 건물에 사람을 보내다)

send to bed. 잠자러 보내다.(잠자러)

(send to the bed : 정해져 있는 침대에 사람을 보내다)

send his children to the special school. 아이를 특수학교에 보내다.

send his love to her.그녀에게 사랑을 보내다.

(의사를 향하여 갖기 위해 나아가게 하는)

(갖기 위해) for : 전체를 향하여 갖기 위해 나아가게 하는 표현.

(갖기 위해)　(의사)

send for a doctor. 의사를 데리고 오게 하다.

(갖기 위해)　(구급차)

send for an ambulance. 구급차를 부르러 보내다.

(갖기 위해)　(친구)

Out : 전체 영역에서 벗어나게 보내는 표현.

(전체)

send out light. 빛을 내다.

(전체) 벗어나게 하다(보낸다)

send out the invitation of this party. 이 파티의 초대장을 발송하다.

Out of : 떼어낼 수 없는 영역에서 벗어나게 하는 표현. 벗어나게 하다(보낸다)

send the pet out of the room. 고양이를 방에서 내 쫓다. (방에서 나가지 않고 있는 애완동물)

1. send a letter. 편지를 보내다.

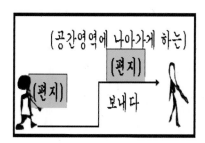

☞ 공간영역에 **나아가게 하는(보내는) 표현**. 편지를 공간영역에 나아가게 하다. 편지를 보내다.

그래서 한국어"보내다 등"의 표현을 한다. 한국어는 문맥이나 상황에 맞는 뜻으로 표현을 하면 된다.

2. send abroad. 해외에 보내다.

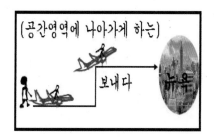

☞ 공간영역에 **나아가게 하는(보내는) 표현**. 공간영역 해외에 나아가게 하다. 해외에 보내다.

그래서 한국어"보내다 등"의 표현을 한다. 한국어는 문맥이나 상황에 맞는 뜻으로 표현을 하면 된다.

3. send this package. 이 소포를 보내다.

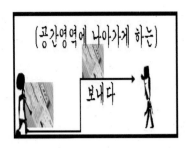

☞ 공간영역에 **나아가게 하는(보내는) 표현**. 이 소포를 공간영역에 나아가게 하다. 이 소포를 보내다.

그래서 한국어"보내다 등"의 표현을 한다. 한국어는 문맥이나 상황에 맞는 뜻으로 표현을 하면 된다.

4. send a generous contribution. 후원 성금을 보내다.

☞ 공간영역에 **나아가게 하는(보내는) 표현**. 후원 성금을 공간영역에 나아가게 하다. 성금을 보내다.

그래서 한국어"보내다 등"의 표현을 한다. 한국어는 문맥이나 상황에 맞는 뜻으로 표현을 하면 된다.

5. send an arrow. 화살을 쏘다.

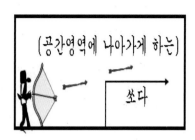

☞ 공간영역에 **나아가게 하는(보내는) 표현**. 화살을 공간영역에 나아가게 하다. 화살을 쏘다.

그래서 한국어 "쏘다 등"의 표현을 한다. 한국어는 문맥이나 상황에 맞는 뜻으로 표현을 하면 된다.

6. send our spaceship. 우리의 우주선을 보내다.

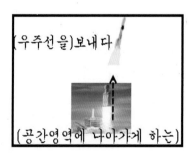

☞ 공간영역에 **나아가게 하는(보내는) 표현**. 우주선을 공간영역에 나아가게 하다. 우리의 우주선을 보내다.

그래서 한국어 "보내다 등"의 표현을 한다. 한국어는 문맥이나 상황에 맞는 뜻으로 표현을 하면 된다.

7. send your application form. 너의 지원서를 보내다.

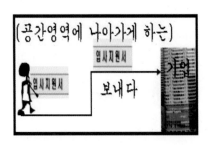

☞ 공간영역에 **나아가게 하는**(보내는) **표현**. 지원서를 공간영역에 나아가게 하다. 너의 지원서를 보내다.

그래서 한국어"보내다 등"의 표현을 한다. 한국어는 문맥이나 상황에 맞는 뜻으로 표현을 하면 된다.

☞ **send to.** 영어 본래 의미(정해져 있는 곳에 보내는)

정해져 있는 곳에 맞추어 채워 **나아가게 하는**(보내는) **표현**. 이러한 의미를 나타낼 때 send to를 쓰면 된다.

8. send to school. 수업하러 보내다.
(send to the school (건물): 정해져 있는 학교에 일반인을 보내다)

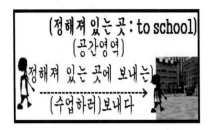

☞ 정해져 있는 곳에 맞추어 채워 **나아가게 하는**(보내는) **표현**. 정해져 있는 수업에 맞추어 채워 나아가게 하다. 수업하러 보내다.

그래서 한국어"보내다 등"의 표현을 한다. 한국어는 문맥이나 상황에 맞는 뜻으로 표현을 하면 된다.

9. send to bed. 잠자러 보내다.
(send to the bed : 정해져 있는 침대에 사람을 보내다)

☞ 정해져 있는 곳에 맞추어 채워 **나아가게 하는(보내는) 표현**. 정해져 있는 잠자리에 맞추어 채워 나아가게 하다. 잠자러 보내다.

그래서 한국어"보내다 등"의 표현을 한다. 한국어는 문맥이나 상황에 맞는 뜻으로 표현을 하면 된다.

10. send his children to the special school. 아이를 특수학교에 보내다.

☞ 정해져 있는 곳에 맞추어 채워 **나아가게 하는(보내는) 표현**. 정해져 있는 특수학교에 맞추어 채워 나아가게 하다. 아이를 특수학교에 보내다.

그래서 한국어"보내다 등"의 표현을 한다. 한국어는 문맥이나 상황에 맞는 뜻으로 표현을 하면 된다.

11. send his love to her. 그녀에게 사랑을 보내다.

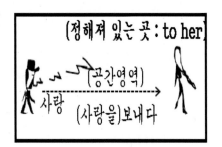

☞ 정해져 있는 곳에 맞추어 채워 **나아가게 하는**(보내는) 표현. 정해져 있는 그녀에게 맞추어 채워 나아가게 하다. 그녀에게 사랑을 보내다.

그래서 한국어"(사랑을)보내다 등"의 표현을 한다. 한국어는 문맥이나 상황에 맞는 뜻으로 표현을 하면 된다.

☞ **send for.** 영어 본래 의미(갖기 위해 나아가게 하는)

전체를 향하여 갖기 위해 **나아가게 하는 표현**. 이러한 의미를 나타낼 때 send for를 쓰면 된다.

12. send for a doctor. 의사를 데리고 오게 하다.

☞ 전체를 향하여 갖기 위해 **나아가게 하는 표현**. 의사를 향하여 갖기 위해 나아가게 하다. 의사를 데리고 오게 하다.

그래서 한국어"데리고 오게 하다 등"의 표현을 한다. 한국어는 문맥이나 상황에 맞는 뜻으로 표현을 하면 된다.

13. send for an ambulance. 구급차를 부르러 보내다.

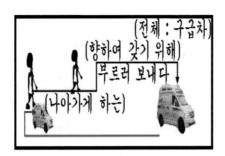

☞ 전체를 향하여 갖기 위해 **나아가게 하는 표현**. 구급차를 향하여 갖기 위해 나아가게 하다. 구급차를 부르러 보내다.

그래서 한국어"부르러 보내다 등"의 표현을 한다. 한국어는 문맥이나 상황에 맞는 뜻으로 표현을 하면 된다.

☞ **send out.** 영어 본래 의미(벗어나게 보내는)

전체 영역에서 벗어나게 **보내는 표현**. 이러한 의미를 나타낼 때 send out을 쓰면 된다.

14. send out light. 빛을 내다.

☞ 전체 영역에서 벗어나게 **보내는 표현**. 빛에서 벗어나게 보내다. 빛을 내다.

그래서 한국어"내다 등"의 표현을 한다. 한국어는 문맥이나 상황에 맞는 뜻으로 표현을 하면 된다.

15. send out the invitation of this party. 이 파티의 초대장을 발송하다.
(out A of B : A를 떼어낼 수 없는 B에 채워 보내는)

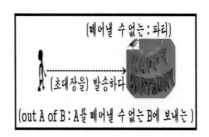

☞ 떼어낼 수 없는 목적에 채워 **보내는 표현**. 파티의 초대장을 채워 보내다. 이 파티의 초대장을 발송하다.

그래서 한국어 "발송하다 등"의 표현을 한다. 한국어는 문맥이나 상황에 맞는 뜻으로 표현을 하면 된다.

16. send the cat out of the room. 고양이를 방에서 쫓아내다.
(out of : 영역에서 벗어나게 보내는)

☞ 영역에서 **벗어나게 보내는 표현**. 방에서 고양이를 벗어나게 보내다. 고양이를 방에서 쫓아내다.

그래서 한국어 "쫓아내다 등"의 표현을 한다. 한국어는 문맥이나 상황에 맞는 뜻으로 표현을 하면 된다.

give

영어 본래의 의미(내어놓는)

향하는 자리에 내어놓아 **갖게 하는 표현**. 이러한 의미를 나타낼 때 give를 쓰면 된다. give의 한국어"주다"는 영어 본래의 의미가 아니다.

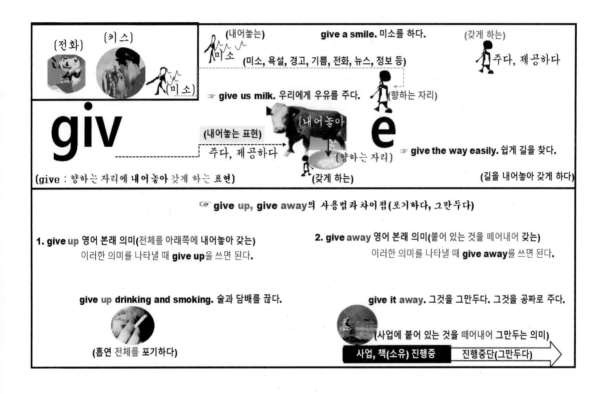

그래서

한국어"주다, 드리다, 빌려주다, 건네주다, 보내다, 전하다, 말하다, 소개하다, 내밀다, 양보하다 등"의 다양한 뜻들이 실려 있다. 한국어는 문맥이나 상황에 맞는 뜻으로 표현을 하면 된다.

☞ 내어놓아 갖게 하는 **표현.** | He kicked the box. It gave. 그는 박스를 찼다, 박스가 찌그러졌다.

give us milk. 우리에게 우유를 주다.

give me back my book. 나의 책을 돌려주다.

give a call. 전화하다.

give us much homework. 너무 많은 숙제를 주다.

give a ring(call). 전화하다.

give me money. 나에게 돈을 주다.

give the news. 뉴스를 전하다.

give us energy. 우리에게 에너지를 주다.

give a kiss. 키스를 하다.

give us a quiz. 우리에게 문제를 내다.

give a smile. 미소를 하다.

give the way easily. 쉽게 길을 찾다.

give him a lift. 그를 태워주다.

give me a piece of bread. 나에게 빵 한 조각을 주다.

give me a hand. 나를 도와주다.

(갖게 하는 : 찌그러지다)

give a light. 불을 붙이다.

(내어놓아 : 발로차다)

give me the letter. 나에게 편지를 주다.

give you a pencil. 너에게 연필을 주다.

[내어놓아]

give them pleasure. 그들에게 기쁨을 주다.

향하는 자리

give the speaker a big hand. 연사에게 박수를 보내다.

갖게 하는

give me a shot. 나에게 주사를 놓다.

(give A an injection. A에게 주사를 놓다)

give less milk. 우유 양이 줄다.

give enough water. 충분한 물을 주다.

give the seat. 좌석을 양보하다.

give information. 정보를 주다.

give a title. 직함을 주다.

give a chance. 기회를 주다.

give the impression. 인상을 주다.

give him trouble. 그에게 피해를 주다.

give me a piece of bread. 나에게 빵 한 조각을 주다.

give a shout of joy. 기뻐서 소리치다.

give him a scolding. 그를 꾸짖다.

◆ call. n. 통화, (짧은) 방문.

◆ ring. v. 전화를 걸다. 부르다.

◆ smile. n. 미소 v. 미소짓다.

◆ lift. n. (들어)올리기, v. (안아)올리다.

◆ hand. n. 돌봄.(give a hand. 손을 빌리다).

◆ light. n. 불꽃, 점화, 불.

◆ pleasure. n. 기쁨, 즐거움.

◆ a big hand. n. 박수, 박수갈채.

◆ give back. 돌려주다.

◆ energy. n. 에너지, 정력.

◆ homework. n. 숙제, 사전준비.

◆ impression. n. 인상, 느낌.

◆ quiz. n. 시험문제.

◆ bread. n. 빵, 현금.

◆ shot. n. 주사, 발포.

◆ enough. a. 충분한, n. 충분.

◆ seat. n. 좌석, 자리.

◆ information. n. 정보, 통지.

◆ title. n. 직함, 표제, 권리.

◆ trouble. n.폐, 고생.

(give a person~. 폐를 끼치다).

◆ scolding. n. 잔소리, 질책.

1. give a ring(call). 전화하다.

☞ **향하는 자리에 내어놓아 갖게 하는 표현.** 전화를 내어놓아 갖게 하다. 전화를 하다.

그래서 한국어"...하다 등"의 표현을 한다. 한국어는 문맥이나 상황에 맞는 뜻으로 표현을 하면 된다.

2. give the news. 뉴스를 전하다.

☞ **향하는 자리에 내어놓아 갖게 하는 표현.** 뉴스를 내어놓아 갖게 하다. 뉴스를 전하다.

그래서 한국어"전하다 등"의 표현을 한다. 한국어는 문맥이나 상황에 맞는 뜻으로 표현을 하면 된다.

3. give us a guiz. 우리에게 시험문제를 내다.

☞ **향하는 자리에 내어놓아 갖게 하는 표현**. 시험문제를 내어놓아 갖게 하다. 시험문제를 내다.

그래서 한국어"내다 등"의 표현을 한다. 한국어는 문맥이나 상황에 맞는 뜻으로 표현을 하면 된다.

4. give him a scolding. 그를 꾸짖다.

☞ **향하는 자리에 내어놓아 갖게 하는 표현**. 꾸짖음을 그에게 내어놓아 갖게 하다. 그를 꾸짖다.

그래서 한국어"...하다 등"의 표현을 한다. 한국어는 문맥이나 상황에 맞는 뜻으로 표현을 하면 된다.

give us many useful ideas. 우리에게 많은 유용한 생각들을 주다.

give different versions. 다른 해석을 하다.

give her a definite answer. 그녀에게 확실한 답을 주다.

give you some basic principles. 몇 가지 기본 원칙을 주다.

give them an active role. 그들에게 적극적인 역할을 부여하다.

give me a great deal of liberty. 나에게 많은 자유를 주다.

give a terrific performance. 훌륭한 공연을 하다.

give a surprise, fright. 놀라게 하다, 공포에 빠뜨리다.

give him a big hand. 그에게 박수를 치다. (a big hand. 박수, 박수갈채)

give a graphic description of the photographer attribution. 사진
가 작품임을 생생하게 묘사하다. (give a ~of : ...을 기술하다, ...을 묘사하다)

give symbolic expression. 상징적인 표현을 부여하다.

give away her real feelings. 그녀의 진짜 감정을 드러내다.

give away my secret. 나의 비밀을 폭로하다.

give you various warnings. 다양한 경고를 알려주다.

give me a notebook. 나에게 공책 한 권을 주다.

give me a sheet of blanket. 나에게 한 장의 담요를 주다.

give me that book a minute. 그 책을 잠시 내게 주다.

give the student a cozy room. 학생에게 아늑한 방을 제공하다.

give you an outline of the plan. 너에게 그 계획의 개요를 설명하다.

give me exact measurements. 정확한 측량치를 제공하다.

give the players the exhortation. 선수들에게 충고를 하다.

give a rain check. 다음 기회로 미루다.

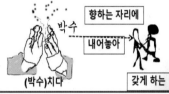

박수
향하는 자리에
내어놓아
(박수)치다
갖게 하는

◆ usefulidea. n. 유용한 생각.

◆ version. n. 해석, 번역.

◆ definite. a. 명확한,(~answer. 확답).

◆ principle. n. 원칙, 본질.

◆ active. a. 적극적인, 활동적인.

◆ role. n. 역할, 배역.

◆ liberty. n. 자유, 특권.

◆ terrific. a. 빼어난, 훌륭한.

◆ performance. n. 공연, 실행.

◆ fright. n. 공포, 경악.

◆ measurement. n. 측량, 치수.

◆ give away. v. 공짜로 주다, 폭로하다, 드러내다.

◆ graphic. a, 생생한, 사실적인.

◆ description. n. 기술, 묘사.

◆ attribution. n. 속성, 돌림. 인용표시.

◆ photographer. n. 사진작가.

◆ expression. n. 표현, 표시.

◆ secret. n. 비밀, 신비.

◆ various. a. 다양한, 여러 가지의.

◆ warning. n. 경고, 예고.

◆ blanket. n. 담요.

◆ cozy. a. 아늑한, 아담한.

◆ exhortation. n. 충고, 경고.

5. give her a definite answer. 그녀에게 확실한 답을 주다.

☞ **향하는 자리에 내어놓아 갖게 하는 표현**. 확실한 답을 그에게 내어놓아 갖게 하다. 그녀에게 확실한 답을 주다.

그래서 한국어"주다 등"의 표현을 한다. 한국어는 문맥이나 상황에 맞는 뜻으로 표현을 하면 된다.

6. give a terrific performance. 훌륭한 공연을 하다.

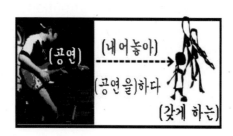

☞ **향하는 자리에 내어놓아 갖게 하는 표현**. 훌륭한 공연을 내어놓아 갖게 하다. 훌륭한 공연을 하다.

그래서 한국어"하다 등"의 표현을 한다. 한국어는 문맥이나 상황에 맞는 뜻으로 표현을 하면 된다.

7. give away her real feelings. 그녀의 진짜 감정을 드러내다.

☞ 향하는 자리에 내어놓아 **갖게 하는 표현**. 진짜 감정을 내어놓아 갖게 하다. 진짜 감정을 드러내다.

그래서 한국어"드러내다 등"의 표현을 한다. 한국어는 문맥이나 상황에 맞는 뜻으로 표현을 하면 된다.

8. give you various warnings. 다양한 경고를 알려주다.

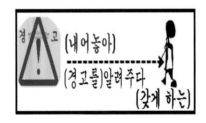

☞ 향하는 자리에 내어놓아 **갖게 하는 표현**. 다양한 경고를 내어놓아 갖게 하다. 다양한 경고를 알려주다.

그래서 한국어"알려주다 등"의 표현을 한다. 한국어는 문맥이나 상황에 맞는 뜻으로 표현을 하면 된다.

give an interview. 기자회견을 하다.

give it a try. 한 번 해보다.

give a presentation. 발표하다.

give her a definite answer. 그녀에게 확실한 답을 주다.

give hard blow. 몹시 때리다.

give the farmers assurance of a good crop. 농부들에게 좋은 수확에 대한 확신을 주다.

give a finger. 욕하다.

give the farmers another loan. 농부들에게 다른 대출을 제공하다.

give him an order. 그에게 주문을 하다.

give down-to-earth advice. 실제적인 조언을 주다.

give a lot of money. 많은 돈을 지불하다.

(down-to-earth : 실제적인, 현실적인)

give me the change. 나에게 잔돈을 주다.

give two different spellings of a word. 두 개의 서로 다른 스펠링을 제시하다.

give you some more. 너에게 조금만 더 주다.

give me a sufficient pretext. 나에게 충분한 변명을 하다.

give us each a dime. 우리 각각에게 10센트를 주다. give me a brief idea. 나에게 간결한 생각을 주다.

give you a half-pound. 당신에게 반 파운드를 주다. (brief idea : 요약된 생각, 간결한 생각)

give me a notebook computer. 나에게 노트북 컴퓨터를 주다.

give it away. 그것을 공짜로 주다.

give incentive. 격려금을 주다.

give the green light. 허가하다.

☞ 내어놓아 갖게 하는 **표현.**

갖게 하는(회견)

(향하는 자리)

(기자회견)

◆ interview. n. 회견. 인터뷰.

◆ try. v. 해보다, 시도하다.

◆ presentation. n. 발표, 상영

◆ definite. n. 뚜렷한, 확실한.

◆ blow. n. 구타, v. 불다.

◆ assurance. n. 확신, 보증.

◆ finger. v. 밀고하다. n. 손가락.

◆ crop. n. 수확, 농작물.

◆ order. n. 주문, 명령.

◆ advice. v. 조언하다, 충고하다.

◆ change. n. 거스름돈, 잔돈.

◆ different. a. 서로 다른, 상이한.

◆ dime. n. 10센트. 10 달러.

◆ sufficient. a. 충분한.

◆ away. ad. 없어져, 사라져.

◆ pretext. n. 구실, 변명, 핑계.

◆ incentive. n. 격려금, 장려금.

◆ brief. a. 짧은, 가결한,

◆ green. a. 준비부족, 녹색의.

◆ light. n. 미숙함, a. 부담되지 않은.

give to eat. 먹을 것을 주다.

☞ **give to : 정해져 있는 곳에 맞추어 채워 갖게 하는.**

give it to him. 그것을 그에게 주다.

give all of them to him. 그것들을 모두 그에게 주다.
(그에게 맞추어 채워)

give away to him. 그에게 양보하다

give it to me for nothing. 그거 나한테 공짜로 주다.(for : 전체에)

give it away to me. 나에게 공짜로 주다.

give a hundred won to each of us. 우리들 각자에게 백원씩 주다.

give money to delivery people. 배달 노동자에게 돈을 주다.

give women the right to vote. 여자들에게 투표권을 주다.

give the power to change the society. 사회변화에 대한 능력을 제공하다.

give me explicit directions to do the work. 나에게 그 일을 하기 위한 명백한 지침을 주다.

give energy to the other. 다른 에너지를 제공하다.

give employment to her. 그녀에게 일자리를 제공하다.

give me a ride to the airport. 나를 공항까지 태워 주다.

give hope to desperate patients. 절박한 환자들에게 희망을 주다.

give vent to her feeling. 그녀의 감정을 터뜨리다.(vent. (감정)표출

(give ~to : (노여움을) 터뜨리다, 나타내다, 표출하다)

give me an anesthetic to dull the pain. 고통을 줄이기 위해 나에게 마취제를 주다.

gave me a book. 나에게 책을 주었다.(과거에 주었다)

gave a book to me. 나에게 책을 주었다. (이제부터~)

give dictation to the child. 아이에게 받아쓰기를 시키다.

give the cold shoulder to her. 그녀에게 냉대하다.

(give the cold ~ to. 냉대하다, 피하다, 쌀쌀하게 대하다)

------ (to the child : 아이에게 채우는)
(받아쓰기를 아이에게 맞추어 채워 갖게 하는)

◆ give away. v. 양보하다, 폭로하다.

◆ nothing. n. 무, 공짜. (수)영.

◆ delivery. n. 배달, 인도.

◆ right. n. (소유)권, 올바른.

◆ vote. n. 투표. (the vote. 투표권).

◆ society. n. 사회, 협회, 단체.

◆ explicit. a. 명백한, 노골적인.

◆ directions. n. 방향, 지침(give ~s. 지시하다).

◆ energy. n. 에너지, 정력.

◆ shoulder. v. ,짊어지다, n. 어깨.

◆ employment. n. 일, 직업. 고용.

◆ ride. n. 태움, v. 타다.

◆ desperate. a.자포자기. 절박한.

◆ patient. n. 환자, 병자.

◆ vent. n. (감정) 표출. (공기)구멍.

◆ feeling. n. 감정, 촉감.

◆ anesthetic. n. 마취제.

◆ dull. a.무지근한, 둔한.

◆ dictation. n. 받아쓰기, 구술.

◆ cold. a. 냉담한, n.추운.

☞ give to. 영어 본래 의미(맞추어 채워 갖게 하는)

정해져 있는 곳에 맞추어 채워 **갖게 하는 표현**. 이러한 의미를 나타낼 때 give to를 쓰면 된다. (give A to B. A를 B에 맞추어 **채워 갖게 하는**)

5. give money to delivery people. 배달 노동자에게 돈을 주다.

☞ 정해져 있는 곳에 맞추어 채워 **갖게 하는 표현**. 돈을 배달 노동자에게 맞추어 채워 갖게 하다. 배달 노동자에게 돈을 주다.

그래서 한국어 "주다 등"의 표현을 한다. 한국어는 문맥이나 상황에 맞는 뜻으로 표현을 하면 된다.

6. give dictation to the child. 아이에게 받아쓰기를 시키다.

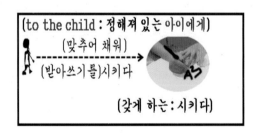

☞ 정해져 있는 곳에 맞추어 채워 **갖게 하는 표현**. 받아쓰기를 아이에게 맞추어 채워 갖게 하다. 아이에게 받아쓰기를 시키다.

그래서 한국어 "시키다 등"의 표현을 한다. 한국어는 문맥이나 상황에 맞는 뜻으로 표현을 하면 된다.

 **gives + : 정한 자리에서 내어놓는.**

(정한 자리 : 5)

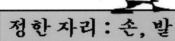 **정한 자리 : 손, 발**

(수족 냉증) ☞ 병의 징후

내어놓는

gives 5. 5를 가리킨다.

gives me a good appetite. 식욕이 왕성해진다.

gives a sign of illness. 병의 징후를 보여준다.

gives lectures. 강의를 한다.

gives a one-sided message. 편파적인 정보를 준다.

gives knowledge. 지식을 준다.

gives us a sense of perspective. 우리에게 견해를 준다.

gives a great deal of liberty. 많은 자유를 준다.

gives us fruit. 우리에게 과일을 준다.

- ◆ appetite. n. 식욕, 욕구.
- ◆ sign. n. 징후, 조짐, 증세, 기호.
- ◆ illness. n. 병.
- ◆ lecture. n. 강의, 훈계.
- ◆ knowledge. n. 지식, 경험, 보도.

- ◆ one-sided. a. 편파적인.
- ◆ sense. n. 의견. 감각. 느낌.
- ◆ perspective. 견해, 관점.(in~.올바른 견해로)
- ◆ liberty. n. 자유, 특권.
- ◆ fruit. n. 과일, 성과.

☞ **gives.** 영어 본래 의미(정한 자리에서 나가는)

정한 자리에서 **내어놓아 나가는 표현**. 이러한 의미를 나타낼 때 gives를 쓰면 된다.

7. gives 5. 5를 가리킨다.

☞ 정한 자리에서 **내어놓아 나가는 표현** 정한 자리 5에서 내어놓아 나가다. 5를 가리킨다.

그래서 한국어"가리킨다 등"의 표현을 한다. 한국어는 문맥이나 상황에 맞는 뜻으로 표현을 하면 된다.

8. gives lectures. 강의를 한다.

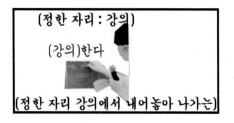

☞ 정한 자리에서 **내어놓아 나가는 표현**. 정한 자리 강의에서 내어놓아 나가다. 강의를 한다.

그래서 한국어"...한다 등"의 표현을 한다. 한국어는 문맥이나 상황에 맞는 뜻으로 표현을 하면 된다.

☞ **give up.** 전체를 내어 놓는 표현.

give up the game. 게임을 포기하다.

give up their life. 그들의 생명을 포기하다.

give up something else. 다른 무언가를 포기하다.

give up drinking and smoking. 술과 담배를 끊다. ☞ **up smoking : 담배 전체.**

give up dieting. 다이어트를 그만두다.

(**give it away.** 그만두다 : 붙어 있는 것을 떼어 내어놓는)

give up making cakes. 케이크 만드는 것을 포기하다.

◆ game. n. 게임, 놀이, 경기. 시합.
◆ life. n. 생명, 삶, 수명.
◆ else. ad. 그 외, 그 밖의.
◆ something. pron. 무언가, 어떤 것.
◆ drinking. n. 술, 가벼운 식사.
◆ making. n. 제조, 만들기.

☞ **give up.** 영어 본래 의미(전체를 내어놓는)

전체를 내어놓는 표현. 이러한 의미를 나타낼 때 give up을 쓰면 된다.

9. give up drinking and smoking. 술과 담배를 끊다.

☞ 전체를 내어놓는 표현. 담배 전체를 내어놓다. 담배를 끊다.

그래서 한국어"끊다 등"의 표현을 한다. 한국어는 문맥이나 상황에 맞는 뜻으로 표현을 하면 된다.

10. give up dieting. 다이어트를 그만두다.

☞ 전체를 내어놓는 표현. 다이어트 전체를 내어놓다. 다이어트를 그만 두다

그래서 한국어"그만두다 등"의 표현을 한다. 한국어는 문맥이나 상황에 맞는 뜻으로 표현을 하면 된다.

put

영어 본래의 의미(채워 놓는)

필요한 곳에 채워 놓는 **표현.** 이러한 의미를 나타낼 때 put을 쓰면 된다. put의 한국어"놓다"는 영어 본래의 의미가 아니다.

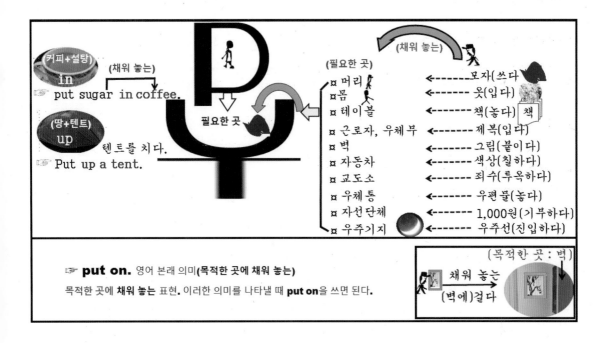

그래서

사전에서 put의 뜻을 찾아보면 "놓다, 두다, 설치하다, 붙이다, 배치시키다, 종사시키다, 달다, 끼우다, 서명하다, 제출하다 등"의 다양한 뜻들이 실려 있다. 한국어는 문맥이나 상황에 맞는 뜻으로 표현을 하면 된다.

☞ put. 필요한 곳에 채워 놓는.

put the ice-cream inside. 안쪽은 아이스크림을 넣다.

put several layers of warm suits. 다뜻한 옷을 여러 겹 입다.

put an emotion. 감정이 들어오다.

(채워 놓는)

put much pressure. 많은 압박을 하다.

simply put. 단순히 말해서. 간단히 말하면. (필요한 곳 : 아이스박스)

Put it simply. 간단히 말해서.

put it bluntly. 그것을 솔직하게 표현하다.

put forward unpopular opinions. 인기 없는 의견들을 제시하다.

put the cart before the horse. 본말을 전도하다.

put down. 진압하다, 내려놓다.

put back a year. 1년을 미루어 놓다.

put away their displays. 진열품들을 치우다.

put head backward. 머리를 뒤로 젖히다.

put their children's confidence at risk.

아이들의 자신감은 위험에 처해 있다.

put together a traffic police bill.

교통 경찰법을 맞추어 내다.

Put together. 구성하다, 모으다.

◆ inside. n. 내부, 안, 안쪽.

◆ warm. a. 따뜻한, 열렬한.

◆ layer. n. 층, 놓는. v. (옷을) 껴입다.

◆ suit. n. 한 벌, 옷.

◆ emotion. n. 감정.

◆ pressure. n. 압박, 압력.

◆ bluntly. ad. 솔직하게, 무뚝뚝하게.

◆ put forward. ~을 제시하다.

◆ unpopular. a. 인기가 없는.

◆ opinion. n. 의견, 견해.

◆ horse. n. 말, a. 말의, 말에 쓰는.

◆ cart. v. 수레로 나르다.

◆ away. ad. 멀리, 딴 데로.

◆ display. n. 진열(전시)물, 진열.

◆ backward. ad. 뒤쪽으로, 후방에.

◆ risk. n. 위험, 보험금.

◆ bill. n. 법안, 의안.

◆ traffic. n. 교통, 장사.

1. put the ice-cream inside. 안쪽은 아이스크림을 넣다.

☞ 필요한 곳에 **채워 놓는 표현**. 아이스크림을 필요한 곳에 채워 놓다. 안쪽은 아이스크림을 넣다.

그래서 한국어"넣다 등"의 표현을 한다. 한국어는 문맥이나 상황에 맞는 뜻으로 표현을 하면 된다.

2. put forward unpopular opinions. 인기 없는 의견을 제시하다.

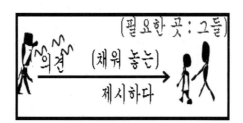

☞ 필요한 곳에 **채워 놓는 표현**. 인기 없는 의견을 필요한 곳에 채워 놓다. 인기 없는 의견을 제시하다.

그래서 한국어"제시하다 등"의 표현을 한다. 한국어는 문맥이나 상황에 맞는 뜻으로 표현을 하면 된다.

put on suit. 옷을 입다.

put on trousers. 양복을 입다.

put on this overcoat. 외투를 입다.

put on sweater. 스웨트를 입다.

put on yellow clothing. 노란 옷을 입다.

put on a hat. 모자를 쓰다.

put on the light. 불을 밝히다.

put on the table. 테이블 위에 놓다.

put on wear the uniforms of elevators.

엘리베이트 제복을 입다.

put **A** on **B**. **B**에 **A**를 채워 놓는(특정한 곳 **B**에 **A**를 채워 놓는).

put this picture on the wall. 이 그림을 벽에 걸다.

put spikes on his wheels. 그의 자동차에 대못이 박히다.

put the meeting on a back burner. 그 회의를 당분간 보류하다.

put a ban on the import of jeweled ring. 보석 반지의 수입을 금지하다.

put soap on a towel. 타올 목욕을 하다.

put something on the bulletin board. 게시판에 무언가를 붙이다.

put paint on the desk. 책상에 페인트를 칠하다.

put you signature on the contract. 계약서에 서명하다.

(목적한 곳 : 벽)

채워 놓는

◆ trousers. n. 양복(여성). (남자)바지.

◆ wear. v. 입고 있다, 몸에 지니고 있다.

◆ spike. n. 긴 못, 대못.

◆ put~on a back burner. ~을 당분간 보류하다. 당분간 유보되어.

◆ jewel. n. 보석.

◆ bulletin. n. 게시판, 고시.

◆ ban. n. 금지.

◆ signature. n. 서명.

◆ import. n. 수입, 수입품.

◆ contract. n. 계약, 약혼.

◆ soap. n. 비누. v. 비누로 씻다.

☞ **put on.** 영어 본래 의미(목적한 곳에 채워 놓는)

목적한 곳에 **채워 놓는 표현**. 이러한 의미를 나타낼 때 put on을 쓰면 된다.

3. put this picture on the wall. 이 그림을 벽에 걸다.

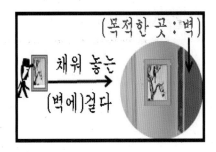

☞ 목적한 곳에 **채워 놓는 표현**. 목적한 곳 벽에 이 그림을 채워 놓다. 이 그림을 벽에 걸다.

그래서 한국어"걸다 등"의 표현을 한다. 한국어는 문맥이나 상황에 맞는 뜻으로 표현을 하면 된다.

4. put you signature on the contract. 계약서에 서명하다.

☞ 목적한 곳에 **채워 놓는 표현**. 목적한 곳 계약서에 서명을 채워 놓다. 계약서에 서명하다.

그래서 한국어"(서명)하다 등"의 표현을 한다. 한국어는 문맥이나 상황에 맞는 뜻으로 표현을 하면 된다.

5. put the meeting on a back burner. 그 회의를 당분간 보류하다.

☞ 목적한 곳에 **채워 놓는 표현**. 목적한 곳 당분간 보류에 회의를 채워 놓다. 그 회의를 당분간 보류하다.

그래서 한국어"(보류)하다 등"의 표현을 한다. 한국어는 문맥이나 상황에 맞는 뜻으로 표현을 하면 된다.

6. put something on the bulletin board. 게시판에 무언가를 붙이다.

☞ 목적한 곳에 **채워 놓는 표현**. 목적한 곳 게시판에 무언가를 채워 놓다. 게시판에 무언가를 붙이다.

그래서 한국어"붙이다 등"의 표현을 한다. 한국어는 문맥이나 상황에 맞는 뜻으로 표현을 하면 된다.

☞ put in. 영역 속에 채워 놓는.

(put A in B. A를 B의 영역 속에 채워 놓는)

put something in your mouth. 입에 무언가를 넣다.

put it in water **at once.** 즉시 물 속에 집어 넣다.

put a paper in the center **of the bag.** 가방 중앙에 종이를 넣다.

put a screen in front **of him.** 그 사람 앞에 스크린을 치다.

put his foot in his mouth. 실언하다.

put the empty bottles in the rubbish bin. 빈 병을 쓰레기 통에 넣다.

put it in a nutshell. 간단히 말해서.

put some medicine in each eye. 눈에 약을 넣다.

put the papers in the cabinet. 케비넷에 서류를 넣다.

put fuel in the car. 차에 연료를 넣다.

put in difficult situations. 어려운 상황 속에 처하다.

put in his own room. 자신의 방에 놓다.

put in enter his PIN. 그의 비밀번호를 입력하다.

put in the warehouse. 창고 안에 넣다.

put in jail. 투옥하다, 감금하다.

(영역 속 : 입)

채워 놓는

◆ situation. n. 상태, 상황.

◆ enter. v. 넣다, 들어가다.

◆ warehouse. n. 저장소, 창고.

◆ jail. n. 교도소, 감옥.

◆ mouth. n. 말투, 입.

◆ bag. n. (손) 가방, 지갑.

◆ foot. n. 아래, 밑바닥.

◆ put one's in one's mouth. 곤경에 빠지다, 실패하다.

◆ empty. n. 빈, 비어 있는.

◆ bin. n. 저장통.

◆ rubbish. n. 쓰레기, 폐물.

◆ fuel. n. 연료, 장작.

☞ put in. 영어 본래 의미(영역 속에 채워 놓는)

정해져 있는 영역 속에 **채워 놓는 표현**. 이러한 의미를 나타낼 때 put in을 쓰면 된다.

7. put something in your mouth. 입에 무언가를 넣다.

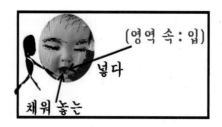

☞ 정해져 있는 영역 속에 **채워 놓는 표현**. 정해져 있는 영역 입속에 무언가를 채워 놓다. 입에 무언가를 넣다.

그래서 한국어"넣다 등"의 표현을 한다. 한국어는 문맥이나 상황에 맞는 뜻으로 표현을 하면 된다.

8. put the empty bottles in the rubbish bin. 빈 병을 쓰레기통에 넣다.

☞ 정해져 있는 영역 속에 **채워 놓는 표현**. 정해져 있는 영역 쓰레기통에 빈 병을 채워 놓다. 빈 병을 쓰레기통에 넣다.

그래서 한국어"넣다 등"의 표현을 한다. 한국어는 문맥이나 상황에 맞는 뜻으로 표현을 하면 된다.

☞ put into. 들어가게 채워 놓는.

(put A into B. A를 B속에 들어가 있게 놓는)

put it into practice. 그것을 실천하다.

put this letter into the mailbox. 우편물을 우체통에 넣다.

(들어가게 채워 놓는)

put the space shuttle into the satellite station.

우주 왕복선을 인공위성 기지에 진입시키다.

(들어가게 채워 놓는)

put his mind into the problem. 그 문제에 그의 마음을 쏟다.

put more effort into work. 일에 더 많은 노력을 하다.

put wares into a kiln. 도기들을 가마에 넣다.

(우주 왕복선)

◆ practice. n. 실천, 실행.

◆ mailbox. n. 우체통.

◆ shuttle. n. 우주 왕복선.

◆ satellite station. 인공우성 기지.

◆ space. n. 공간, 우주.

◆ kill. n. 가마, 노.

◆ ware n. 도자기, 상품.

☞ put into. 영어 본래 의미(들어가게 채워 놓는)

정해져 있는 곳에 들어가게 **채워 놓는 표현**. 이러한 의미를 나타낼 때 put into 를 쓰면 된다.

9. put this letter into the mailbox. 우편물을 우체통에 넣다.

☞ 정해져 있는 곳에 들어가게 **채워 놓는 표현**. 정해져 있는 우체통에 우편물이 들어가게 채워 놓다. 우편물을 우체통에 넣다.

그래서 한국어"넣다 등"의 표현을 한다. 한국어는 문맥이나 상황에 맞는 뜻으로 표현을 하면 된다.

10. put the space shuttle into the satellite station. 우주 왕복선을 인공위성 기지에 진입시키다.

☞ 정해져 있는 곳에 들어가게 **채워 놓는 표현**. 정해져 있는 인공위성 기지에 우주 왕복선이 들어가게 채워 놓다. 우주 왕복선을 인공위성 기지에 진입시키다.

그래서 한국어"진입시키다 등"의 표현을 한다. 한국어는 문맥이나 상황에 맞는 뜻으로 표현을 하면 된다.

☞ put up. 천천히 서서히 위로 전체를 채워 놓는.

put up a statue to him. 그의 상(象)을 세우다.

(전체 : 텐트)

put up our tents. 우리의 텐트를 치다.

put up. 세우다, 기부하다.

(전체를 채워 놓는)

put up 1,000 won. 천원을 기부하다.

put up a suggestion box. 건의함을 설치하다.

(전체 : 1,000원)

put up a shelf. 선반을 설치하다.

(자선)

put up a notice. 공고를 하다.

(전체를 채워 놓는)

put up a stout in the accident. 그 사고에 강하게 항변하다.

◆ statue. n. 상(象), 조상.

◆ suggestion, n. 제안, 제의, 건의.

◆ shelf. n. 선반.

◆ notice. n. 공고, 통지.

◆ stout. a. 단단한, 완강한, 세찬.

◆ accident. n. ,사고, 재해.

☞ **put up.** 영어 본래 의미(전체를 채워 놓는)

천천히 서서히 위로 전체를 채워 놓는 표현. 이러한 의미를 나타낼 때 put up을 쓰면 된다.

11. put up our tents. 우리의 텐트를 치다.

☞ 천천히 서서히 위로 전체를 채워 놓는 표현. 우리의 텐트를 천천히 서서히 위로 전체를 채워 놓다. 우리의 텐트를 치다.

그래서 한국어"(텐트를) 치다 등"의 표현을 한다. 한국어는 문맥이나 상황에 맞는 뜻으로 표현을 하면 된다.

12. put up 1,000 won. 천원을 기부하다.

☞ 천천히 서서히 위로 전체를 채워 놓는 표현. 천원을 천천히 서서히 위로 전체를 채워 놓다. 천원을 기부하다.

그래서 한국어"기부하다 등"의 표현을 한다. 한국어는 문맥이나 상황에 맞는 뜻으로 표현을 하면 된다.

☞ **put to.** 이미 정해져 있는 것에 맞추어 채워 놓는 표현.

(put A to B. A를 B에 맞추어 채워 놓는)

put a new handle to the bottle. 새 손잡이를 그 병에 달다.

put a match to a cigarette. 성냥 하나를 담배에 붙게 하다.

(이미 정해져 있는 것 : 담배)

맞추어 채워 놓는

put a resolution to the meeting. 결의안을 회중에 붙이다.

put a problem to her. 그녀에게 문제를 내다.

put their friendship to the test. 그들의 우정을 시험하다.

- ◆ problem. n. 문제.
- ◆ handle. n. 손잡이.
- ◆ resolution. n. 결의안, 결심.
- ◆ bottle. n. 병, 한 병.
- ◆ match. v. 맞추다, 맞붙게 하다.
- ◆ test. n. 시험, 테스트.
- ◆ friendship. n. 우정, 친목.

13. put a match to a cigarette. 성냥 하나를 담배에 붙게 하다.

☞ 이미 정해져 있는 것에 맞추어 채워 **놓는 표현**. 이미 정해져 있는 담배에 맞추어 성냥을 채워 놓다. 성냥 하나를 담배에 붙게 하다.

그래서 한국어"붙게 하다 등"의 표현을 한다. 한국어는 문맥이나 상황에 맞는 뜻으로 표현을 하면 된다.

14. put a problem to her. 그녀에게 문제를 내다.

☞ 이미 정해져 있는 것에 맞추어 채워 **놓는 표현**. 이미 정해져 있는 그녀에게 맞추어 문제를 채워 놓다. 그녀에게 문제를 내다.

그래서 한국어"(문제를)내다 등"의 표현을 한다. 한국어는 문맥이나 상황에 맞는 뜻으로 표현을 하면 된다.

grow

영어 본래의 의미(생겨 커지는)

전체에서 자연히 생겨 **커지는 표현**. 이러한 나타낼 때 grow를 쓰면 된다. grow 의 한국어 "자라다"는 영어 본래의 의미가 아니다.

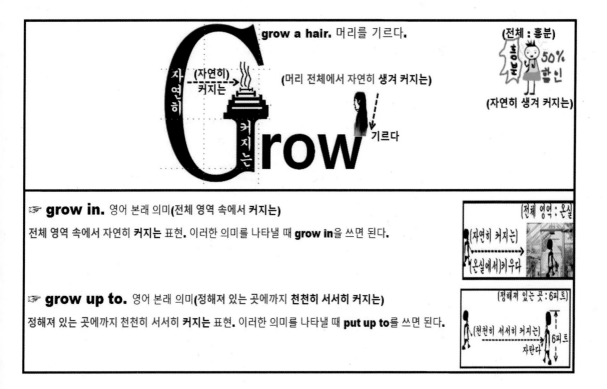

그래서

사전에서 grow의 뜻을 찾아보면 "커지다, 자라다, 크다, 증가하다, 일어나다, 발생하다, 재배하다, 산출하다, 기르다, 변화하다 등"의 다양한 뜻들이 실려 있다. 한국어는 문맥이나 상황에 맞는 뜻으로 표현을 하면 된다.

☞ grow. 자연히 생겨 커지는 표현.

grow a hair. 머리를 기르다.

grow older. 나이가 들다.

grow rapidly. 빠르게 성장하다.

grow a beard. 턱수염을 기르다.

grow better. 더 잘 자란다.

grow flowers. 꽃을 기르다.

grow potatoes. 고구마를 재배하다.

grow steadily. 꾸준히 증가하다.

grow more quickly. 더 빠르게 성장하다.

grow tensions. 긴장이 일어나다.

grow tensions. 흥분시키다.

grow so popular. 인기가 매우 높아지다.

grow 3 just percent last year.

정확히 작년에 3 퍼센트 증가하다.

grow more resistant to antibiotics.

항생제들에 대해서 보다 내성이 커지다.

grow relatively slowly compared with other crops.

다른 작물에 비해 비교적 천천히 자라다.

grow sector and somehow you make a profit.

일반적인 분야에 성장하고, 그럭저럭 이익을 내다.

←(자연히 생겨 커지는)

* rapidly. ad. 빠르게, 신속히.
* beard. n. 턱수염.
* better. a 보다 나은, 보다 좋은.
* compared with.~와 비교해 볼 때.
* antibiotic. a. 항생(작용)의. n. 항생물질.
* compare. v. 비교하다.
* crop. n. 농작물, 수확.
* just. ad. 정확히. a. 정확한, 적정한.
* quickly. ad. 빠르게, 급히.

* tension. n. 긴장, 팽팽한, 흥분.
* popular. a. 인기 있는.
* resistant. a. 내성이 있는, 견디는.
* relatively. ad. 비교적.
* sector. n. (일반적) 분야, 방면.
* somehow. ad. 어떻게든 하여.
* steadily. ad. 꾸준히, 착실하게.
* potato. n. 고구마, 감자.

1. grow a hair. 머리를 기르다.

   grow older. 나이가 들다.

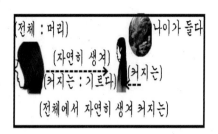

☞ 전체에서 자연히 생겨 **커지는 표현**. 머리에서 자연히 생겨 커지다. 머리를 기르다.

그래서 한국어"기르다 등"의 표현을 한다. 한국어는 문맥이나 상황에 맞는 뜻으로 표현을 하면 된다.

2. grow tensions. 흥분시키다.

☞ 전체에서 자연히 생겨 **커지는 표현**. 흥분에서 자연히 생겨 커지다. 흥분시키다.

그래서 한국어"(흥분)시키다 등"의 표현을 한다. 한국어는 문맥이나 상황에 맞는 뜻으로 표현을 하면 된다.

3. grow flowers. 꽃을 기르다.

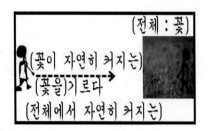

☞ 전체에서 자연히 생겨 **커지는 표현**. 꽃에서 자연히 생겨 커지다. 꽃을 기르다.

그래서 한국어"(꽃을)기르다 등"의 표현을 한다. 한국어는 문맥이나 상황에 맞는 뜻으로 표현을 하면 된다.

4. grow steadily. 꾸준하게 증가하다.

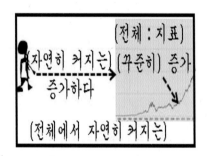

☞ 전체에서 자연히 생겨 **커지는 표현**. 꾸준하게에서 자연히 생겨 커지다. 꾸준하게 증가하다.

그래서 한국어"증가하다 등"의 표현을 한다. 한국어는 문맥이나 상황에 맞는 뜻으로 표현을 하면 된다.

☞ grow in. 전체 영역 속에서 커지는 표현.

grow in a greenhouse. 온실에서 키우다.

grow in volume. 양적으로 증가하다.

(전체 영역 : 참외)

grow in the yard. 안마당에서 자라다.

(전체 영역 : 온실)

grow in a stalk. 줄기에서 자라다.

grow in the desert. 사막에서 자라다.

grow flower in the garden. 정원에서 화초를 키우다.

grow in a compact mass. 빽빽이 자라다

grow in a tropical climate. 열대성 기후에서 자란다.

grow in the forest. 산림에서 자란다.

☞ grow into. 안에서 변화되어 커지는 표현.

grow into snow. 눈으로 변하다.

grow into a fine pianist. 훌륭한 피아니스트로 성장하다.

☞ grow on. 영역에서 조금씩 채워 커지는 표현.

grow on the grapevines. 포도나무에서 자라다.

grow on the tropical islands. 열대 지방의 섬에서 자란다.

☞ grow to. 정해져 있는 것에서 커지는 표현.

grow the mist began to spread. 안개가 퍼지기 시작하다.

grow to considerable. sizes. 상당한 크기로 자라다.

- greenhouse. n. 온실, 건조실.
- volume. n. 양, 대량.
- yard. n. 안마당, 작업장.
- stalk. n. ,(식물의) 줄기, 대.
- desert. n. 사막. a. 불모지.
- flower. n. 화초, 꽃.
- compact. a. 밀집한, 빽빽한.
- mass. n. 덩어리, 다량, 다수.

- grapevine. n. 포도나무. 풍문.
- island. n. 섬, 대초원의 산림지대.
- considerable. a. 상당한, 중요한.
- forest. n. 숲, 산림.
- tropical climate. 열대성 기후.
- climate. n. 기후, 풍토.
- tropical. a. 열대(지방)의.

☞ **grow in.** 영어 본래 의미(전체 속에서 커지는)

전체 영역 속에서 **커지는 표현**. 이러한 의미를 나타낼 때 grow in을 쓰면 된다.
5. grow in a greenhouse. 온실에서 키우다.

☞ 전체 영역 속에서 자연히 **커지는 표현**. 온실 전체 영역 속에서 커지다. 온실에서 키우다.

그래서 한국어"키우다 등"의 표현을 한다. 한국어는 문맥이나 상황에 맞는 뜻으로 표현을 하면 된다.

6. grow in volume. 양적으로 증가하다.

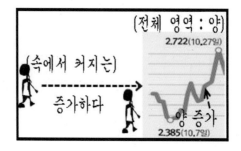

☞ 전체 영역 속에서 **커지는 표현**. 양의 전체 영역 속에서 커지다. 양적으로 증가하다.

그래서 한국어"증가하다 등"의 표현을 한다. 한국어는 문맥이나 상황에 맞는 뜻으로 표현을 하면 된다.

7. grow in a stalk. 줄기에서 자라다.

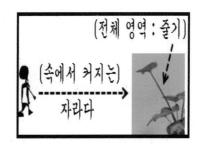

☞ 전체 영역 속에서 **커지는 표현**. 줄기 전체 영역 속에서 커지다.

줄기에서 자라다.

그래서 한국어 "자라다 등"의 표현을 한다. 한국어는 문맥이나 상황에 맞는 뜻으로 표현을 하면 된다.

8. grow in the desert. 사막에서 자라다.

☞ 전체 영역 속에서 **커지는 표현**. 사막 전체 영역 속에서 커지다. 사막에서 자라다.

그래서 한국어 "자라다 등"의 표현을 한다. 한국어는 문맥이나 상황에 맞는 뜻으로 표현을 하면 된다.

9. grow flower in the garden. 정원에서 화초를 키우다.

☞ 전체 영역 속에서 **커지는 표현**. 정원 전체 영역 속에서 커지다. 정원에서 화초를 키우다.

그래서 한국어"키우다 등"의 표현을 한다. 한국어는 문맥이나 상황에 맞는 뜻으로 표현을 하면 된다.

10. grow in the forest. 산림에서 자라다.

☞ 전체 영역 속에서 **커지는 표현**. 산림 전체 영역 속에서 커지다. 산림에서 자라다.

그래서 한국어"자라다 등"의 표현을 한다. 한국어는 문맥이나 상황에 맞는 뜻으로 표현을 하면 된다.

☞ **grow up .** 정해져 있는 곳에서 천천히 서서히 위로 커지는 표현.

grow up to six feet long. 6피트까지 자란다. **(정해져 있는 곳까지)**

grow up in the neighborhood. 이 지역에서 자란다.

grow up to think. 생각을 간직하고 성장하다. **(정해져 있는 곳까지)**

grow up taking rising living standards for granted.

생활수준의 향상을 당연한 것으로 여기며 살아오다.

☞ **grow at.** 정해져 있는 속에 달라붙어 커지는 표현.

grow at a fast rate. 빠른 속도로 증가하다.

grow at high mountain altitudes in the tropics.

열대지방의 높은 산마루에서 자란다.

◆ neighborhood. n. 지역, 이웃.

◆ take~for granted. ~을 당연시하다.

◆ rising. n. 상승, 오름.

◆ living standard. 생활 수준.

◆ rate. n. 속도, 비율.

◆ mountain altitudes. 높은 산마루.

◆ tropic. n. 열대(지방). a. 열대(지방)의.

☞ grow up to. 영어 본래 의미(천천히 서서히 커지는)

정해져 있는 곳까지 천천히 서서히 커지는 표현. 이러한 의미를 나타낼 때 grow up to를 쓰면 된다.

11. grow up to six feet long. 6피트까지 자라다.

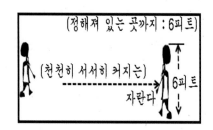

☞ 정해져 있는 곳까지 천천히 서서히 커지는 표현. 정해져 있는 6피트까지 천천히 서서히 커지다. 6피트까지 자라다.

그래서 한국어"자라다 등"의 표현을 한다. 한국어는 문맥이나 상황에 맞는 뜻으로 표현을 하면 된다.

12. grow up to think. 생각을 간직하고 성장하다.

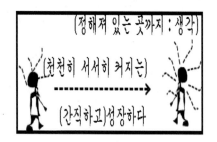

☞ 정해져 있는 곳까지 천천히 서서히 커지는 표현. 정해져 있는 생각까지 천천히 서서히 커지다. 생각을 간직하고 성장하다.

그래서 한국어"성장하다 등"의 표현을 한다. 한국어는 문맥이나 상황에 맞는 뜻으로 표현을 하면 된다.

☞ grow at. 영어 본래 의미(속에 달라붙어 커지는)

정해져 있는 속에 달라붙어 **커지는** 표현. 이러한 의미를 나타낼 때 put at를 쓰면 된다.

13. grow at a fast rate. 빠른 속도로 증가하다.

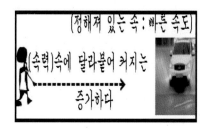

☞ 정해져 있는 속에 달라붙어 **커지는** 표현. 정해져 있는 속도 속에 달라붙어 커지다. 빠른 속도로 증가하다.

그래서 한국어"증가하다 등"의 표현을 한다. 한국어는 문맥이나 상황에 맞는 뜻으로 표현을 하면 된다.

14. grow at high mountain altitudes in the tropics.
열대지방의 높은 산마루에서 자라다.

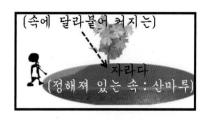

☞ 정해져 있는 속에 달라붙어 **커지는** 표현. 정해져 있는 높은 산마루 속에 달라붙어 커지다. 열대지방의 높은 산마루에서 자라다.

그래서 한국어"자라다 등"의 표현을 한다. 한국어는 문맥이나 상황에 맞는 뜻으로 표현을 하면 된다.

☞ 커져 있는 전체의 표현.

growth. n. 성장, 발육, 발전, 발달, 증대, 증가, 증진, 신장, 경제성장, 가치증대, 재배, 배양, 발생, 기원,

growth in rural incomes. 농가의 소득증대.

growth in farm animals. 사육 동물의 성장.

seemingly nonstop growth. 거칠 줄 모르는 성장.

growth in demand for more goods.

많은 상품에 대한 수요의 증가.

full growth. 완전성장.

8% growth. 8% 성장.

a large growth in demand. 수요의 큰 증가.

a large growth in population. 인구의 큰 증가.

the 8% over all growth rate. 전체 성장률이 8%.

remarkable growth. 놀랄만한 성장.

growing sector. 성장하는 부분.

growing number of people.

사람들이 늘어나고 있다.

fast-growing. 급속도로 성장하는.

(커져 있는 전체의 표현 : 성장)

(씨앗)

◆ seemingly. ad. 보기엔, 겉으로는.

◆ nonstop. a. 도중에 멎지 않는.

◆ rural. a. 시골의, 지방의.

◆ income. n. 수입, 소득.

◆ farm. n. 농장, 사육장.

◆ demand. n. 수요, 요구.

◆ population. n. 인구.

◆ steady. a. 안정된, 흔들리지 않는.

◆ remarkable. a. 놀랄만한, 주목할 만한.

◆ fast. a. 빠른, 급속한. ad. 신속히.

☞ **growth.** 영어 본래 의미(커져 있는 전체)

커져 있는 전체의 **표현**. 이러한 의미를 나타낼 때 growth를 쓰면 된다.

15. growth in rural incomes. 농가의 소득증대.

☞ 커져 있는 전체의 **표현**. 농가의 소득이 커져 있는 전체. 농가의 소득증대.

그래서 한국어"증대 등"의 표현을 한다. 한국어는 문맥이나 상황에 맞는 뜻으로 표현을 하면 된다.

16. growth in farm animals. 사육 동물의 성장.

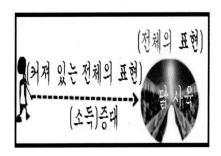

☞ 커져 있는 전체의 **표현**. 사육 동물이 커져 있는 전체. 사육 동물의 성장.

그래서 한국어"성장 등"의 표현을 한다. 한국어는 문맥이나 상황에 맞는 뜻으로 표현을 하면 된다.

17. full growthe. 완전성장.

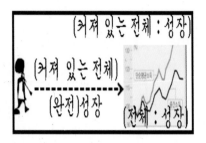

☞ 커져 있는 전체의 **표현**. 완전히 커져 있는 전체. 완전성장.

그래서 한국어"성장 등"의 표현을 한다. 한국어는 문맥이나 상황에 맞는 뜻으로 표현을 하면 된다.

18. **8% growth. 8% 성장.**

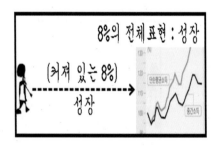

☞ 커져 있는 전체의 **표현**. 8% 커져 있는 전체. 8% 성장.

그래서 한국어"성장 등"의 표현을 한다. 한국어는 문맥이나 상황에 맞는 뜻으로 표현을 하면 된다.

make

영어 본래의 의미(새로 생기게 하는)
선택한 것에 새로 **생기게 하는(無→有)** 표현. 이러한 의미를 나타낼 때 make를
쓰면 된다. make의 한국어"만들다"는 영어 본래의 의미가 아니다.

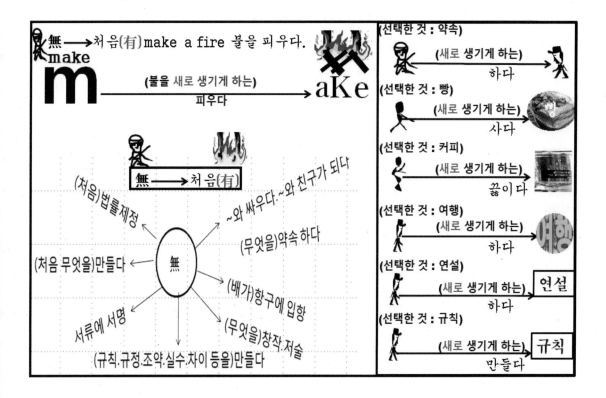

그래서

사전에서 make의 뜻을 찾아보면 "만들다, 제작하다, 창조하다, 마련하다, 작성
하다, 행하다, 넣다, 획득하다, 얻다, 만들다, 발견하다, 나타내다 등"의 다양한
뜻들이 실려 있다. 한국어는 문맥이나 상황에 맞는 뜻으로 표현을 하면 된다.

make a plan. 이제부터 계획을 세우다.

make a new beginning. 새로 시작하기로 하다.

make five phone calls. 전화를 다섯 번 하다.

make and receive calls. 전화를 걸고 받다.

make a collect call. 수신자 부담으로 전화를 걸다.

make a thorough search. 철저한 탐색을 하다.

make any rash decision. 급한 결정을 내리다. **make good progress.** 원활하게 진행하다.

make a go of our business.
우리의 사업을 진행하다.

make coffer. 커피를 만들다.

make the joy. 장난감을 만들다.

make me a doll. 나에게 인형을 만들다.

make one feet. 1피트가 되다.

make a promise. 약속을 하다.

make an appointment. 약속을 하다.

make a decision. 결정을 내리다.

make a start. 출발하다.

make house calls. 방문 출장을 하다.

make sales calls. 판매를 위한 방문을 하다.

make an effort. 노력하다.

make every effort. 온갖 노력을 다하다.

make a last-minute change. 막판에 변경하다.

make the vitamin C. 비타민 C를 만들다.

make the visual experience unusual.
시각적 경험을 비상하게 만들다.

make the vitamin C even more.
비타민 C를 보다 아름다워 보이게 하다.

make things clear. 일을 깨끗하게 하다

make a success. 성공을 하다.

make satisfaction. 만족하다.

make one's mark. 두각을 나타내다.

☞ **make. 새로 생기게 하는 표현.**

a collect call
수신자 부담

1. 이제부터 계획
a plan

2. 새로 시작
a new beginning

3. 전화 걸고 받다.
receive calls

4. 철저한 탐색.
thorough search

5. 급한 결정.
any rash decision

7. 커피, 인형 생산.
coffer, doll, 1피트
one feet.

6. 사업 진행.
any go of business

8. 약속, 결정.
Promise, decision

9. 방문 출장.
house calls

11. 막판에 변경.
a last-minute change.

12. 비타민 C.
the vitamin C.

진행 10. 원활하게 진행, 노력, 온갖 노력.
good progress, effort, every effort

- ◆ beginning. n. 시작, 처음.
- ◆ receive. v. 받다, 환영받다.
- ◆ thorough. a. 철저한, 완전한.
- ◆ search. n. 탐색, 수색.
- ◆ rash. a. 경솔한, 성급한.
- ◆ decision. n. 결정.
- ◆ business. n. 사업. 실업.
- ◆ promise. n. 약속. 희망.
- ◆ appointment. n. 약속, 임명.
- ◆ progress. n. 진행, 발달.
- ◆ good. a. 이익이 되는.
- ◆ make good. (손해를) 보상하다. 이행하다.
- ◆ effort. n. 노력, 수고.
- ◆ change. v. 바꾸다, 변경하다.
- ◆ visual. a. 시각의, 보는.
- ◆ experience. n. 경험, 체험.
- ◆ unusual. a. 유별난, 이상한.
- ◆ even. ad. 더욱.
- ◆ clear. a. 깨끗한, 분명한, 맑은.
- ◆ satisfaction. n. 만족. 만족을 주는.

1. make a plan. 이제부터 계획을 세우다.

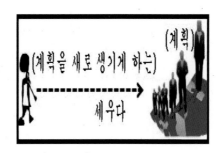

☞ 새로 **생기게 하는 표현**. 계획을 새로 생기게 하다. 계획을 세우다.

그래서 한국어"세우다 등"의 표현을 한다. 한국어는 문맥이나 상황에 맞는 뜻으로 표현을 하면 된다.

2. make a thorough search. 철저한 탐색을 하다.

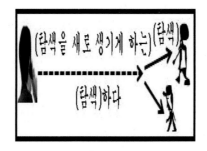

☞ 새로 **생기게 하는 표현**. 철저한 탐색을 새로 생기게 하다. 철저한 탐색을 하다.

그래서 한국어"(탐색을)하다 등"의 표현을 한다. 한국어는 문맥이나 상황에 맞는 뜻으로 표현을 하면 된다.

3. make a promise. 약속을 하다.

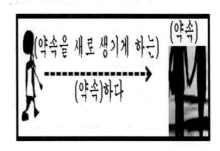

☞ 새로 **생기게 하는 표현**. 약속을 새로 생기게 하다. 약속을 하다.

그래서 한국어 "(약속을)하다 등"의 표현을 한다. 한국어는 문맥이나 상황에 맞는 뜻으로 표현을 하면 된다.

4. make a success. 성공을 하다.

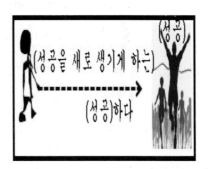

☞ 새로 **생기게 하는 표현**. 성공을 새로 생기게 하다. 성공을 하다.

그래서 한국어 "(성공을)하다 등"의 표현을 한다. 한국어는 문맥이나 상황에 맞는 뜻으로 표현을 하면 된다.

5. make a last-minute chang. 막판에 변경하다.

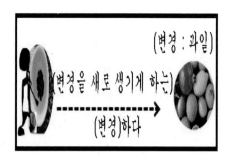

☞ 새로 **생기게 하는 표현**. 막판에 변경을 새로 생기게 하다. 막판에 변경하다.

그래서 한국어 "(변경을)하다 등"의 표현을 한다. 한국어는 문맥이나 상황에 맞는 뜻으로 표현을 하면 된다.

6. make things clear. 일을 깨끗하게 하다.

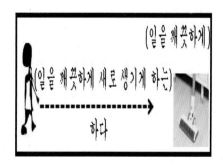

☞ 새로 **생기게 하는 표현**. 일을 깨끗하게 새로 생기게 하다. 일을 깨끗하게 하다.

그래서 한국어 "~하다 등"의 표현을 한다. 한국어는 문맥이나 상황에 맞는 뜻으로 표현을 하면 된다.

make a statement. 성명을 발표하다.

☞ make. 새로 생기게 하는 **표현.**

make that news. 뉴스 거리가 되다.

make an unprecedented revenues. 전례 없는 수익을 내다.

make his happy. 그를 행복하게 만들다.

make the best of this situation. 이러한 상황을 최대한 이용하다.

make a journey. 여행을 하다.

make it. 수행하다, 성공하다. 회복하다.

make a trip. 여행을 하다.

make a success. 성공을 거두어 들이다.

make a note. 메모하다.

make a statement. 성명을 발표하다. 자기주장을 분명하게 표시하다.

make a rule. 규칙을 만들다.

make a rude remarks. 무례한 발언을 하다.

make a good business man. 훌륭한 사업을 하다.

make a logical argument. 논리적인 주장을 하다.

make a prudent investment. 신중한 투자를 하다.

make me feel embarrassed. 나를 당혹스럽게 만들다.

make some investment. 일정한 투자를 하다.

make a clumsy excuse. 서투른 변명하다.

make a good buy. 싸게 사다.

make mistakes. 실수를 하다.

make it cheap. 그것을 싸게 해서 받다.

make me feel uneasy. 나를 불편하게 만들다.

make some nice shoes. 약간의 좋은 신발을 만들다.

make mobile phone cases. 휴대전화 케이스를 만들다.

make the activity stimulating. 그 활동을 적극적으로 하다.

make much money. 많은 돈을 벌다.

(성명을 새로 생기게 하는)

make a large sum of money. 많은 돈을 벌다.

make a rapid growth. 급성장을 하다.

발표하다

make this the most profitable year. 올해 최대 수익을 내다.

- ◆ statement. n. 성명, 진술.
- ◆ journey. n. 여행, 왕복.
- ◆ trip. n. 여행.
- ◆ prudent. a. 신중한, 빈틈이 없는.
- ◆ investment. n. 투자, 투자액.
- ◆ good. a. 좋은, 효과적인.
- ◆ cheap. a. 싼, 값이 싼.
- ◆ shoe. n. 구두, 신.
- ◆ activity. n. 활동, 행동.
- ◆ stimulating. a. 적극적인, 격려적인.
- ◆ growth. n. 성장.

- ◆ profitable. a. 유리한, 이익이 있는.
- ◆ unprecedented. a. 전례가 없는, 신기한.
- ◆ revenue. n. 소득, 수익.
- ◆ situation. n. 상황.
- ◆ rude. a. 무례한, 버릇없는.
- ◆ remark. n. 소견, 발언. v. 언급하다.
- ◆ logical. a. 논리적인.
- ◆ argument. n. 논의, 논증.
- ◆ embarrass. v. 당혹하게 하다.
- ◆ clumsy. a. 서투른, 세련되지 않은.
- ◆ uneasy. a. 불편한, 꺼림직한.

7. make a statement. 성명을 발표하다.

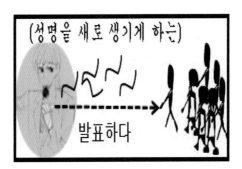

☞ 새로 **생기게 하는 표현**. 성명을 새로 생기게 하다. 성명을 발표하다.

그래서 한국어"발표하다 등"의 표현을 한다. 한국어는 문맥이나 상황에 맞는 뜻으로 표현을 하면 된다.

8. make a trip. 여행을 하다.

☞ 새로 **생기게 하는 표현**. 여행을 새로 생기게 하다. 여행을 하다.

그래서 한국어"(여행을)하다 등"의 표현을 한다. 한국어는 문맥이나 상황에 맞는 뜻으로 표현을 하면 된다.

☞ make. 새로 생기게 하는 표현.

make the world peaceful. 전 세계 평화를 만들다.

make an important announcement. 중요한 발표를 하다.

make oneself scarcity. 슬쩍 나가다, 가까이 않다.

make port. 입항하다.

make war. 전쟁을 일으키다.

make them close their factory.
그들에게 공장을 폐쇄하게 하다.

(새로 생기는 : 가까이)

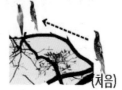

(처음)

make a scanty living. 근근이 살아가다.

make people ill. 사람들을 아프게 하다.

make close an enemy. 적을 뒤 쫓다.

(새로 생기는 : 뒤 쫓다)

(처음)   뒤쫓다

make greatly increasing our food supply.
우리의 식량 공급을 크게 증가시키다.

make less than 120 million in the future.
장래에 1억 2천만명 이하로 되다.

make good. (부족 등을)보충하다. 보상하다,

make people poor. 사람들을 가난하게 하다.

make you miserable. 당신에게 비참해지다.

(새로 생기는 : 비참)

(처음)

make a livelihood. 생계를 세우다.

make a deer. 사슴 사냥을 하다.

make a plant. 식물을 심다.

make it a big tree. 큰 나무로 성장하다.

make chicken soup. 치킨 수프를 만들다.

make instruments like the France violins.
프랑스 바이올린과 같은 악기들을 제작하다.

make a profit. 이익을 내다.

make ice wines more affordable.
아이스 와인 가격은 적당한 것이 되다.

make to mitigate human-caused climate change
인간이 초래한 기후변화를 완화하다.

(입항을 새로 생기게 하는)

(입항)

- ◆ peaceful. a. 평화로운, 조용한.
- ◆ important. a. 중요한, 유력한.
- ◆ announcement. n. 발표, 알림.
- ◆ scarcity. n. 부족, 드문 일.
- ◆ make oneself scarce. 슬쩍 빠져나가다.
- ◆ port. n. 항구. (배의) 피난소.
- ◆ scanty. a. 부족한, 얼마안되는.
- ◆ greatly. ad. 크게, 대단히.
- ◆ increasing. a. 점점 증가하는.

- ◆ future. n. 미래, 장래.
- ◆ miserable. a. 불쌍한, 비참한.
- ◆ livelihood. n. 생계, 살림.
- ◆ deer. n. ,사슴.
- ◆ instrument. n. 악기, 기구.
- ◆ violin. n. 바이올린.
- ◆ affordable. a. 줄 수 있는, 알맞은
- ◆ cause. n. 원인, 까닭.
- ◆ climate. n. 기후, 풍토.

9. make oneselfe scarce. 슬쩍 나가다. 가까이 앉다.

☞ 새로 **생기게 하는** 표현. 슬쩍 빠져 나가는 것을 새로 생기게 하다. 슬쩍 나
가다.

그래서 한국어"나가다. 등"의 표현을 한다. 한국어는 문맥이나 상황에 맞는 뜻
으로 표현을 하면 된다.

10. make port. 입항하다.

☞ 새로 **생기게 하는** 표현. 입항을 새로 생기게 하다. 입항을 하다.

그래서 한국어"(입항을)하다 등"의 표현을 한다. 한국어는 문맥이나 상황에 맞는
뜻으로 표현을 하면 된다.

☞ on : 특정한 영역에 붙어 **새로 생기게 하는 표현**.

make a positive impact on any area of life. 삶의 그 어떤 분야에든 긍정적인 영향을 미치다.

make do on his wife's income. 그의 아내의 임금으로 살아가다.

☞ for : 전체를 향하여 **새로 생기게 하는 표현**.

make for true humanity. 진정한 인간성에 기여하다.

make arrangements for the trip. 여행 준비를 하다.

make a trip for nothing. 헛걸음을 하다.

make for the exit. 출구를 향하다.

make long-distance travel possible for large numbers of people. 많은 사람들에게 장거리 여행을 가능하게 만들다.

☞ to : 실질적인 것에 맞추어 채워 **새로 생기게 하는 표현**.

make weapons to hunt animals. 동물을 사냥하기 위해 무기를 만들다.

make a negative reply to offer. 제의에 거절하는 답을 보내다.

make a plan to prepare for the test. 시험 대비를 위해 계획을 만들다.

make Korea cloth too expensive to sell in china. 한국섬유를 중국에서 팔기에 너무 비싸게 만들다.

make to the company's growth. 회사 실적에 기여하다.

make to wash the dishes. 설거지를 하다.

make it to enjoy life. 인생을 즐기는 것을 만들다.

make converts to a point of view. 어떤 관점으로의 전향자들을 만들다.

make to answer. 대답을 하려고 하다

- positive. a, 긍정적인, 확신하는.
- impact. n. 영향.
- income. n. 소득, 수입.
- humanity. n. 인간성, 인류.
- arrangement. n. 준비, 채비.
- nothing. n. 무(無) 공.
- hunt. v. 사냥하다.
- weapon. n. 무기, 병기.
- negarive. a. 부정적인, 소극적인.
- reply. v. ,대담하다.
- offer. n. 제의, 제안.
- prepare. v. 준비하다. 미리 마련하다.
- test. n. 시험.
- expensive. a. 돈이 드는. 값비싼.
- growth. n. 성장, 실적.
- wash. v. 씻다, 빨다.
- convert. n. ,rotlawk, 전향자. 재종자.
- trip. n. 여행, 헛디딤.

☞ # make on. 영어 본래 의미(영역에 붙어 생기게 하는)

특정한 영역에 붙어 **새로 생기게 하는 표현**. 이러한 의미를 나타낼 때 make on을 쓰면 된다.

11. make do on his wife's income. 그의 아내의 임금으로 살아가다.

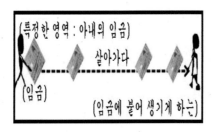

☞ **특정한 영역에 붙어 새로 생기게 하는 표현**. 특정한 영역 그의 아내의 임금에 붙어 새로 생기게 하다. 그의 아내의 임금으로 살아가다.

그래서 한국어"살아가다 등"의 표현을 한다. 한국어는 문맥이나 상황에 맞는 뜻으로 표현을 하면 된다.

☞ # make for. 영어 본래 의미(향하기 새로 생기게 하는)

전체를 향하여 **새로 생기게 하는 표현**. 이러한 의미를 나타낼 때 make for를 쓰면 된다.

12. make arrangements for the trip. 여행 준비를 하다.
☞ for the trip : 여행 전체를 향하여.

☞ **전체를 향하여 새로 생기게 하는 표현**. 여행을 준비하다.

그래서 한국어"준비하다 등"의 표현을 한다. 한국어는 문맥이나 상황에 맞는 뜻으로 표현을 하면 된다.

☞ of : 떼어낼 수 없는 종류에 새로 생기게 하는 표현.

make of wood. 나무로 만들어지다. (떼어낼 수 없는 관계 : of)

make from milk. 우유로 만들어지다. (다른 모습으로 변화 : from)

make of pure cotton. 순면 제품으로 만들다.

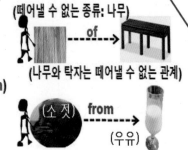

(떼어낼 수 없는 종류: 나무)

(나무와 탁자는 떼어낼 수 없는 관계)

(소 젖) from (우유)

☞ up of : 떼어낼 수 없는 전체를 새로 생기게 하는 표현.

make up of ten members. 10명으로 구성되다.

make up of one main island. 하나의 주요 섬을 만들다.

(떼어낼 수 없는 전체 : 하나의 주요 섬)

(전체 : 하나의 섬)

☞ in. 영역 속에서 새로 생기게 하는 표현.

make great advances in products. 제작물들에 대단한 진척을 이루다.

make in china. 중국에서 제작하다.

make me happy in my job. 나의 직업에서 나를 행복하게 해주다.

(영역 속 : 배속)

make in the body. 체내에서 만들어내다.

make the greatest progress in humanity's understanding of love.

사랑에 대한 인류의 이해 면에서 가장 큰 발전을 이루다.

◆ pure. a. 순수한, 깨끗한.

◆ cotton. n. 솜, 무명실.

◆ island. n. 섬. ◆

◆ advance. v. 증진하다, 진척시키다.

◆ product. n. 생산품, 제작물.

◆ great. a. 큰, 거대한.

◆ progress. n. 진보, 발달, 발전.

◆ humanity. n. ,인류, 인간성.

◆ understanding. n. ,이해, 협정.

☞ make of. 영어 본래 의미(떼어낼 수 없는 종류에 생기게 하는)

떼어낼 수 없는 종류에 새로 생기게 하는 표현. 이러한 의미를 나타낼 때 make of을 쓰면 된다.

13. make of wood. 나무로 만들어지다. (떼어낼 수 없는 관계 : of)
    make from milk. 우유로 만들어지다.
    make a complete recovery from illness. 병이 완쾌되다.
    (떨어져서 다른 모습으로 변화되는 관계 : from)

☞ 떼어낼 수 없는 종류에 새로 생기게 하는 표현. 떼어낼 수 없는 나무에 새로 생기게 하다.

그래서 한국어"만들어지다 등"의 표현을 한다. 한국어는 문맥이나 상황에 맞는 뜻으로 표현을 하면 된다.

☞ make up of. 영어 본래 의미(전체를 생기게 하는)

떼어낼 수 없는 전체를 새로 생기게 하는 표현. 이러한 의미를 나타낼 때 make up of을 쓰면 된다.

14. make up of ten members. 10명으로 구성되다.

☞ 떼어낼 수 없는 전체를 새로 생기게 하는 표현. 떼어낼 수 없는 10명 전체를 새로 생기게 하다.

그래서 한국어"구성되다 등"의 표현을 한다. 한국어는 문맥이나 상황에 맞는 뜻으로 표현을 하면 된다.

☞ make in. 영어 본래 의미(영역 속에서 생기게 하는)

영역 속에서 새로 생기게 하는 표현. 이러한 의미를 나타낼 때 make in을 쓰면 된다.

15. make in the body. 체내에서 만들어내다.

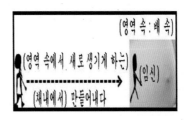

☞ 영역 속에서 새로 생기게 하는 표현. 체내의 영역에서 새로 생기게 하다. 체내에서 만들어지다.

그래서 한국어"만들어내다 등"의 표현을 한다. 한국어는 문맥이나 상황에 맞는 뜻으로 표현을 하면 된다.

☞ make to. 영어 본래 의미(실질적 것에 채워 생기게 하는)

실질적인 것에 채워 새로 생기게 하는 표현. 이러한 의미를 나타낼 때 make to 를 쓰면 된다.

16. make to wash the dishes. 설거지를 하다.

☞ 실질적인 것에 채워 새로 생기게 하는 표현. 실질적인 설거지에 채워 새로 생기게 하다. 설거지를 하다.

그래서 한국어"~하다 등"의 표현을 한다. 한국어는 문맥이나 상황에 맞는 뜻으로 표현을 하면 된다.

run

영어 본래의 의미(속에 움직여 가는)

처음과 끝이 있는 공간영역 속에 움직여 가는 **표현.** 이러한 의미를 나타낼 때 run을 쓰면 된다. run의 한국어"달리다"는 영어 본래의 의미가 아니다.

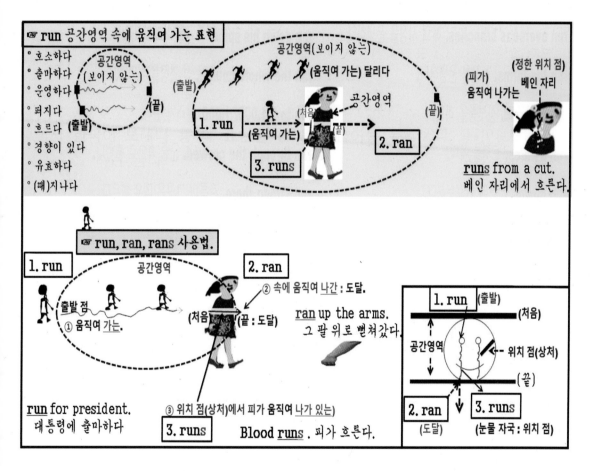

그래서

사전에서 run의 뜻을 찾아보면 "달리다, 뛰다, (출마) 하다, 움직이다, 운영하다, 운행하다, 흐르다, 영업하다, 작동하다, 번지다 등"의 다양한 뜻들이 실려 있다. 한국어는 문맥이나 상황에 맞는 뜻으로 표현을 하면 된다.

☞ run. 공간 영역 속에 움직여 가는 표현.

run a government. 정부가 움직이다.

run the lotteries. 복권을 운영하다.

run his own business. 자신의 사업을 운영하다

run $ 1,000. 1,000. 달러가 되다.

run overseas branches. 해외 지점을 운영하다

run the farms. 농장을 운영하다.

run a errand. 심부름을 하다.

run a hares. 토끼를 쫓다.

run mayor. 시장에 입후보하다.

run a successful campaign. 성공적인 운동을 하다.

run a little fever. 미열이 나다.

run in the park every morning. 매일 공원에서 달리기를 한다.

run-of-mill. 보통의, 평범한.

☞ ran. 공간영역 속에 움직여 나간 표현.

ran like smoke. 연기와 같이 번졌다.

ran all over the town. 읍내로 퍼졌다.

ran the fire in the company. 회사 안에 불이 확 퍼졌다.

ran around the desk. 탁자 주위에 있다.

ran down his spine. 등골을 따라 내려갔다

ran the whole course. 전 과정을 뛰었다.

ran to $ 1,000. 1,000. 달러가 됐다.

ran through the crowed. 군중 속으로 흘렀다.

ran strong there. 흐름이 그곳은 매우 빠르다.

ran led the flock. 무리를 이끌었다.

- government. n. 정부, 통치구역.
- lottery. n. ,복권 뽑기, 추첨.
- branch. n. 지국, 지부.
- errand. n. 심부름, 사명.
- hare. n. 산토끼.
- mayor. n. 시장, 동장.
- successful. a. 성공한.
- fever. n. 열, 열중.

- smoke. n. 산불, 거짓말.
- town. n. 읍.
- company. n. 회사, 협회.
- spine. n. 등뼈, 척주.
- course. n. 과정, 진로.
- crowed. n. 군중, 다수.
- flock. n. 무리, 때.

1. run a government. 정부가 움직이다.

☞ 공간영역 속에 **움직여 가는 표현**. 정부의 공간영역 속에 움직여 가다. 정부가 움직이다.

그래서 한국어 "움직이다 등"의 표현을 한다. 한국어는 문맥이나 상황에 맞는 뜻으로 표현을 하면 된다.

2. run his own business. 자신의 사업을 운영하다

☞ 공간영역 속에 **움직여 가는 표현**. 자신의 사업 공간영역 속에 움직여 가다. 자신의 사업을 운영하다.

그래서 한국어 "운영하다 등"의 표현을 한다. 한국어는 문맥이나 상황에 맞는 뜻으로 표현을 하면 된다.

3. run a hares. 토끼를 쫓다.

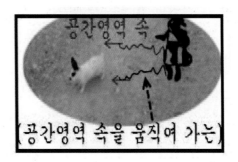

☞ 공간영역 속에 **움직여 가는 표현**. 토끼의 공간영역 속에 움직여 가다. 토끼를 쫓다.

그래서 한국어 "쫓다 등"의 표현을 한다. 한국어는 문맥이나 상황에 맞는 뜻으로 표현을 하면 된다.

4. run mayor. 시장에 입후보하다.

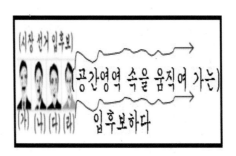

☞ 공간영역 속에 **움직여 가는 표현**. 시장의 공간영역 속에 움직여 가다. 시장에 입후보하다.

그래서 한국어 "입후보하다 등"의 표현을 한다. 한국어는 문맥이나 상황에 맞는 뜻으로 표현을 하면 된다.

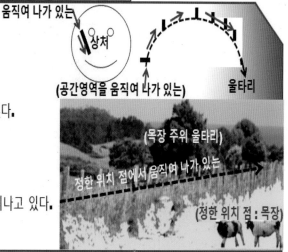

☞ runs. 정한 위치 점에서 움직여 나가 있는 표현.

runs **in the family.** 집안 내력이다.

runs **from a cut.** 베인 자리에서 흐른다.

runs **round the paddock.** 목장 주위에 쳐져 있다.

runs **alongside the road.** 도로와 나란히 이어져 있다.

runs **in the company.** 회사 안에 확 퍼졌다.

runs **very quickly.** 시간이 순식간에 지나갔다.

runs **down through many buildings.** 빌딩가를 지나고 있다.

runs **out of time.** 시간이 다 지나 버렸다.

◆ paddock. n. 목장.

◆ alongside. ad. 나란히, 곁에.

◆ quickly. ad. 빠르게, 급히.

☞ **runs.** 영어 본래 의미(위치 점에서 나가 있는)

정한 위치 점에서 **움직여** 나가 있는 **표현**. 이러한 의미를 나타낼 때 runs를 쓰면 된다.

5. runs from a cut. 베인 자리에서 흐른다.

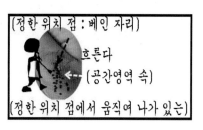

☞ 정한 위치 점에서 **움직여** 나가 있는 **표현**. 정한 위치 점 베인 자리에서 움직여 나가 있다. 베인 자리에서 흐른다.

그래서 한국어 "흐른다 등"의 표현을 한다. 한국어는 문맥이나 상황에 맞는 뜻으로 표현을 하면 된다.

6. runs round the paddock. 목장 주위에 쳐져 있다.

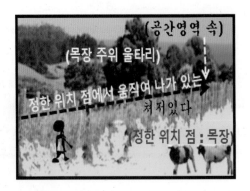

☞ 정한 위치 점에서 **움직여** 나가 있는 **표현**. 정한 위치 점 목장에서 움직여 나가 있다. 목장 주위에 쳐져 있다.

그래서 한국어"쳐져 있다 등"의 표현을 한다. 한국어는 문맥이나 상황에 맞는 뜻으로 표현을 하면 된다.

7. runs alongside the road. 도로와 나란히 이어져 있다.

☞ 정한 위치 점에서 **움직여** 나가 있는 **표현**. 정한 위치 점 도로에서 움직여 나가 있다. 도로와 나란히 이어져 있다.

그래서 한국어"이어져 있다 등"의 표현을 한다. 한국어는 문맥이나 상황에 맞는 뜻으로 표현을 하면 된다.

8. runs in the company. 회사 안에 퍼져 있다.

☞ 정한 위치 점 속에서 옮겨 움직여 **나가 있는 표현**. 정한 위치 점 회사 속에서 옮겨 움직여 나가 있다. 회사 안에 퍼져 있다.

그래서 한국어 "퍼져 있다 등"의 표현을 한다. 한국어는 문맥이나 상황에 맞는 뜻으로 표현을 하면 된다.

9. runs down through many buildings. 빌딩가를 지나고 있다.

☞ 정한 위치 점에서 **움직여** 나가 있는 **표현**. 정한 위치 점 빌딩가에서 움직여 나가 있다. 빌딩가를 지나고 있다.

그래서 한국어 "(지나고)있다 등"의 표현을 한다. 한국어는 문맥이나 상황에 맞는 뜻으로 표현을 하면 된다.

☞ **run in** : **영역** 속에서 천천히 서서히 옮겨 **움직여 나가는 표현**

run 5 miles in one hour. 한 시간에 **5**마일을 달려가다.

run the fire in the company. 회사 안에 불이 확 퍼지다.

run in a bicycle derby. 자전거 경주에 출전하다.

불

(영역 : 회사)

(속에서 천천히 서서히 옮겨 움직여 나가는)

☞ **run on** : 목적한 영역에 **붙어** 계속 **움직여 나가는** 표현.

run an article on the event. 그 사건에 대한 기사를 싣다.

run on rails. 레일 위를 달리다.

(영역 : 레일)

(레일에 붙어 계속 움직여 나가는)

☞ **run for** : 전체를 향하여 갖기 위해 **움직여 나가는 표현**.

run for president. 대통령에 출마하다.

run for president in 2000. **2000**년에 대통령으로 출마하다.

☞ **run into** : 정해져 있는 안으로 들어가 **움직여 나가는 표현**.

ran some clear water into bowl. 사발에 약간의 깨끗한 물을 따랐다.

ran the car into the garage. 차고 안으로 몰았다.

ran into the river. 강으로 흘러 들어갔다.

(영역 : 강)

쓰레기

☞ **run out of** : 목적에서 벗어나 **움직여 나가는 표현**.

run out of gas. 휘발류가 바닥나다.

run out of time. 시간이 다 지나 가다.

- ◆ derby. n. 경주.
- ◆ article. n. 기사. 한 품목.
- ◆ bowl. n. 사발, 롤러.
- ◆ garage. n. 차고, 격납고.

☞ **run in.** 영어 본래 의미(속에서 천천히 서서히 옮겨 움직여 나가는)

영역 속에서 천천히 서서히 옮겨 움직여 나가는 표현. 이러한 의미를 나타낼 때 run in을 쓰면 된다.

10. run the fire in the company. 회사 안에 불이 퍼지다.

11. run in a bicycle derby. 저전거 경주에 출전하다.

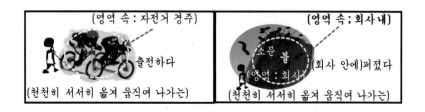

☞ 영역 속에서 천천히 서서히 옮겨 **움직여 나가는 표현**. 회사 안에서 천천히 서서히 옮겨 움직여 나가다. 회사 안에 불이 확 퍼지다.

그래서 한국어"퍼지다 등"의 표현을 한다. 한국어는 문맥이나 상황에 맞는 뜻으로 표현을 하면 된다.

☞ **run on.** 영어 본래 의미(붙어 계속 움직여 나가는)

목적한 영역에 붙어 계속 움직여 **나가는 표현**. 이러한 의미를 나타낼 때 run on을 쓰면 된다.

13. run on rails. 레일 위를 달리다.

☞ 목적한 영역에 붙어 계속 움직여 **나가는** 표현. 목적한 영역 레일에 붙어 계속 움직여 나가다. 레일 위를 달리다.

그래서 한국어"달리다 등"의 표현을 한다. 한국어는 문맥이나 상황에 맞는 뜻으로 표현을 하면 된다.

☞ **run for.** 영어 본래 의미(향하여 갖기 위해 **움직여 나가는**)

전체를 향하여 갖기 위해 **움직여 나가는** 표현. 이러한 의미를 나타낼 때 run for 를 쓰면 된다.

12. run for president. 대통령에 출마하다.

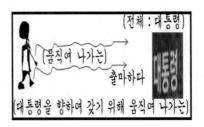

☞ 전체를 향하여 갖기 위해 **움직여 나가는** 표현. 대통령을 향하여 갖기 위해 움직여 나가다. 대통령에 출마하다.

그래서 한국어"출마하다 등"의 표현을 한다. 한국어는 문맥이나 상황에 맞는 뜻 으로 표현을 하면 된다.

☞ **run into.** 영어 본래 의미(안으로 들어가 **움직여 나가는**)

정해져 있는 안으로 들어가 **움직여 나가는** 표현. 이러한 의미를 나타낼 때 run into를 쓰면 된다.

13. ran into the river. 강으로 흘러 들어갔다.

☞ 정해져 있는 안으로 들어가 **움직여 나가는** 표현. 강 안으로 들어가 움직여 나가다. 강으로 흘러 들어갔다.

그래서 한국어"들어갔다 등"의 표현을 한다. 한국어는 문맥이나 상황에 맞는 뜻 으로 표현을 하면 된다.

leave

영어 본래의 의미(두고 떠나는)

그대로 두고 자리에서 **떠나는 표현**. 이러한 의미를 나타낼 때 leave를 쓰면 된다. leave의 한국어 "떠나다"는 영어 본래의 의미가 아니다.

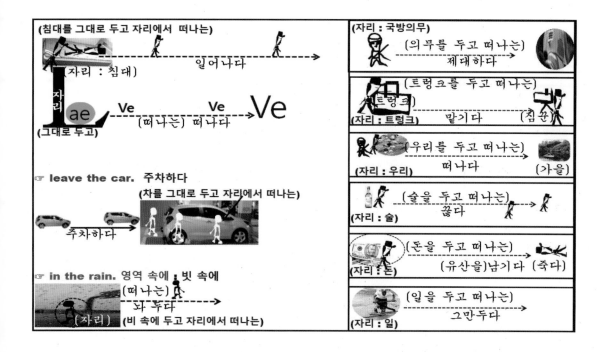

그래서

사전에서 leave의 뜻을 찾아보면 "떠나다, 남기고 떠나다, 두고 가다, 헤어지다, 배달하다, 그만두다, 남기다, 허용하다, 내버려 두다, ...한 채로 놔 두다, 출발하다 등"의 다양한 뜻들이 실려 있다. 한국어는 문맥이나 상황에 맞는 뜻으로 표현을 하면 된다.

☞ leave. 그대로 두고 자리에서 떠나는 표현.

leave the car. 자동차를 주차하다.

주차하다

(자리에서 떠나는)

leave him alone. 혼자 있게 두다.

leave me alone. 날 내버려 두다.

leave intact. 그대로 두다.

leave him his money. 자신의 돈을 남기다.

leave the area. 그 지역을 떠나다.

leave early. 일찍 떠나다.

leave his country. 그의 나라를 떠나다.

leave his beloved city. 사랑스러운 도시를 떠나다.

leave when a rain starts. 비 올 때 떠나다.

leave our suggestions. 우리의 의견을 남기다.

leave of absence. 결석하다.

leave him furious. 그를 화나게 하다.

leave the school. 학교를 떠나다.

leave one's position. 현직에서 떠나다.

leave new. 이제 떠나다.

leave the volume turned down. 볼륨을 내린 채로 두다.

leave the door unlocked. 문을 잠그지 않고 두다.

leave the blackboard scribbled. 낙서한 채로 두다.

leave a garbage. 쓰레기를 방치하다.

leave a message. 메시지를 남기다.

leave her sleeping. 잠자는 것을 그대로 두다.

leave a word with me. 나에게 알려주다.~에 알려주다.

leave the rotating presidency. 순환식 대통령직을 두다.

leave the army. 제대하다.

- ◆ alone. a. ,홀로, 고독한.
- ◆ intact. a. 본래대로의, 손대지 않은.
- ◆ area. n. 지역, 면적.
- ◆ beloved. a. 사랑스러운.
- ◆ start. v. 시작하다. 출발하다.
- ◆ suggestion. n. 제안, 의견.
- ◆ furious. a. 성난, 화가 치민.
- ◆ rotating. v. 순환하다, 교대하다.

- ◆ position. n. 직, 지위, 신분.
- ◆ turn down. v. 접다, 내리다.
- ◆ unlocked. a. 잠그지 않은.
- ◆ unlock. v. 자물쇠를 열다.
- ◆ blackboard. n. 칠판.
- ◆ scribbled. n. 낙서
- ◆ garbage. n. 쓰레기.
- ◆ absence. n. 결석, 부재.

1. leave the car. 자동차를 주차하다.

☞ 그대로 두고 **자리에서 떠나는 표현**. 자동차를 그대로 두고 자리에서 떠나다. 자동차를 주차하다.

그래서 한국어"주차하다 등"의 표현을 한다. 한국어는 문맥이나 상황에 맞는 뜻으로 표현을 하면 된다.

2. leave the area. 그 지역을 떠나다.

☞ 그대로 두고 **자리에서 떠나는 표현**. 그 지역을 그대로 두고 자리에서 떠나다. 그 지역을 떠나다.

그래서 한국어"떠나다 등"의 표현을 한다. 한국어는 문맥이나 상황에 맞는 뜻으로 표현을 하면 된다.

3. leave his beloved city. 사랑스러운 도시를 떠나다.

☞ 그대로 두고 **자리에서 떠나는 표현**. 사랑스러운 도시를 그대로 두고 자리에서 떠나다. 사랑스러운 도시를 떠나다.

그래서 한국어"떠나다 등"의 표현을 한다. 한국어는 문맥이나 상황에 맞는 뜻으로 표현을 하면 된다.

4. leave when a rain starts. 비 올 때 떠나다.

☞ 그대로 두고 **자리에서 떠나는 표현**. 비 오는 그대로 두고 자리에서 떠나다. 비 올 때 떠나다.

그래서 한국어"떠나다 등"의 표현을 한다. 한국어는 문맥이나 상황에 맞는 뜻으로 표현을 하면 된다.

5. leave the blackboard. 낙서한 채로 두다.

☞ 그대로 두고 **자리에서 떠나는 표현**. 낙서한 그대로 두고 자리에서 떠나다. 낙서한 채로 두다.

그래서 한국어"...한 채로 두다 등"의 표현을 한다. 한국어는 문맥이나 상황에 맞는 뜻으로 표현을 하면 된다.

6. leave a garbage. 쓰레기를 방치하다.

☞ 그대로 두고 **자리에서 떠나는 표현**. 쓰레기를 그대로 두고 자리에서 떠나다. 쓰레기를 방치하다.

그래서 한국어"방치하다 등"의 표현을 한다. 한국어는 문맥이나 상황에 맞는 뜻으로 표현을 하면 된다.

☞ **leave for.** 전체를 향하여 갖게 하고 **자리에서 떠나는 표현.**

leave Busan for Seoul. 부산을 떠나 서울을 향하다.

leave for Seoul tomorrow early. 아침 일찍 서울을 떠나다.

leave it for me. 나에게 맡겨 두다.

leave now for the school. 학교에 남겨 두다.

leave a message for the office. 사무실에 메시지를 남기다.

leave for the day. 퇴근하다.

leave town for a week. 도시를 1주일 떠나다.

leave here for good. 이곳을 영원히 떠나다.

leave here for or ill. 좋든 나쁘든 이곳을 떠나다.

leave a note for him. 그에게 메모를 남기다.

leave a note for her husband. 남편에게 메모를 남겨 두다.

☞ **leave to.** 정해져 있는 것에 맞추어 채워 두고 **떠나는**

leave it to me. 나에게 맡기다.

leave it to you. 너에게 맡기다.

leave to cook. 요리용으로 두다.

leave her to do. 그녀가 하는 대로 두다.

leave the cooking to you. 요리는 너에게 맡기다.

☞ **leave as.** 정한 자리에 **나가게 두고 떠나는**

leave it as it its. 그것을 현상태로 해 두다.

leave him as he wants. 하고 싶은 대로 놔 두다.

to me. 정해져 있는 자리 : 나
(나에게 맞추어 채워 두고)

(부산) 떠나다 : 항하다   (서울)

(부산에서 떠나는) **for Seoul.** 전체 : 서울을 향하여 갖게 하고.

맡기다   (자리에서 떠나는)

◆ husband. n. 남편.

◆ office. n. 사무실, 임무.

◆ cook. n. 쿡. v. 요리하다.

◆ town. n. 읍. 도시.

◆ for good. 영원히.

☞ leave for. 영어 본래 의미(전체를 갖게 하고 떠나는)

전체를 향하여 갖게 하고 **자리에서 떠나는 표현**. 이러한 의미를 나타낼 때 leave for를 쓰면 된다.

7. leave Busan for Seoul. 부산을 떠나 서울을 향하다.

☞ 전체를 향하여 갖게 하고 **자리에서 떠나는 표현**. 서울을 향하여 갖게 하고 부산에서 떠나다. 부산을 떠나 서울을 향하다.

그래서 한국어"향하다 등"의 표현을 한다. 한국어는 문맥이나 상황에 맞는 뜻으로 표현을 하면 된다.

8. leave now for the school. 학교에 남겨 두다.

☞ 전체를 향하여 갖게 하고 **자리에서 떠나는 표현**. 학교를 향하여 갖게 하고 자리에서 떠나다. 학교에 남겨 두다.

그래서 한국어"남겨 두다 등"의 표현을 한다. 한국어는 문맥이나 상황에 맞는 뜻으로 표현을 하면 된다.

☞ leave to. 영어 본래 의미(채워 두고 떠나는)

정해져 있는 것에 맞추어 채워 두고 **자리에서 떠나는 표현**. 이러한 의미를 나타낼 때 leave to를 쓰면 된다.

9. leave it to you. 너에게 맡기다.

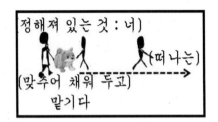

☞ 정해져 있는 것에 맞추어 채워 두고 **자리에서 떠나는 표현**. 정해져 있는 너에게 채워 두고 자리에서 떠나다. 너에게 맡기다.

그래서 한국어"맡기다 등"의 표현을 한다. 한국어는 문맥이나 상황에 맞는 뜻으로 표현을 하면 된다.

10. leave to cock. 요리용으로 두다.

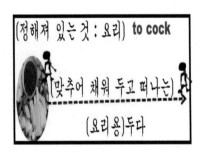

☞ 정해져 있는 것에 맞추어 채워 두고 **자리에서 떠나는 표현**. 정해져 있는 요리에 맞추어 채워 두고 자리에서 떠나다. 요리용을 두다.

그래서 한국어"두다 등"의 표현을 한다. 한국어는 문맥이나 상황에 맞는 뜻으로 표현을 하면 된다.

☞ **leave on.** 목적한 영역에 두고 자리에서 떠나는 표현.

leave it on the table. 그것을 탁자 위에 두다.

leave on a long vacation. 긴 휴가를 떠나다.

leave on the trip. 여행을 떠나다.

(휴가에 두고) 떠나다 (목적한 :휴가)

on a long vacation. 특정된 영역 : 휴가에

☞ **leave in.** 영역 속에 두고 **자리에서 떠나는 표현.**

leave me in the rain. 나를 빗속에 놔 두다.

leave his bed in the morning. 아침에 침대에서 일어나다

(빗 속에 두고) (빗 속에 두고 떠나는) 놔 두다

in the rain. 영역 속 : 빗 속에

☞ **leave off.** 목적에 분리하여 두고 **자리에서 떠나는 표현.**

leave off studying English. 영어 공부를 그만 두다.

☞ **leave out.** 정해져 있는 자리에서 따로 벗어나게 하는 표현.

leave out a part of the sentence. 문자의 일부를 생략하다.

- ◆ vacation. n. 휴가, 휴가 여행.
- ◆ trip. n. 여행, 소풍.
- ◆ sentence. n. 문장, 판결.

☞ **leave on.** 영어 본래 의미(목적한 영역에 두고)

목적한 영역에 두고 **자리에서 떠나는 표현.** 이러한 의미를 나타낼 때 leave on 을 쓰면 된다.

11. leave on a long vacation. 긴 휴가를 떠나다.

☞ 목적한 영역에 두고 **자리에서 떠나는 표현.** 목적한 긴 휴가에 두고 자리에서 떠나다. 긴 휴가를 떠나다.

그래서 한국어 "떠나다 등"의 표현을 한다. 한국어는 문맥이나 상황에 맞는 뜻으로 표현을 하면 된다.

☞ **leave in.** 영어 본래 의미(영역 속에 두고)

영역 속에 두고 **자리에서 떠나는 표현.** 이러한 의미를 나타낼 때 leave in을 쓰면 된다.

12. leave me in the rain. 나를 빗속에 놔 두다.

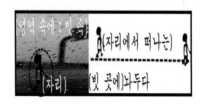

☞ 영역 속에 두고 **자리를 떠나는 표현.** 빗속에 두고 자리에서 떠나다. 나를 빗속에 놔 두다.

그래서 한국어 "놔 두다 등"의 표현을 한다. 한국어는 문맥이나 상황에 맞는 뜻으로 표현을 하면 된다.

let

영어 본래의 의미(자유롭게 나가게 하는)

자유롭게 나가게 **하는 표현**. 이러한 의미를 나타낼 때 let를 쓰면 된다. let의 한국어 "하다"는 영어 본래의 의미가 아니다. (일반적인 표현)

그래서

사전에서 let의 뜻을 찾아보면 "하게 하다, 허락하다, 가게 하다, 임대하다, 빌려주다, 세주다, (개 줄을) 놓다, 놀게 하다, (액체를) 쏟다, (일을) 주다 등"의 다양한 뜻들이 실려 있다. 한국어는 문맥이나 상황에 맞는 뜻으로 표현을 하면 된다.

☞ Let, Let's, Let us....합시다 사용법.

(자유롭게 나가게 하는 표현).

Let him go. 그를 가게 하세요. Let me go. 가게 해 주세요.

Let her come at once. 그녀를 곧 보내 주세요. Let a sigh. 탄성을 발하다.

(확정된 것에 나가게 하는 표현).   (일반적인 표현).

Let's go. 갑시다.   Let us go. 우리를 가게 해 주세요.

Let's start. 떠납시다. (떠나는 것이 확정되어 있는)

let her children play. 아이들을 놀게 하다.	**let our spare room.** 남은 방을 우리에게 세주다.
let him go there. 그곳에 가게 하다.	**let the dogs have a feed.** 개들이 사료를 먹게 하다.
let alone. 혼자 하게 하다.	**let me share the cost.** 나에게 비용을 부담하게 하다.
let down your family. 가족을 실망시키다.	**let the water boil over.** 물이 끊어 넘치다.
let my beard. 수염을 기르다.	**let in the fresh air.** 신선한 공기를 넣게 하다.
let it loose. 그것을 늘어 뜨리다.	**let up.** 늦추다.
let go the rope. 그 줄을 놓다.	**a house to let.** 셋집.
let it happen. 그런 일이 일어나게 하다.	
let down my hair. 나의 머리를 내리다.	
let the window down. 창문을 내리다.	
let it down. 그것을 아래로 내리다.	
let our spare room. 남은 방을 우리에게 세주다.	

(수염) 기르다 ← (자유롭게 나가게 하는) — (줄 놓다)

◆ beard. n. 수염. ◆ feed. n. 사료, 먹이, 사육.

◆ spare. n. 여분의 것, 예비품. ◆ rope. n. 줄, 끈.

1. let her children play. 아이들을 놀게 하다.

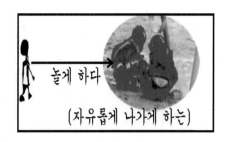

☞ 자유롭게 나가게 **하는 표현**. 아이들을 자유롭게 나가게 하다. 아이들을 놀게 하다.

그래서 한국어"~하게 하다 등"의 표현을 한다. 한국어는 문맥이나 상황에 맞는 뜻으로 표현을 하면 된다.

2. let my beard. 수염을 기르다.

☞ 자유롭게 나가게 **하는 표현**. 수염을 자유롭게 나가게 하다. 수염을 기르다.

그래서 한국어"기르다 등"의 표현을 한다. 한국어는 문맥이나 상황에 맞는 뜻으로 표현을 하면 된다.

3. let go the rope. 그 줄을 놓다.

☞ 자유롭게 나가게 **하는 표현**. 줄을 자유롭게 나가게 하다. 그 줄을 놓다.

그래서 한국어"놓다 등"의 표현을 한다. 한국어는 문맥이나 상황에 맞는 뜻으로 표현을 하면 된다.

4. let the window down. 창문을 내리다.

☞ 자유롭게 나가게 **하는 표현**. 창문을 아래로 자유롭게 나가게 하다. 창문을 내리다.

그래서 한국어"`내리다 등"의 표현을 한다. 한국어는 문맥이나 상황에 맞는 뜻으로 표현을 하면 된다.

☞ Let. 자유롭게 나가게 하는 표현.

Let the fire go out. 불을 꺼 주세요.

Let me go out. 나를 나가게 해 주세요.

Let the old dress soak in water. 그 헌 옷을 물에 담가 놓아라.

Let me correct. 내가 고칠게요.

Let me call the secretary. 비서에게 전화 할게요.

Let me ask someone. 다른 사람에게 물어 볼게요.

Let me know of decision. 당신의 결정을 알려 주세요.

Let me know the news. 그 소식을 알려 주세요.

Let me know. 내게 알려 주세요.

Let us say. 이를테면. 글쎄.

Let it be. 그것을 내버려 둬라.

◆ correct. v. 바로잡다, 수정하다.

◆ secretary. n. 비서.

◆ decision. n. ,결정. 결심.

5. Let the fire go out. 불을 꺼 주세요.

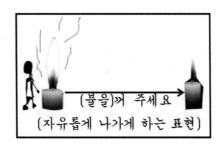

☞ 자유롭게 나가게 **하는 표현**. 불을 꺼는 것에 자유롭게 나가게 하다. 불을 꺼 주세요.

그래서 한국어"시키다 등"의 표현을 한다. 한국어는 문맥이나 상황에 맞는 뜻으로 표현을 하면 된다.

6. Let the old dress soak in water. 그 헌 옷을 물에 담가 놓아라.

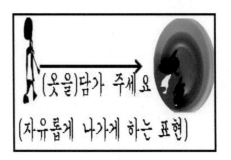

☞ 자유롭게 나가게 **하는 표현**. 옷을 담가 놓는 것에 자유롭게 나가게 하다. 그 헌 옷을 물에 담가 놓아라.

그래서 한국어"...에놓다 등"의 표현을 한다. 한국어는 문맥이나 상황에 맞는 뜻으로 표현을 하면 된다.

7. Let me call the seretary. 비서에게 전화할게요.

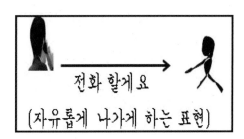

☞ **자유롭게 나가게 하는 표현**. 비서에게 전화하는 것에 자유롭게 나가게 하다. 비서에게 전화할게요.

그래서 한국어"~하다 등"의 표현을 한다. 한국어는 문맥이나 상황에 맞는 뜻으로 표현을 하면 된다.

8. Let me know the news. 그 소식을 알려 주세요.

☞ **자유롭게 나가게 하는 표현**. 나에게 소식을 자유롭게 나가게 하다. 그 소식을 나에게 알려 주세요.

그래서 한국어"...하다 등"의 표현을 한다. 한국어는 문맥이나 상황에 맞는 뜻으로 표현을 하면 된다.

☞ Let's. 확정된 것에 나가게 하는 표현.

Let's start. 시작 합시다.

Let's go back. 돌아 가겠습니다.

Let's call it a day. 이만 끝냅시다.

Let's assume. 가정하자.

Let's find out a solution. 해결책을 찾아 봅시다.

Let's treat the matter. 그 문제를 다루어 봅시다.

Let's a sniff of the air. 공기 좀 마시자.

Let's make a bet on who wins. 누가 이기는지 내기 하자.

Let's say you are driving. 차를 운전하고 있다고 하자.

Let's cross the street. 길을 건너자.

Let's walk. 걸어가자.

Let's explore the bug. 작은 곤충을 탐구하자.

Let's draw up a plan. 계획을 짜자.

Let's do a trick. 속임수를 써 보자.

Let's wait and see. 두고 보자.

☞ **make, take** 사용법

Let's make a pioneering journey. 계획 여행을 떠나다.(새로 생기게 하는)

Let's take a photo. 사진 찍자. (꼭 맞게 더하여 있게 하는)

(길 건너기로 확정된 것)

◆ call. v. 부르다, (스톱을)선언하다. call it a day. 이만해 두다, 단념하다.

◆ assume. v. 추정하다, 가정하다. ◆ pioneer. n. ,개척자, a. 개척자의.

◆ treat. v. 다루다, 처리하다. ◆ journey. n. 여행. 여정.

◆ explore. v. 탐구하다, 탐험하다.

◆ bug. n. 작은 곤충.

◆ trick. n. 속임수.

☞ **Let's.** 영어 본래 의미(**확정된 것에 나가게**)

확정된 것에 **나가게** 하는 표현. 이러한 의미를 나타낼 때 Let's를 쓰면 된다.

9. Let's start. 시작 합시다.

☞ **확정된 것에 나가게 하는 표현**. 확정된 시작에 나가게 하다. 시작 합시다.

그래서 한국어"..합시다 등"의 표현을 한다. 한국어는 문맥이나 상황에 맞는 뜻으로 표현을 하면 된다.

10. Let's call it a day. 오늘은 이만 끝냅시다.

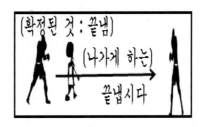

☞ **확정된 것에 나가게 하는 표현**. 확정된 그것에 나가게 하다. 이만 끝냅시다.

그래서 한국어"...합시다 등"의 표현을 한다. 한국어는 문맥이나 상황에 맞는 뜻으로 표현을 하면 된다.

11. Let's treat the matter. 그 문제를 다루어 봅시다.

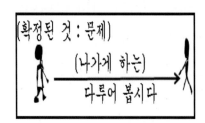

☞ 확정된 것에 **나가게 하는** 표현. 확정된 그 문제를 다루는 것에 나가게 하다. 그 문제를 다루어 봅시다.

그래서 한국어"봅시다 등"의 표현을 한다. 한국어는 문맥이나 상황에 맞는 뜻으로 표현을 하면 된다.

12. Let's cross the street. 길을 건너자.

☞ 확정된 것에 **나가게 하는** 표현. 확정된 길 건너는 것에 나가게 하다. 길을 건너자.

그래서 한국어"합시다 등"의 표현을 한다. 한국어는 문맥이나 상황에 맞는 뜻으로 표현을 하면 된다.

break

영어 본래의 의미(깨뜨리는)

유지하든 힘을 깨뜨려 **변형, 변화를 일으키는 표현**. 이러한 의미를 나타낼 때 break을 쓰면 된다. break의 한국어 "깨뜨리다"는 영어 본래의 의미가 아니다.

그래서

사전에서 break의 뜻을 찾아보면 "깨지다, 파손하다, 부수다, 벗기다, 어기다, 휴식하다, 나누다, 중단하다, 막다, 단절하다 등"의 다양한 여러 가지의 뜻이 실려 있다. 한국어는 문맥이나 상황에 맞는 뜻으로 표현을 하면 된다.

☞ break. 깨뜨려 변형, 변화를 일으키는 표현.

break a clock. 시계를 고장내다.

break a wind. 바람을 막다.

break wine glass. 와인 잔을 깨뜨리다.

break a window. 창문을 깨뜨리다.

break the law. 법을 어기다.

break a branch. 나무가지를 꺽다.

break his toy. 그의 장난감을 고장내다.

break the record. 기록을 깨다.

break the journey. 여정을 막다.

break a leg. 다리를 부러뜨리다.

break his fast. 그의 단식을 중단하다.

break a skin. 피부를 벗기다.

break loose. 줄을 풀다.

break the sun light. 햇빛을 막다.

break a smile. 웃음이 터지다.

break a his voice. 목이 쉬다.

break my health. 건강을 해치다.

break plant cells. 식물 세포들을 파손하다.

break a promise. 약속을 어기다.

break a way. 길을 내다.

(깨뜨려 변형, 변화를 일으키는)

(줄을)풀다

• clock. n. 시계.

• law. n. 법. 법칙.

• branch. n. 가지.

• toy. n. 장난감, 완구.

• fast. a. 빨리 끝나는. 빠른.

• skin. n. 피부, (동물) 가죽.

• loose. a. ,매지 않은, 풀린.

• voice. n. 목소리, 발언.

• cell. n. ,세포, 작은 방.

• promise. n. 약속.

1. break a clock. 시계를 고장내다.

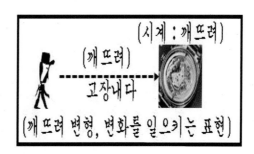

☞ 유지하든 힘을 깨뜨려 **변형, 변화를 일으키는 표현**. 시계가 유지하든 힘을 깨뜨려 변형, 변화를 일으키다. 시계를 고장내다.

그래서 한국어"고장내다 등"의 표현을 한다. 한국어는 문맥이나 상황에 맞는 뜻으로 표현을 하면 된다.

2. break a wind. 바람을 막다.

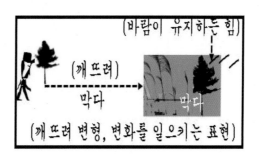

☞ 유지하든 힘을 깨뜨려 **변형, 변화를 일으키는 표현**. 바람이 유지하든 힘을 깨뜨려 변형, 변화를 일으키다. 바람을 막다.

그래서 한국어"막다 등"의 표현을 한다. 한국어는 문맥이나 상황에 맞는 뜻으로 표현을 하면 된다.

3. break a window. 창문을 깨뜨리다.

☞ 유지하든 힘을 깨뜨려 **변형, 변화를 일으키는 표현**. 창문이 유지하든 힘을 깨뜨려 변형, 변화를 일으키다. 창문을 깨뜨리다.

그래서 한국어"깨뜨리다 등"의 표현을 한다. 한국어는 문맥이나 상황에 맞는 뜻으로 표현을 하면 된다.

4. break a branch. 나무가지를 꺽다.

☞ 유지하든 힘을 깨뜨려 **변형, 변화를 일으키는 표현**. 나뭇가지가 유지하든 힘을 깨뜨려 변형, 변화를 일으키다. 나뭇가지를 꺽다.

그래서 한국어"꺽다 등"의 표현을 한다. 한국어는 문맥이나 상황에 맞는 뜻으로 표현을 하면 된다.

5. break the record. 기록을 깨다.

☞ 유지하든 힘을 깨뜨려 **변형, 변화를 일으키는 표현**. 기록이 유지하든 힘을 깨뜨려 변형, 변화를 일으키다. 기록을 깨다.

그래서 한국어"깨다 등"의 표현을 한다. 한국어는 문맥이나 상황에 맞는 뜻으로 표현을 하면 된다.

6. break loose. 줄을 풀다.

☞ 유지하든 힘을 깨뜨려 **변형, 변화를 일으키는 표현**. 줄이 유지하든 힘을 깨 뜨려 변형, 변화를 일으키다. 줄을 풀다.

그래서 한국어"풀다 등"의 표현을 한다. 한국어는 문맥이나 상황에 맞는 뜻으로 표현을 하면 된다.

7. break the sun light. 햇빛을 막다.

☞ 유지하든 힘을 깨뜨려 **변형, 변화를 일으키는 표현**. 햇빛이 유지하든 힘을 깨뜨려 변형, 변화를 일으키다. 햇빛을 막다.

그래서 한국어"막다 등"의 표현을 한다. 한국어는 문맥이나 상황에 맞는 뜻으로 표현을 하면 된다.

8. break a smile. 웃음이 터지다.

☞ 유지하든 힘을 깨뜨려 **변형, 변화를 일으키는 표현**. 웃음이 유지하든 힘을 깨뜨려 변형, 변화를 일으키다. 웃음이 터지다.

그래서 한국어"터지다 등"의 표현을 한다. 한국어는 문맥이나 상황에 맞는 뜻으로 표현을 하면 된다.

☞ **break in.** ① 영역 속에 깨뜨려 변형, 변화를 일으키는 표현.

break in a distributing pipe. 배수관이 누설하다.

break in my office. 나의 사무실에 침입하다.

break his spine in the traffic accident. 교통사고로 인해 척추가 부러지다.

② **break** in his conversation. 그의 대화에 끼어들다. ② ☞ **break in.** 영어 본래의 의미.

　　　　　　　　　　　　　　　　영역 속에 계속 붙어 깨뜨려 변형, 변화를 일으키는 표현.

　　　　　　　　　　　　　　　　그래서
　　　　　　　　　　　　　　　　사전에서 "말 참견하다, (말을) 길들이다, 단련시키
　　　　　　　　　　　　　　　　다, (어린이를) 훈육하다, (땅을) 개간하다 등" 의 표
☞ **break into.** 영역 안으로 들어가 깨뜨려 변형, 변화를 일으키는 표현.　현을 한다. 한국어는 문맥이나 상황에 맞는 뜻으로 표
　　　　　　　　　　　　　　　　　　　　　　　　　　현을 하면 된다.

break into my room. 내방에 침입하다.

break into by a burglar. 강도가 들다.

break into tiny fragment. 산산조각이 나다.

break into tears. 갑자기 울어 대다.

☞ **break down.** 유지하든 바탕을 깨뜨려 없어지게 하는 표현.

break down the supply system. 공급 계통을 깨뜨리다.

break down many conventions. 많은 관례를 깨뜨리다.

break down the building. 건물을 부수다.

☞ **break with.** 함께 붙어 있든 힘을 깨뜨려 변형, 변화를 일으키는 표현.

break passionately with art. 예술과 열정적으로 단절하다.

break with tradition. 전통과 단절하다.

◆ distributing pipe. 배수관.　　◆ tear. n. 눈물.

◆ traffic. n. ,교통.　　　　　　◆ convention. n. 관례, 풍습.

◆ accident. n. 사고, 재난.　　　◆ tradition. n. 전통, 전설.

◆ spine. n. 등뼈, 척추.

◆ tiny. a. 작은, 조그마한.

◆ fragment. n. 파편, 조각.

☞ break in. 영어 본래 의미(영역 속에 깨뜨려)

영역 속에 깨뜨려 **변형, 변화를 일으키는 표현**. 이러한 의미를 나타낼 때 break in을 쓰면 된다.

9. break in a distributing pipe. 배수관이 누설하다.

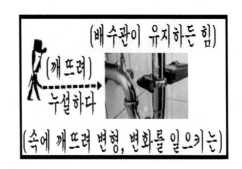

☞ 영역 속에 깨뜨려 **변형, 변화를 일으키는 표현**. 배수관 속에 깨뜨려 변형, 변화를 일으키다. 배수관이 누설하다.

그래서 한국어"누설하다 등"의 표현을 한다. 한국어는 문맥이나 상황에 맞는 뜻으로 표현을 하면 된다.

☞ break into. 영어 본래 의미(안으로 들어가 깨뜨려)

영역 안으로 들어가 깨뜨려 **변형, 변화를 일으키는 표현**. 이러한 의미를 나타낼 때 break into를 쓰면 된다.

10. break into my room. 내방에 침입하다.

☞ 영역 안으로 들어가 깨뜨려 **변형, 변화를 일으키는 표현**. 내 방안으로 들어가 깨뜨려 변형, 변화를 일으키다. 내방에 침입하다.

그래서 한국어"침입하다 등"의 표현을 한다. 한국어는 문맥이나 상황에 맞는 뜻으로 표현을 하면 된다.

☞ **break down.** 영어 본래 의미(깨뜨려 없어지게 하는)

유지하든 바탕을 깨뜨려 **없어지게 하는 표현**. 이러한 의미를 나타낼 때 break down을 쓰면 된다.

12. break down the supply system. 공급 계통을 깨뜨리다.

☞ 유지하든 바탕을 깨뜨려 없어지게 하는 **표현**. 공급 계통을 유지하든 바탕을 깨뜨려 없어지게 하다. 공급 계통을 깨뜨리다.

그래서 한국어 "깨뜨리다 등"의 표현을 한다. 한국어는 문맥이나 상황에 맞는 뜻으로 표현을 하면 된다.

☞ **break with.** 영어 본래 의미(함께 붙어 있든 힘을 깨뜨려)

함께 붙어 있든 힘을 깨뜨려 **변형, 변화를 일으키는 표현**. 이러한 의미를 나타낼 때 break with를 쓰면 된다.

14. break passionately with art. 예술과 열정적으로 단절하다.

☞ 함께 붙어 있든 힘을 깨뜨려 **변형, 변화를 일으키는 표현**. 예술에 함께 붙어 있든 힘을 깨드려 변형, 변화를 일으키다. 예술과 열정적으로 단절하다.

그래서 한국어 "단절하다 등"의 표현을 한다. 한국어는 문맥이나 상황에 맞는 뜻으로 표현을 하면 된다.

☞ **break up.** 유지 하든 힘을 완전히 깨뜨려 **변형, 변화를 일으키는 표현.**

break up the relationship. 관계를 단절시키다.

break up the~. 단절시키다.

break on the rocks. 바위에 부딪치다.(영역에 붙어 깨뜨려)

breakthrough. 돌파구, 비약적인 발전.

◆ relationship. n. 관계, 관련.
◆ rock. n. ,바위.

☞ **break up.** 영어 본래 의미(완전히 깨뜨려)

처음에서 끝까지 유지하든 힘을 완전히 깨뜨려 **변형, 변화를 일으키는 표현.** 이러한 의미를 나타낼 때 break up을 쓰면 된다.

15. break up the relationship. 관계를 단절시키다.

☞ 처음에서 끝까지 유지하든 힘을 완전히 깨뜨려 **변형, 변화를 일으키는 표현.** 처음에서 끝까지 유지하든 힘을 완전히 깨져 변형, 변화를 일으키다. 관계를 단절시키다.

그래서 한국어"단절시키다 등"의 표현을 한다. 한국어는 문맥이나 상황에 맞는 뜻으로 표현을 하면 된다.

beat

영어 본래의 의미(연속적으로 치는)

정해져 있는 것에 연속적으로 치는 **표현**. 이러한 의미를 나타낼 때 Beat를 쓰면 된다. Beat의 한국어 "때리다"는 영어 본래의 의미가 아니다.

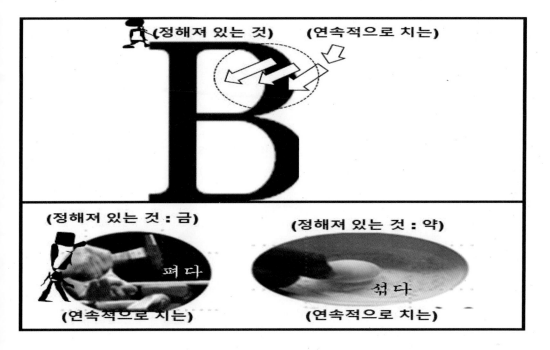

그래서

사전에서 beat의 뜻을 찾아보면 "때리다. 치다. 두드리다, 부딪히다, 몰아내다, 줄이다, 단축하다, 속이다, 당혹시키다, 휘젓다 등"의 다양한 뜻들이 실려 있다. 한국어는 문맥이나 상황에 맞는 뜻으로 표현을 하면 된다.

☞ beat. 연속적으로 치는 표현.

beat drugs. 약을 섞다.

beat an egg. 계란을 휘저어 섞다.

beat the table. 식탁을 치다.

beat a drum. 드럼을 치다.

beat the door. 문을 두드리다.

beat the gold. 금을 두드리다.

beat out gold. 금을 두드려 펴다.

beat very fast. 매우 빨리 뛰다.

beat one's rival. 경쟁상대를 이기다.

beat the nail. 못을 때려 박다.

beat a dead horse. 헛수고 하다.

beat its wings. 날개를 푸드득 거리다.

beat the hot weather. 더운 날씨를 피하다.

beat the world record. 세계 기록을 깨다.

beat him at tennis. 테니스에서 그를 이기다.

(정해져 있는 것 : 약)

(연속적으로 치는 : 섞다)

(beat drugs. 약을 썩다)

(정해져 있는 것 : 금)

(연속적으로 치는)

(beat out gold. 금을 두드려서 펴다)

- drug. n. 약. 마약.
- rival. n. 경쟁자, 적수.
- nail. n. 못. 손톱.

- record. v. 기록하다.
- wing. n. ,날개, 비행.
- dead horse. 헛수고 하다.

1. beat drugs. 약을 섞다.

☞ 정해져 있는 것에 연속적으로 치는 **표현**. 정해져 있는 약에 연속적으로 치다. 약을 섞다.

그래서 한국어"섞다 등"의 표현을 한다. 한국어는 문맥이나 상황에 맞는 뜻으로 표현을 하면 된다.

2. beat an egg. 계란을 휘저어 섞다.

☞ 정해져 있는 것에 연속적으로 치는 **표현**. 정해져 있는 계란에 연속적으로 치다. 계란을 휘저어 섞다.

그래서 한국어"섞다 등"의 표현을 한다. 한국어는 문맥이나 상황에 맞는 뜻으로 표현을 하면 된다.

3. beat a drum. 드럼을 치다.

☞ 정해져 있는 것에 연속적으로 치는 **표현**. 정해져 있는 드럼에 연속적으로 치다. 드럼을 치다.

그래서 한국어 "치다 등"의 표현을 한다. 한국어는 문맥이나 상황에 맞는 뜻으로 표현을 하면 된다.

4. beat the nail. 못을 때려 박다.

☞ 정해져 있는 것에 연속적으로 치는 **표현**. 정해져 있는 못에 연속적으로 치다. 못을 때려 박다.

그래서 한국어 "때려 박다 등"의 표현을 한다. 한국어는 문맥이나 상황에 맞는 뜻으로 표현을 하면 된다.

beat strong wind. 강풍을 맞다.

☞ **against.** 정해져 있는 경계선에 연속적으로 **치는 표현.**

(경계선 : 창문)
치다

beat against the window. 창문을 치다.

(정해져 있는 바위 경계선)

beat against strong wind. 강풍을 맞다

beat against the rock. 바위를 치다.

☞ **beat down.** 정해져 있는 것에 맞추어 아래로 **치는 표현.**

(바닥: 가격)

20달러

beat down the price. 값을 깎다.

beat down the price to $20. 값을 20달러 깎다.

beat him down to $40. 그를 설득해 40달러 값을 깎다

◆ against. pre. ...에 부딪치어, ~을 향하여.

☞ **beat against.** 영어 본래 의미(경계선에 치는)

정해져 있는 경계선에 **연속적으로 치는 표현**. 이러한 의미를 나타낼 때 beat against를 쓰면 된다.

5. beat against the window. 창문을 치다.

☞ 정해져 있는 경계선에 연속적으로 치는 **표현**. 창문의 경계선에 연속적으로 치고 서 있다. 창문을 치다.

그래서 한국어 "치다 등"의 표현을 한다. 한국어는 문맥이나 상황에 맞는 뜻으로 표현을 하면 된다.

☞ **beat down.** 영어 본래 의미(맞추어 아래로 치는)

정해져 있는 것에 맞추어 **아래로 치는 표현**. 이러한 의미를 나타낼 때 beat down을 쓰면 된다. (정해져 있는 것 : to $ 20.)

6. beat down the price to $ 20. 값을 20달러 깎다.

☞ 정해져 있는 것에 맞추어 **아래로 치는 표현**. 정해져 있는 20불에 맞추어 아래로 치다. 값을 20달러 깎다.

그래서 한국어 "깎다 등"의 표현을 한다. 한국어는 문맥이나 상황에 맞는 뜻으로 표현을 하면 된다.

turn

영어 본래의 의미(따로 변화되게 돌리는)

정해져 있는 것에 따로 변화되게 **돌리는 표현**. 이러한 의미를 나타낼 때 turn을 쓰면 된다.

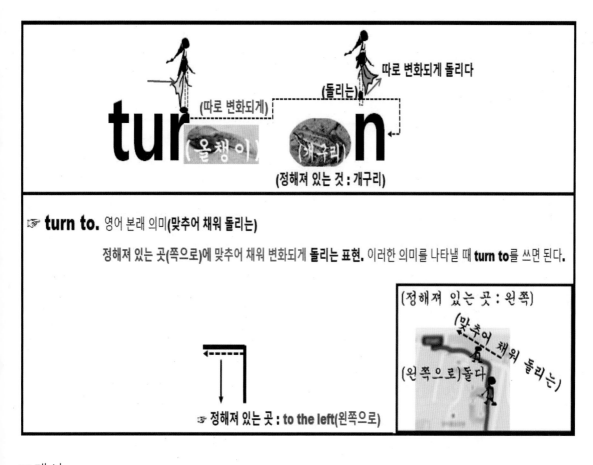

그래서

사전에서 turn의 뜻을 찾아보면 " 돌리다, 회전시키다, 뒤집다, 바꾸다, 켜다, 넘기다. 변화시키다, 번역하다, 외면하다, 숙고하다 등"의 다양한 뜻들이 실려 있다. 한국어는 문맥이나 상황에 맞는 뜻으로 표현을 하면 된다.

☞ **turn.** 정해져 있는 것에 따라 변화되게 **돌리는 표현.**

turn rotten. 썩게 하다.

turn the corner. 코너를 돌다.

turn the plot. 음모를 꾸미다.

turn him face away. 그를 외면하다.

turn the pages of a book. 책의 페이지를 넘기다.

turn the grass green. 풀을 푸르게 만들다.

turn meat. 고기를 상하게 하다.

turn aside. 굴절되다. 외면하다.

☞ **turn down.** 밑바닥을 향하여 따로 변화되게 **돌리는 표현.** (제안, 볼륨)

turn down the offer. 제안을 거절하다.

turn down the Volume. 볼륨을 내리다.

turn down the job offer. 일자리 제안을 거절하다.

☞ **turn in.** 영역 속에 따로 넣어 변화되게 **돌리는 표현.**

turn the key in the lock. 열쇠를 자물쇠에 끼워 돌리다.

turn in your assignment. 과제를 제출하다.

turn the car in a street. 길에서 차를 돌리다.

☞ **turn into.** 정해져 있는 속으로 들어가 바꾸어 **돌리는 표현.**

turn into cheese. 치즈로 변하다.

turn the sentence into English.

이 문장을 영어로 바꾸다.

turn water into vapor. 물을 증기로 바꾸다.

turn base metals into gold.

비금속들을 금으로 바꾸다.

☞ **turn out to be.** 확실하게 벗어나 따로 변화되어 **돌려져 있는 표현.**

turn out to be empty.

비어 있는 것으로 드러나다.

turn out to be honest.

정직하다고 판명되다.~으로 판명되다.

turn out to be over-commercialized area.

지나치게 상업화된 지역으로 드러나다.

100%

0% ---(거절)

(밑바닥을 향하여 돌리는)

- ◆ rotten. a. 썩은, 부패한.
- ◆ plot. n. 음모, (비밀)계획.
- ◆ grass. n. 풀, 잔디.
- ◆ green. a. 녹색의. 초록의.
- ◆ aside. ad. 곁으로.
- ◆ turn aside. 옆으로 빗나가다.
- ◆ offer. n. 제안, 제의.
- ◆ lock. n. 자물쇠.
- ◆ assignment. n. 과제, 숙제.

- ◆ sentence. n. 문장.
- ◆ vapor. n. 증기, 수증기.
- ◆ base metal. 비금속.
- ◆ base. a. 천한, (금속이)열등한.
- ◆ empty. a. 빈, 비어 있는.
- ◆ commercialize. v. 상업화하다.
- ◆ over-commercialized. 지나치게 상업화된.

1. turn rotten. 썩게 하다.

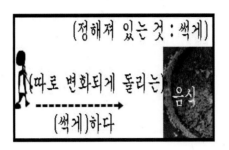

☞ 정해져 있는 것에 따로 변화되게 **돌리는 표현**. 정해져 있는 것에 따로 변하게 돌리다. 썩게 하다.

그래서 한국어 "...하다 등"의 표현을 한다. 한국어는 문맥이나 상황에 맞는 뜻으로 표현을 하면 된다.

2. turn the plot. 음모를 꾸미다.

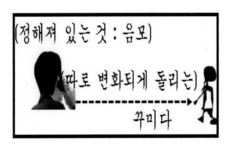

☞ 정해져 있는 것에 따로 변화되게 **돌리는 표현**. 정해져 있는 음모에 따로 변화되게 돌리다. 음모를 꾸미다.

그래서 한국어 "꾸미다 등"의 표현을 한다. 한국어는 문맥이나 상황에 맞는 뜻으로 표현을 하면 된다.

3. turn him face away. 그를 외면하다.

☞ 정해져 있는 것에 따로 변화되게 **돌리는 표현**. 정해져 있는 그에게 따로 변화되게 돌리다. 그를 외면하다.

그래서 한국어"...하다 등"의 표현을 한다. 한국어는 문맥이나 상황에 맞는 뜻으로 표현을 하면 된다.

4. turn the pages of a book. 책의 페이지를 넘기다.

☞ 정해져 있는 것에 따로 변화되게 **돌리는 표현**. 정해져 있는 페이지에 따로 변화되게 돌리다. 책의 페이지를 넘기다.

그래서 한국어"넘기다 등"의 표현을 한다. 한국어는 문맥이나 상황에 맞는 뜻으로 표현을 하면 된다.

☞ **turn to.** 정해져 있는 곳(쪽으로)에 맞추어 채워 **변화되게 돌리는 표현.**

turn to the left. 왼쪽으로 돌다.

turn to the right. 오른쪽으로 돌다.

turn a blind eye to me. 나를 못 본 체하다.

turn a deaf ear to my advice. 내 조언을 못들은 체하다.

turn to our work. 일에 착수하다.

turn to binge drinking. 법석대는 술잔치에 의지하다.

turn back to his ancestor. 그의 조상에 의지하다.

turn his back to me. 나에게 등을 돌리다.

turn his back to the well. 등을 벽 쪽으로 돌리다.

☞ **turn up.** 천천히 서서히 위로 붙어 변화되게 **돌리는 표현.**

turn up trumps. 기대 이상으로 성과를 이루다, 순조롭게 되어 가다.

turn up the soil. 흙을 뒤엎다.

◆ blind. n. 눈 먼, 시계가 없는.
◆ deaf. a. 귀머거리의,
◆ turn a ~ear to. ..에 귀를 기울이지 않는다.
◆ advice. v. 조언하다, 충고하다.
◆ binge. n. 법석, 법석대는 술잔치.
◆ ancestor. n. 선조, 조상.
◆ trump. n. 으뜸패.
◆ turn up trumps. 예상 외로 잘 되어 가다.
◆ soil. n. 흙, 토질.

☞ turn to. 영어 본래 의미(맞추어 채워 변화되게 돌리는)

정해져 있는 곳(쪽으로)에 맞추어 채워 **변화되게 돌리는 표현**. 이러한 의미를 나타낼 때 turn to를 쓰면 된다.

5. turn to the left. 왼쪽으로 돌다.

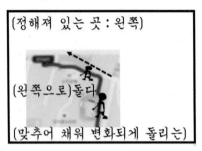

☞ 정해져 있는 곳(쪽으로)에 맞추어 채워 변화되게 **돌리는 표현**. 정해져 있는 왼쪽(쪽으로)에 맞추어 채워 변화되게 돌리다. 왼쪽으로 돌다.

그래서 한국어"돌다 등"의 표현을 한다. 한국어는 문맥이나 상황에 맞는 뜻으로 표현을 하면 된다.

6. turn to our work. 일에 착수하다.

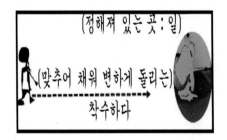

☞ 정해져 있는 곳(쪽으로)에 맞추어 채워 **변화되게 돌리는 표현**. 정해져 있는 일(쪽으로)에 맞추어 채워 변화되게 돌리다. 일에 착수하다.

그래서 한국어"착수하다 등"의 표현을 한다. 한국어는 문맥이나 상황에 맞는 뜻으로 표현을 하면 된다.

shift

영어 본래의 의미(다른 상태로 옮기는)

현재 있는 상태를 **다른 상태로 옮기는** 표현. 이러한 의미를 나타낼 때 shift를 쓰면 된다. shift는 상태를 변화시키는 동사이다.

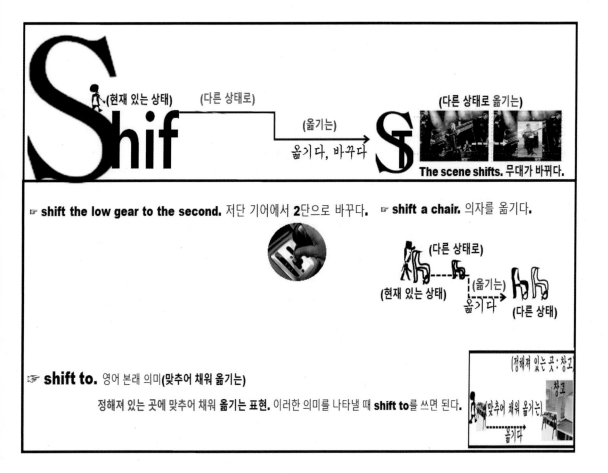

그래서

사전에서 shift의 뜻을 찾아보면 "바뀌다, 변화하다, 변경하다, 전가하다, 이동하다, 자리를 옮기다 등"의 다양한 뜻들이 실려 있다. 한국어는 문맥이나 상황에 맞는 뜻으로 표현을 하면 된다.

1. shift work. 교대근무.

☞ 현재 있는 상태를 **다른 상태로 옮기는** 표현. 현재 근무하고 있는 상태를 다른 상태로 옮기다. 교대근무.

그래서 한국어"교대하다 등"의 표현을 한다. 한국어는 문맥이나 상황에 맞는 뜻으로 표현을 하면 된다.

2. shift every day. 매일 교대하다.

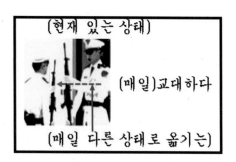

☞ 현재 있는 상태를 **다른 상태로 옮기는** 표현. 현재 근무하고 있는 상태를 매일 다른 상태로 옮기다. 매일 교대하다.

그래서 한국어"교대하다 등"의 표현을 한다. 한국어는 문맥이나 상황에 맞는 뜻으로 표현을 하면 된다.

3. shift it. 그것을 옮기다.

☞ 현재 있는 상태를 **다른 상태로 옮기는 표현**. 현재 있는 그것을 다른 상태로 옮기다. 그것을 옮기다.

그래서 한국어"옮기다 등"의 표현을 한다. 한국어는 문맥이나 상황에 맞는 뜻으로 표현을 하면 된다.

4. shift the focus. 초점을 바꾸다.

☞ 현재 있는 상태를 **다른 상태로 옮기는 표현**. 현재 있는 초점을 다른 상태로 옮기다. 초점을 바꾸다.

그래서 한국어"바꾸다 등"의 표현을 한다. 한국어는 문맥이나 상황에 맞는 뜻으로 표현을 하면 된다.

5. shift the balance of power. 힘의 균형을 바꾸다.

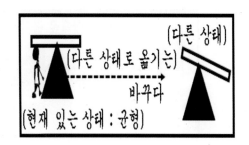

☞ 현재 있는 상태를 **다른 상태로 옮기는 표현**. 현재 있는 힘의 균형을 다른 상태로 옮기다. 힘의 균형을 바꾸다.

그래서 한국어"바꾸다 등"의 표현을 한다. 한국어는 문맥이나 상황에 맞는 뜻으로 표현을 하면 된다.

6. shift the dirt. 먼지를 치우다.

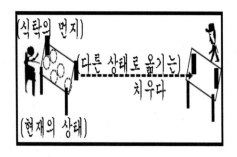

☞ 현재 있는 상태를 **다른 상태로 옮기는 표현**. 현재 있는 먼지를 다른 상태로 옮기다. 먼지를 치우다.

그래서 한국어"치우다 등"의 표현을 한다. 한국어는 문맥이나 상황에 맞는 뜻으로 표현을 하면 된다.

7. shift the boxes. 상자들을 옮기다.

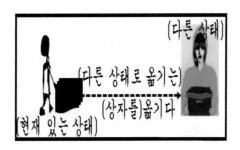

☞ **현재 있는 상태를 다른 상태로 옮기는 표현**. 현재 있는 상자들을 다른 상태로 옮기다. 상자들을 옮기다.

그래서 한국어"옮기다 등"의 표현을 한다. 한국어는 문맥이나 상황에 맞는 뜻으로 표현을 하면 된다.

☞ shift from : 모양으로부터 떨어져 다른 상태로 옮기는 표현.

8. shift the chair away from the fire. 불로부터 의자를 멀리 옮기다.

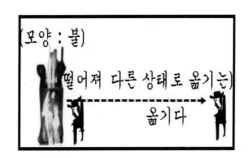

☞ **모양으로부터 떨어져 다른 상태로 옮기는 표현**. 모양 불로부터 떨어져 다른 상태로 옮기다. 불로부터 의자를 멀리 옮기다.

그래서 한국어"옮기다 등"의 표현을 한다. 한국어는 문맥이나 상황에 맞는 뜻으로 표현을 하면 된다.

☞ shift to. 영어 본래 의미(맞추어 옮기는)

정해져 있는 곳에 맞추어 **옮기는** 표현. 이러한 의미를 나타낼 때 shift to를 쓰면 된다.

9. shift his desk closer to the window. 책상을 좀 더 창 가까이에 옮기다.

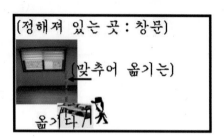

☞ 정해져 있는 곳에 맞추어 **옮기는** 표현. 책상을 정해져 있는 창문에 맞추어 옮기다. 책상을 좀 더 창 가까이에 옮기다.

그래서 한국어"옮기다 등"의 표현을 한다. 한국어는 문맥이나 상황에 맞는 뜻으로 표현을 하면 된다.

10. shift some furniture to warehouse. 약간의 가구를 창고에 옮기다.

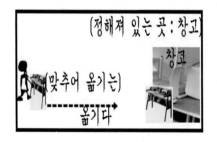

☞ 정해져 있는 곳에 맞추어 **옮기는** 표현. 가구를 정해져 있는 창고에 맞추어 옮기다. 약간의 가구를 창고에 옮기다.

그래서 한국어"옮기다 등"의 표현을 한다. 한국어는 문맥이나 상황에 맞는 뜻으로 표현을 하면 된다.

drop

영어 본래의 의미(아래로 떨어지는)

① 자연히 **아래로 떨어지는.** ② 급히 아래로 **떨어지게 하는 표현.** 이러한 의미를 나타낼 때 drop을 쓰면 된다. drop의 한국어"떨어지다"는 영어 본래의 의미가 아니다.

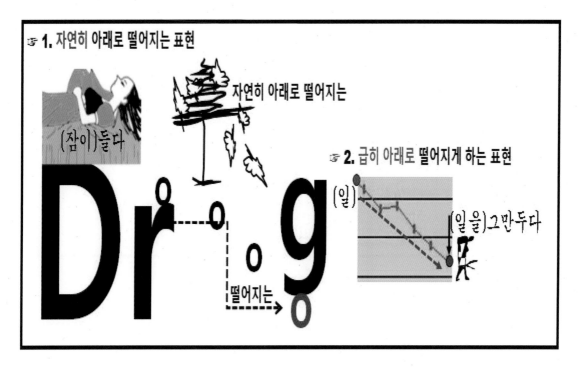

그래서

사전에서 drop의 뜻을 찾아보면 "흘리다, 내려놓다, 하락하다, 그만두다, 떨어뜨리다, 하락시키다, 버리다, 죽이다, 중지하다, 해고하다, 보내다 등"의 다양한 뜻들이 실려 있다. 한국어는 문맥이나 상황에 맞는 뜻으로 표현을 하면 된다.

☞ 급히 아래로 떨어지게 하는 표현.

drop dead. 급사하다.

drop studying. 공부를 그만두다.

drop out of school. 학교를 중퇴하다.

drop out of high school. 고등학교를 그만두다.

drop out. 탈락하다, 중퇴하다, 생략되다.

drop the job. 일을 그만두다.

drop a quarrel. 싸움을 그만두다.

drop coins into them. 돈을 그들 안에 떨어뜨리다.

drop a word. 말을 누설하다.

drop his voice. 작은 목소리로 말하다.

drop from the match. 경기에서 빠지다.

drop a letter into the post. 편지를 우체통에 넣다.

drop the parcel at your house. 너의 집에 소포를 보내다.

☞ 자연히 아래로 떨어지는 표현.

drop asleep. 잠이 들다.

drop just before birth. 출산 직전에 떨어지다.

drop around the globe. 세계적으로 하락하다.

drop from his eyes. 눈에서 떨어지다.

drop from the tree. 나무에서 떨어지다.

drop in profits. 수익이 떨어지다.

drop in demand for traditional. 전통적으로 수요가 하락하다.

drop into a deep sleep. 깊은 잠에 빠지다.

◆ dead. n. 죽은, 생명이 없는.
◆ quarrel. n. 싸움.
◆ coin. n. 화폐, 금전.
◆ parcel. n. 소포.
◆ globe. n. 세계.

◆ traditional. a. 전통의, 전통적인.
◆ profit. n. 이익, 수익.
◆ match. n. 시합, 경기.
◆ birth. n. 탄생, 출산.

☞ 자연히 아래로 떨어지는 표현.

1. drop asleep. 잠이들다.

☞ 자연히 아래로 **떨어지는** 표현. 잠이 자연히 아래로 떨어지다. 잠이들다.

그래서 한국어"(잠)들다 등"의 표현을 한다. 한국어는 문맥이나 상황에 맞는 뜻으로 표현을 하면 된다.

2. drop from his eyes. 눈에서 떨어지다.

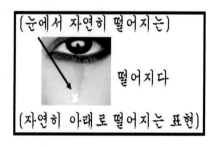

☞ 자연히 아래로 **떨어지는** 표현. 눈에서 자연히 아래로 떨어지다. 눈에서 떨어지다.

그래서 한국어"떨어지다 등"의 표현을 한다. 한국어는 문맥이나 상황에 맞는 뜻으로 표현을 하면 된다.

3. drop from the tree. 나무에서 떨어지다.

☞ **자연히 아래로 떨어지는 표현**. 나무에서 자연히 아래로 떨어지다. 나무에서 떨어지다.

그래서 한국어"떨어지다 등"의 표현을 한다. 한국어는 문맥이나 상황에 맞는 뜻으로 표현을 하면 된다.

4. drop in demand for traditional. 전통적으로 수요가 하락하다.

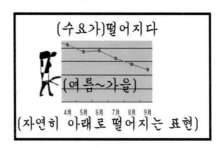

☞ **자연히 아래로 떨어지는 표현**. 수요가 자연히 아래로 떨어지다. 전통적으로 수요가 떨어지다.

그래서 한국어"하락하다, 떨어지다 등"의 표현을 한다. 한국어는 문맥이나 상황에 맞는 뜻으로 표현을 하면 된다.

☞ 급히 아래로 **떨어지게** 하는 표현.

5. drop out of school. 학교를 중퇴하다.

☞ 급히 밖으로 **떨어지게** **하는** **표현**. 학교를 급히 밖으로 떨어지게 하다. 학교를 중퇴하다.

그래서 한국어 "중퇴하다 등"의 표현을 한다. 한국어는 문맥이나 상황에 맞는 뜻으로 표현을 하면 된다.

6. drop the job. 일을 그만두다.

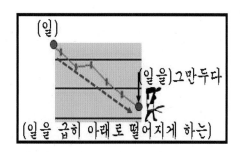

☞ 급히 아래로 **떨어지게** **하는** **표현**. 일을 급히 아래로 떨어지게 하다. 일을 그만두다.

그래서 한국어 "그만두다 등"의 표현을 한다. 한국어는 문맥이나 상황에 맞는 뜻으로 표현을 하면 된다.

7. drop coins into them. 돈을 그것들 안에 떨어뜨리다.

☞ 정해져 있는 속으로 **떨어지게 하는 표현**. 돈을 그것들 속으로 떨어지게 하다. 돈을 그것들 안에 떨어뜨리다.

그래서 한국어"떨어뜨리다 등"의 표현을 한다. 한국어는 문맥이나 상황에 맞는 뜻으로 표현을 하면 된다.

8. drop to the ground. 땅에 넘어지다.

☞ 정해져 있는 곳에 급히 아래로 **떨어지는 표현**. 정해져 있는 땅에 급히 아래로 떨어지다. 땅에 갑자기 넘어지다.

그래서 한국어"넘어지다 등"의 표현을 한다. 한국어는 문맥이나 상황에 맞는 뜻으로 표현을 하면 된다.

fall

영어 본래의 의미(떨어져 나가는)

힘이 풀려 떨어져 **나가는** 표현. 이러한 의미를 나타낼 때 fall을 쓰면 된다.

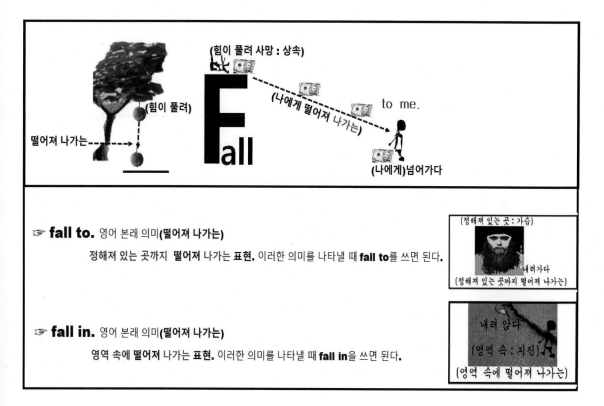

그래서

사전에서 fall의 뜻을 찾아보면 "떨어지다, 지다, 전락하다, 내려가다, 하락하다, 무너지다, 넘어가다, 쓰러지다, 빠지다, 쇠퇴하다, 감소하다, 타락하다, 함락하다 등"의 다양한 뜻들이 실려 있다. 한국어는 문맥이나 상황에 맞는 뜻으로 표현을 하면 된다.

☞ **fall.** 힘이 풀려 **떨어져 나가는 표현.**

fall 5 feet. 5피트 떨어지다.

fall sharply. 급격하게 떨어지다.

fall short of a goal. 목표치에 미치지 못하다.

fall short of expectations. 기대에 못 미치다.

fall apart. 붕괴되다, 깨어지다. 실패로 끝나다.

fall behind. 뒤처지다.

fall sick. 가벼운 병이 들다.

fall asleep. 푹 잠자다.

fall due. 만기가 되다.

fall ill. 병이 나다.

☞ **fall on.** 영역에 바로 붙어 떨어져 **나가는 표현.**

fall on the wall. 벽에 떨어지다.

fall on the floor. 마루에 비치다.

fall on his ears. 그의 귀에 들어오다.

fall back on our saving. 저축한 돈에 의존하다.

☞ **fall in.** 영역 속에 떨어져 **나가는 표현.**

fall in the quake. 지진으로 내려 앉다.

fall in the election. 선거에서 떨어지다.

fall in love. 사랑에 빠지다.

fall in autumn. 가을에 떨어지다.

fall in battles. 전투에서 쓰러지다.

☞ **fall to.** 정해져 있는 곳에 맞추어 채워 떨어져 **나가는 표현.**

fall to his chest. 가슴까지 내려가다.

fall to his wife. 아내에게 넘어가다.

fall to the enemy. 석에게 넘어가나.

☞ **fall into.** 정해져 있는 속으로 **떨어져 나가는 표현.**

fall into a pitfall 위험에 빠지다.

fall into a coma. 혼수상태에 빠지다.

fall into a few basic categories.

기본적으로 몇 가지 범주로 분류되다.

☞ **fall for.** 전체에 쏠려 떨어져 **나가는 표현.**

fall for people's flattery. 사람들의 아첨에 넘어가다.

- sharply. ad. 급격하게, 날카롭게.
- short. a. 짧은, 모자라는.
- goal. n. 목표, 골.
- expectation. n. 기대, 예상.
- apart. ad. 떨어져서, 별개로.
- due. n. 만기.
- floor. n. 마루, 밑바닥.
- saving. n. 저축(액), 절약.
- category. n. 범주, 부류.
- quake. n. 지진.
- election. n. 선거, 투표.
- autumn. n. 가을.
- battle. n. 전투, 싸움.
- chest. n. 가슴, 자금.
- enemy. n. 적.
- pitfall. n. 위험, 함정.
- coma. n. 혼수.
- flattery. v. ..에게 아첨하다, 빌붙다.

1. fall 5 feet. 5피트 떨어지다.

☞ **힘이 풀려 떨어져 나가는 표현**. 힘이 풀려 5피트 떨어져 나가다. 5피트 떨어지다.

그래서 한국어"떨어지다 등"의 표현을 한다. 한국어는 문맥이나 상황에 맞는 뜻으로 표현을 하면 된다.

2. fall short of a goal. 목표치에 미치지 못하다.

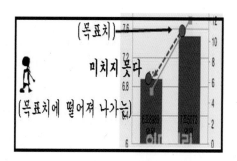

☞ **힘이 풀려 떨어져 나가는 표현**. 힘이 풀려 목표치에서 떨어져 나가다. 목표치에 미치지 못하다.

그래서 한국어"미치지 못하다 등"의 표현을 한다. 한국어는 문맥이나 상황에 맞는 뜻으로 표현을 하면 된다.

3. fall apart. 붕괴되다, 깨어지다. 실패로 끝나다.

☞ **힘이 풀려 떨어져 나가는 표현**. 힘이 풀려 붕괴가 되어 떨어져 나가다. 붕괴되다.

그래서 한국어"(붕괴)되다 등"의 표현을 한다. 한국어는 문맥이나 상황에 맞는 뜻으로 표현을 하면 된다.

4. fall due. 만기가 되다.

☞ **힘이 풀려 떨어져 나가는 표현**. 힘이 풀려 만기가 되어 떨어져 나가다. 만기가 되다.

그래서 한국어"(만기가)되다 등"의 표현을 한다. 한국어는 문맥이나 상황에 맞는 뜻으로 표현을 하면 된다.

☞ fall on. 영어 본래 의미(영역에 바로 붙어 떨어져)

영역에 바로 붙어 떨어져 **나가는 표현**. 이러한 의미를 나타낼 때 fall on을 쓰면 된다.

5. fall on the wall. 벽에 떨어지다.

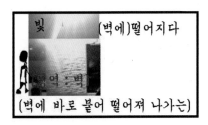

☞ 영역에 바로 붙어 떨어져 **나가는 표현**. 벽에 바로 붙어 떨어져 나가다. 벽에 떨어지다.

그래서 한국어"떨어지다 등"의 표현을 한다. 한국어는 문맥이나 상황에 맞는 뜻으로 표현을 하면 된다.

6. fall back on our saving. 저축한 돈에 의존하다.

☞ 영역에 바로 붙어 떨어져 **나가는 표현**. 저축에 바로 붙어 떨어져 나가다. 저축한 돈에 의존하다.

그래서 한국어"의존하다 등"의 표현을 한다. 한국어는 문맥이나 상황에 맞는 뜻으로 표현을 하면 된다.

☞ fall in. 영어 본래 의미(영역 속에 떨어져)

영역 속에 떨어져 **나가는 표현**. 이러한 의미를 나타낼 때 fall in을 쓰면 된다.

7. fall in the quake. 지진으로 내려 앉다.

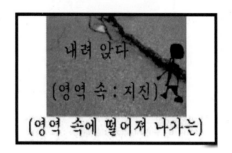

☞ 영역 속에 떨어져 **나가는 표현**. 지진 속에 떨어져 나가다. 지진으로 내려 앉다.

그래서 한국어 "내려 앉다 등"의 표현을 한다. 한국어는 문맥이나 상황에 맞는 뜻으로 표현을 하면 된다.

8. fall in love. 사랑에 빠지다.

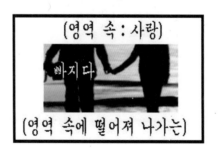

☞ 영역 속에 떨어져 **나가는 표현**. 사랑 속에 떨어져 나가다. 사랑에 빠지다.

그래서 한국어 "빠지다 등"의 표현을 한다. 한국어는 문맥이나 상황에 맞는 뜻으로 표현을 하면 된다.

☞ fall to. 영어 본래 의미(맞추어 채워 떨어져 나가는)

정해져 있는 곳에 맞추어 채워 떨어져 **나가는** 표현. 이러한 의미를 나타낼 때 fall to를 쓰면 된다.

9. fall to his chest. 가슴까지 내려가다.
   fall to work. 일을 시작하다.

☞ 정해져 있는 곳에 맞추어 채워 떨어져 **나가는** 표현. 정해져 있는 가슴에 맞추어 채워 떨어져 나가다. 가슴까지 내려가다.

그래서 한국어"내려가다 등"의 표현을 한다. 한국어는 문맥이나 상황에 맞는 뜻으로 표현을 하면 된다.

10. fall to his wife. 그의 아내에게 넘어가다.

☞ 정해져 있는 곳에 맞추어 채워 떨어져 **나가는** 표현. 정해져 있는 그의 아내에게 맞추어 채워 떨어져 나가다. 그의 아내에게 넘어가다.

그래서 한국어"넘어가다 등"의 표현을 한다. 한국어는 문맥이나 상황에 맞는 뜻으로 표현을 하면 된다.

☞ **fall into.** 영어 본래 의미(속으로 떨어져 나가는)

정해져 있는 속으로 떨어져 **나가는 표현**. 이러한 의미를 나타낼 때 fall into를 쓰면 된다.

11. fall into a coma. 혼수상태에 빠지다.

☞ 정해져 있는 속으로 떨어져 **나가는 표현**. 정해져 있는 혼수상태 속으로 떨어져 나가다. 혼수상태에 빠지다.

그래서 한국어 "빠지다 등"의 표현을 한다. 한국어는 문맥이나 상황에 맞는 뜻으로 표현을 하면 된다.

12. fall into a few basic categories. 기본적으로 몇 가지 범주로 분류되다.

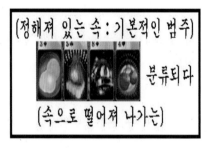

☞ 정해져 있는 속으로 떨어져 **나가는 표현**. 정해져 있는 기본 범주 속으로 떨어져 나가다. 기본적으로 몇 가지 범주로 분류되다.

그래서 한국어 "(분류)되다 등"의 표현을 한다. 한국어는 문맥이나 상황에 맞는 뜻으로 표현을 하면 된다.

☞ **fall for.** 영어 본래 의미(쏠려 떨어져 나가는)

전체에 쏠려 **떨어져 나가는 표현**. 이러한 의미를 나타낼 때 fall for를 쓰면 된다.

13. fall for people's flattery. 사람들의 아첨에 넘어가다.

☞ **전체에 쏠려 떨어져 나가는 표현**. 아첨 전체에 쏠려 떨어져 나가다. 사람들의 아첨에 넘어가다.

그래서 한국어"넘어가다, 속다 등"의 표현을 한다. 한국어는 문맥이나 상황에 맞는 뜻으로 표현을 하면 된다.

☞ **fall out of.** 영어 본래 의미(벗어나 떨어져 있는)

정해져 있는 것에서 벗어나 떨어져 있는 표현. 이러한 의미를 나타낼 때 fall out of를 쓰면 된다.

14. fall out of favor. 인기를 잃다.

☞ **정해져 있는 것에 벗어나 떨어져 있는 표현**. 정해져 있는 인기에 벗어나 떨어져 있다. 인기를 잃다.

그래서 한국어"잃다 등"의 표현을 한다. 한국어는 문맥이나 상황에 맞는 뜻으로 표현을 하면 된다.

☞ **fall off.** 영어 본래 의미(분리되어 떨어져 나가는)

따로 분리되어 **떨어져 나가는 표현.** 이러한 의미를 나타낼 때 fall off를 쓰면 된다. (따로 붙어 있다가 분리되는 표현)

15. fall off the tree. 나무에서 떨어지다. (익은사과)
    fall off a ladder. 사다리에서 떨어지다. (사다리와 사람)

☞ 따로 분리되어 **떨어져 나가는 표현.** 나무에서 따로 분리되어 떨어져 나가다. 나무에서 떨어지다.

그래서 한국어"떨어지다 등"의 표현을 한다. 한국어는 문맥이나 상황에 맞는 뜻으로 표현을 하면 된다.

☞ **fall down.** 영어 본래 의미(아래로 떨어져 나가는)

바탕 아래로 **떨어져 나가는 표현.** 이러한 의미를 나타낼 때 fall down을 쓰면 된다. (바탕에서 떨어지는 표현)

16. fall down the stairs. 계단에서 떨어지다.
    fall down on the job. 일을 잘 할 수 없다.

☞ 바탕 아래로 **떨어져 나가는 표현.** 계단 아래로 떨어져 나가다. 계단에서 아래로 떨어지다.

그래서 한국어"떨어지다, 실패하다, 못 지키게 되다 등"의 표현을 한다. 한국어는 문맥이나 상황에 맞는 뜻으로 표현을 하면 된다.

fit

영어 본래의 의미(꼭 맞게 달라붙는)
정해져 있는 것에 꼭 맞게 **달라붙는 표현**. 이러한 의미를 나타낼 때 fit를 쓰면
된다.

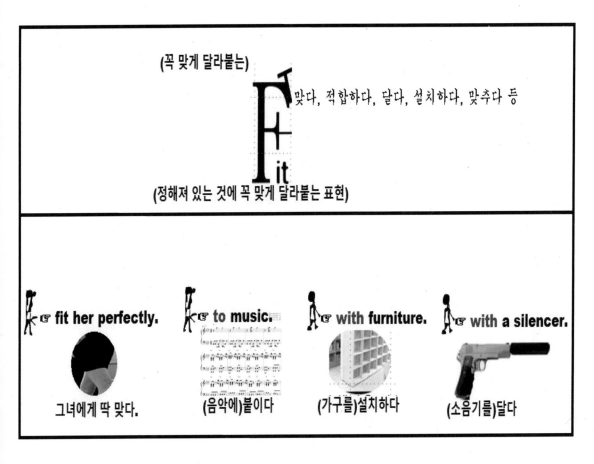

그래서

사전에서 fit의 뜻을 찾아보면 "맞다, 적합하다, 맞추다, 끼워 넣다, 부착하다,
달다, 공급하다, 맞도록 하다 등"의 다양한 뜻들이 실려 있다. 한국어는 문맥이
나 상황에 맞는 뜻으로 표현을 하면 된다.

☞ **fit.** 꼭 맞게 달라붙는 표현.

fit her perfectly. 그녀에게 딱 맞다.

fit me perfectly. 나에게 꼭 맞는다.

fit the players perfectly.

선수들에게 완벽하게 맞는다.

fit your clothes. 옷에 맞다.

꼭 맞게 달라붙는

☞ **fit with.** 정해져 있는 것에 함께 **달라 붙이는 표현.**

fit the dog with the bell. 그 개에 방울을 달다.

fit with furniture. 가구를 설치하다.

☞ **fit to.** 정해져 있는 것에 맞추어 채워 **붙이는 표현.**

fit to live in. 살기에 적합하다.

fit to the finger. 손가락에 맞추다.

fit to read. 읽기에 적합하다.

☞ **fit into.** 정해져 있는 속으로 맞추어 **들어가게 붙이는 표현.**

fit the plug into the wall.

플러그를 벽에 끼우다.

fit into the dress. (속으로 맞추어 들어가게 붙이는)

드레스에 맞추다.

fit the chair into the space.

의자를 공간에 끼우다.

fit into these trousers.

이 바지를 끼워 입다.

방울
(함께 달라 붙이는)

◆ perfectly. ad. 완전히, 더할 나위 없이.
◆ bell. n. 방울.
◆ furniture. n. 가구.
◆ finger. n. 손가락.
◆ trousers. n. 바지.

1. fit her perfectly. 그녀에게 딱 맞다.

☞ 꼭 맞게 **달라붙는 표현**. 그녀에게 꼭 맞게 달라붙다. 그녀에게 딱 맞다.

그래서 한국어"맞다 등"의 표현을 한다. 한국어는 문맥이나 상황에 맞는 뜻으로 표현을 하면 된다.

2. fit the players perfectly. 선수들에게 완벽하게 맞다.

☞ 꼭 맞게 **달라붙는 표현**. 선수들에게 꼭 맞게 달라붙다. 선수들에게 완벽하게 맞다.

그래서 한국어"맞다 등"의 표현을 한다. 한국어는 문맥이나 상황에 맞는 뜻으로 표현을 하면 된다.

☞ **fit with.** 영어 본래 의미(함께 달라 붙이는)

정해져 있는 것을 함께 **달라 붙이는 표현**. 이러한 의미를 나타낼 때 fit with를 쓰면 된다.

3. fit the dog with the belll. 그 개에 방울을 달다.

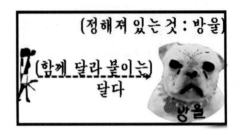

☞ 정해져 있는 것을 함께 **달라 붙이는 표현**. 정해져 있는 방울을 개에 함께 달라 붙이다. 그 개에게 방물을 달다.

그래서 한국어 "달다 등"의 표현을 한다. 한국어는 문맥이나 상황에 맞는 뜻으로 표현을 하면 된다.

4. fit with furniture. 가구를 설치하다.

☞ 정해져 있는 것을 함께 **달라 붙이는 표현**. 정해져 있는 가구를 함께 달라 붙이다. 가구를 설치하다.

그래서 한국어 "설치하다 등"의 표현을 한다. 한국어는 문맥이나 상황에 맞는 뜻으로 표현을 하면 된다.

☞ **fit to.** 영어 본래 의미(맞추어 채워 붙이는)

정해져 있는 것에 맞추어 채워 **붙이는** 표현. 이러한 의미를 나타낼 때 fit to를 쓰면 된다.

5. fit to live in. 살기에 적합하다.

☞ 정해져 있는 것에 맞추어 채워 **붙이는** 표현. 정해져 있는 사는 것에 맞추어 채워 붙이다. 살기에 적합하다.

그래서 한국어"적합하다 등"의 표현을 한다. 한국어는 문맥이나 상황에 맞는 뜻으로 표현을 하면 된다.

6. fit to the finger. 손가락에 맞추다.

☞ 정해져 있는 것에 맞추어 채워 **붙이는** 표현. 정해져 있는 손가락에 맞추어 채워 붙이다. 손가락에 맞추다.

그래서 한국어"맞추다 등"의 표현을 한다. 한국어는 문맥이나 상황에 맞는 뜻으로 표현을 하면 된다.

☞ **fit into.** 영어 본래 의미(속으로 맞추어 들어가게)

정해져 있는 속으로 맞추어 들어가게 붙이는 표현. 이러한 의미를 나타낼 때 fit into를 쓰면 된다.

7. fit the plug into the wall. 플러그를 벽에 끼우다.

☞ 전해져 있는 속으로 맞추어 들어가게 붙이는 표현. 정해져 있는 벽 속으로 맞추어 들어가게 붙이다. 플러그를 벽에 끼우다.

그래서 한국어"끼우다 등"의 표현을 한다. 한국어는 문맥이나 상황에 맞는 뜻으로 표현을 하면 된다.

8. fit into these trousers. 이 바지를 끼워 입다.

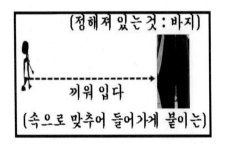

☞ 정해져 있는 속으로 맞추어 들어가게 붙이는 표현. 정해져 있는 바지 속으로 맞추어 들어가게 붙이다.

그래서 한국어"끼워 입다 등"의 표현을 한다. 한국어는 문맥이나 상황에 맞는 뜻으로 표현을 하면 된다.

fix

영어 본래의 의미(붙어 나아가게는)
꼭 맞게 붙어 **나아가게 하는** 표현. 이러한 의미를 나타낼 때 fix를 쓰면 된다.

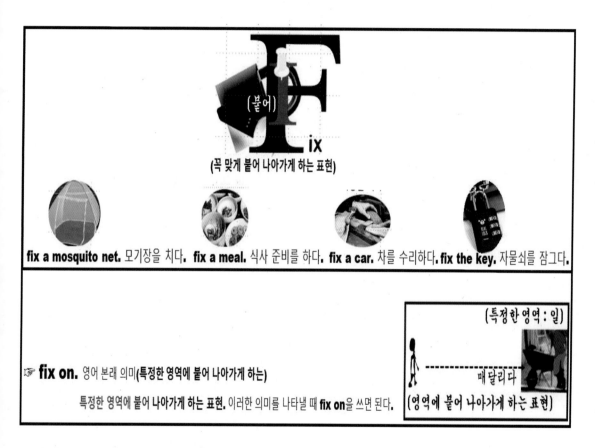

(붙어)

ix

(꼭 맞게 붙어 나아가게 하는 표현)

fix a mosquito net. 모기장을 치다. **fix a meal.** 식사 준비를 하다. **fix a car.** 차를 수리하다. **fix the key.** 자물쇠를 잠그다.

(특정한 영역 : 일)

매달리다
(영역에 붙어 나아가게 하는 표현)

☞ **fix on.** 영어 본래 의미(**특정한 영역에 붙어 나아가게 하는**)

특정한 영역에 붙어 **나아가게 하는** 표현. 이러한 의미를 나타낼 때 **fix on**을 쓰면 된다.

그래서

사전에서 fix의 뜻을 찾아보면 "고정시키다, 알맞게 하다, 잠그다, 적합하다, 붙이다. 정하다, 결정하다, 고치다, 수리하다, 준비하다, 내리다, 묶다 등"의 다양한 뜻들이 실려 있다. 한국어는 문맥이나 상황에 맞는 뜻으로 표현을 하면 된다.

☞ 꼭 맞게 붙어 나아가게 하는 표현.

fix a date. 날짜를 정하다.

fix the target. 표적을 정하다,

fix the course. 코스를 정하다.

fix the problem. 문제를 고치다.

fix the house. 집을 수리하다.

fix the key. 자물쇠를 잠그다.

fix a machine. 기계를 수리하다.

fix a car. 차를 수리하다.

fix your face. 화장을 하다.

fix a drink. 음료수를 준비하다.

fix a plan. 계획을 짜다.

fix the election. 선거를 짜고 하다.

fix the judgment. 판결을 내리다.

fix the judge. 판사를 매수하다.

fix your seat belt. 좌석 벨트를 매다.

fix the roper at the door. 문에 밧줄을 묶다.

☞ **fix on.** 목적한 곳에 붙어 나아가게 하는 표현.

fix on the job. 일에 매달리다.

fix a handle on the bottle. 병에 손잡이를 달다.

fix the crime on me. 죄를 나에게 씌우다.

☞ **fix in.** 영역 속에 붙어 나아가게 하는 표현.

fix a post in the ground. 땅에 말뚝을 박다.

fix in DaeGu. 대구에 정착하다.

☞ **fix to.** 이미 정해져 있는 곳에 맞추어 채워 나아가게 하는 표현.

fix the lamp to the kitchen. 램프를 부엌에 고정시키다.

fix the picture to the wall. 그림을 벽에 붙이다.

fix to leave home. 집 떠나는 것을 결정하다.

fix a shelf to the wall. 선반을 벽에 설치하다.

---

* target. n. 표적, 과녁.
* problem. n. 문제.
* machine. n. 기계.
* face. n. 외관, 얼굴.
* plan. n. 계획.
* election. n. 선거, 투표.

* bottle. n. 병
* crime. n. 죄, 범죄.
* leave. v. 남기고 가다.
* judgment. n. 판결, 판단.
* judge. n. 판사, 재판관.

1. fix a date. 날짜를 정하다.

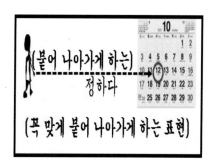

☞ 꼭 맞게 붙어 **나아가게 하는 표현**. 날짜에 꼭 맞게 붙어 나아가게 하다. 날짜를 정하다.

그래서 한국어"정하다 등"의 표현을 한다. 한국어는 문맥이나 상황에 맞는 뜻으로 표현을 하면 된다.

2. fix the course. 코스를 정하다.

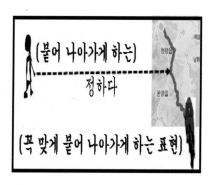

☞ 꼭 맞게 붙어 **나아가게 하는 표현**. 코스에 꼭 맞게 붙어 나아가게 하다. 코스를 정하다.

그래서 한국어"정하다 등"의 표현을 한다. 한국어는 문맥이나 상황에 맞는 뜻으로 표현을 하면 된다.

☞ **fix on.** 영어 본래 의미(목적한 곳에 붙어)

목적한 곳에 붙어 **나아가게 하는 표현**. 이러한 의미를 나타낼 때 fix on을 쓰면 된다.

3. fix on the job. 일에 매달리다.

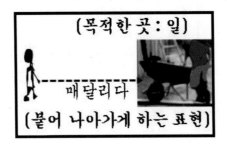

☞ 목적한 곳에 붙어 **나아가게 하는 표현**. 목적한 일에 붙어 나아가게 하다. 일에 매달리다.

그래서 한국어"매달리다 등"의 표현을 한다. 한국어는 문맥이나 상황에 맞는 뜻으로 표현을 하면 된다.

4. fix the crime on me. 죄를 나에게 씌우다.

☞ 목적한 곳에 붙어 **나아가게 하는 표현**. 목적한 나에게 죄를 붙어 나아가게 하다. 죄를 나에게 씌우다.

그래서 한국어"씌우다 등"의 표현을 한다. 한국어는 문맥이나 상황에 맞는 뜻으로 표현을 하면 된다.

☞ **fix to.** 영어 본래 의미(이미 정해져 있는 곳에 맞추어 채워)

이미 정해져 있는 곳에 맞추어 채워 **나아가게** 하는 표현. 이러한 의미를 나타낼 때 fix to를 쓰면 된다.

5. fix the lamp to the kitchen. 램프를 부엌에 고정시키다.

☞ 이미 정해져 있는 곳에 맞추어 채워 **나아가게** 하는 **표현**. 이미 정해져 있는 부엌에 램프를 맞추어 채워 나아가게 하다. 램프를 부엌에 고정시키다.

그래서 한국어"고정시키다 등"의 표현을 한다. 한국어는 문맥이나 상황에 맞는 뜻으로 표현을 하면 된다.

6. fix to leave home. 집 떠나는 것을 결정하다.

☞ 이미 정해져 있는 곳에 맞추어 채워 **나아가게** 하는 **표현**. 이미 정해져 있는 집 떠나는 것에 맞추어 채워 나아가게 하다. 집 떠나는 것을 결정하다.

그래서 한국어"결정하다 등"의 표현을 한다. 한국어는 문맥이나 상황에 맞는 뜻으로 표현을 하면 된다.

☞ **fix up.** 영어 본래 의미**(완전히 꼭 맞게 나아가게 하는)**

처음에서 끝까지 완전히 꼭 맞게 나아가게 **하는 표현**. 이러한 의미를 나타낼 때 fix up을 쓰면 된다.

7. fix up my house. 나의 집을 완전히 수리하다.
　 fix up this car. 이 차를 수리하다.

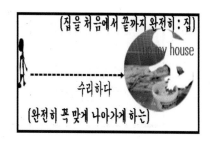

☞ 처음에서 끝까지 완전히 꼭 맞게 **나아가게 하는 표현**. 처음에서 끝까지 집을 완전히 꼭 맞게 나아가게 하다. 나의 집을 완전히 수리하다.

그래서 한국어"완전히 수리하다 등"의 표현을 한다. 한국어는 문맥이나 상황에 맞는 뜻으로 표현을 하면 된다.

☞ **fix in.** 영어 본래 의미**(영역 속에 붙어)**

영역 속에 붙어 **나아가게 하는 표현**. 이러한 의미를 나타낼 때 fix in을 쓰면 된다.

8. fix a post in the ground. 땅에 말둑을 박다.

☞ 영역 속에 붙어 **나아가게 하는 표현**. 영역 땅 속에 붙어 나아가게 하다. 땅에 말둑을 박다.

그래서 한국어"박다 등"의 표현을 한다. 한국어는 문맥이나 상황에 맞는 뜻으로 표현을 하면 된다.

find

영어 본래의 의미(찾아 알게 되는)
새로 찾아 알게 되는 **표현**. 이러한 의미를 나타낼 때 find를 쓰면 된다.

☞ **find in.** 영어 본래 의미(영역 속에서 새로 찾아)

    영역 속에서 새로 찾아 **알게 되는** 표현. 이러한 의미를 나타낼 때 **find in**을 쓰면 된다.

☞ **find to.** 영어 본래 의미(맞추어 새로 찾아 채우는)

    정해져 있는 것에 맞추어 새로 찾아 **채우는** 표현. 이러한 의미를 나타낼 때 **find to**를 쓰면 된다.

그래서

사전에서 find의 뜻을 찾아보면 "구하다, 발견하다, 찾다, 보다, 마련하다, 얻다, 도달하다, 느끼다, 알다, 이해하다, 깨닫다 등"의 다양한 뜻들이 실려 있다. 한국어는 문맥이나 상황에 맞는 뜻으로 표현을 하면 된다.

find a job. 직장을 구하다.

find a German company. 독일 회사를 찾다.

find my key. 키를 발견하다.

find old tires. 오래된 타이어를 발견하다.

find the goat dead. 염소가 죽어 있는 것을 발견하다.

find his sheep missing. 양들이 없어진 것을 발견하다.

find free time. 자유시간을 찾다.

find a bottle of water. 물 한 병을 찾다.

find its mark. 표적을 맞추다.

find traits. 특성을 찾아내다.

find a better candidate. 더 나은 후보자를 찾다.

find him conducting the plan.

그 계획을 실행하고 있는 것을 알다.

find a natural reservoir. 천연 저장소를 발견하다.

find a virgin forest of hunters.

사냥꾼들의 새로운 사냥터를 발견하다.

find Internet addicts. 인터넷 중독자를 발견하다.

find the book very boring. 그 책이 매우 지루하다는 것을 알다.

find the depth of the ocean. 바다의 깊이를 찾다.

find housekeeping troublesome.

가사가 귀찮은 일이라는 것을 알다.

find feminine women attractive.

여성적인 여자들을 매력적이라고 느끼다.

find our the relation between our mind and our body.

우리의 생각과 육체 사이의 관계를 발견하다.

find genetic signatures of disease-causing.

질병을 일으키는 유전학적인 사인도 발견하다.

find that studying another language.

다른 언어를 배운다는 것을 밝혀내다.

find that I had missed the bus. 버스를 놓쳤음을 알게 되다.

find that the earth is round. 지구가 둥글다는 것을 발견하다.

find that 25% of our happiness.

우리 행복의 **25%**라고 하는 것을 알아내다.

- ◆ goat. n. 염소.
- ◆ trait. n. 특성, 특징.
- ◆ candidate. n. 후보자.
- ◆ reservoir. n. 저장소.
- ◆ conduct. n. 행동, 행위.
- ◆ virgin. a. 새로운. n. 처녀.
- ◆ forest. n. 산림, 사냥터.
- ◆ housekeeping. n. 가사.
- ◆ feminine. a. 여성의, 여자의.
- ◆ attractive. a. 매력적인.
- ◆ relation. n. 관계, 관련.
- ◆ genetic. a. 유전의, 발생적인.
- ◆ disease-causing. 질병을 일으키는.
- ◆ signature. n. 서명, 특징.
- ◆ troublesome. a. 귀찮은, 성가진.

1. find a job. 직장을 구하다.

☞ 새로 찾아 **알게 되는 표현**. 직장을 새로 찾아 알게 되다. 직장을 구하다.

그래서 한국어"구하다 등"의 표현을 한다. 한국어는 문맥이나 상황에 맞는 뜻으로 표현을 하면 된다.

2. find a natural reservoir. 천연 저장소를 발견하다.

☞ 새로 찾아 **알게 되는 표현**. 천연 저장소를 새로 찾아 알게 되다. 천연 저장소를 발견하다.

그래서 한국어"발견하다 등"의 표현을 한다. 한국어는 문맥이나 상황에 맞는 뜻으로 표현을 하면 된다.

3. find the depth of ocean. 바다의 깊이를 찾다.

☞ 새로 찾아 **알게 되는** 표현. 바다 깊이를 새로 찾아 알게 되다. 바다 깊이를 찾다.

그래서 한국어"찾다 등"의 표현을 한다. 한국어는 문맥이나 상황에 맞는 뜻으로 표현을 하면 된다.

4. find feminine women attractive. 여성적인 여자들을 매력적이라고 느끼다.

☞ 새로 찾아 **알게 되는** 표현. 매력적이라고 새로 찾아 알게 되다. 여성적인 여자들을 매력적이라고 느끼다.

그래서 한국어"느끼다 등"의 표현을 한다. 한국어는 문맥이나 상황에 맞는 뜻으로 표현을 하면 된다.

5. find free time. 자유시간을 찾다.

☞ 새로 찾아 **알게 되는 표현**. 자유시간을 새로 찾아 알게 되다. 자유시간을 찾다.

그래서 한국어"찾다 등"의 표현을 한다. 한국어는 문맥이나 상황에 맞는 뜻으로 표현을 하면 된다.

6. find that the earth is round. 지구가 둥글다는 것을 발견하다.

☞ 새로 찾아 **알게 되는 표현**. 등글다는 것을 새로 찾아 알게 되다. 지구가 둥글다는 것을 발견하다.

그래서 한국어"발견하다 등"의 표현을 한다. 한국어는 문맥이나 상황에 맞는 뜻으로 표현을 하면 된다.

☞ **find in.** 영역 속에서 새로 찾아 알게 되는 **표현.**

find these in the train. 이것들을 기차에서 발견하다.

find a dime in the subway. 지하철 속에서 **10**원 짜리 동전을 발견하다.

(영역 속 : 지하철)

in the subway.

동전

(새로 찾아 알게 되는 : 발견하다)

find flaws in metals. 금속에서 결점을 찾다.

find him solling in his room. 그의 방에서 흐느끼는 것을 보다.

find in works of fiction. 꾸며진 이야기 작품에서 찾아내다.

find humor in the silliest thing. 별것 아닌 일에서 즐거움을 찾다.

find himself sitting in the church. 교회에 앉아 있음을 알다.

find in the condition of increased insecurity. 증가된 불확실의 상황에서 찾다.

find an increase in dental periostitis. 치아의 골막염이 증가한다는 것을 발견하다.

☞ **find by.** 힘으로 새로 찾아 알게 되는 **표현.**

find by a korean climber. 한국 등반가에 의하여 발견하다.

find by hikers. 도보 여행자들에 의해 발견되다.

◆ flaw. n. 결점, 흠.
◆ silly. a. 어리석은, 바보같은.
◆ silly-sillier-silliest.
◆ fiction. n. 꾸민 이야기, 소설.
◆ humor. n. 해학, 유며.
◆ increase. v. 증대하다, n. 증가, 증대.
◆ insecurity. n. 불안전, 불확실.
◆ dental periostitis. 치아 골막염.
◆ hiker. n. 도보 여행자.
◆ climber. n. 등산가, 출세주의자.

☞ find in. 영어 본래 의미(영역 속에서 알게 되는)

영역 속에서 새로 찾아 **알게 되는 표현**. 이러한 의미를 나타낼 때 find in을 쓰면 된다.

7. find a dime in the subway. 지하철 속에서 10원짜리 동전을 발견하다.

☞ 영역 속에서 새로 찾아 **알게 되는 표현**. 지하철 속에서 새로 찾아 알게 되다. 지하철 속에서 10원짜리 동전을 발견하다.

그래서 한국어"발견하다 등"의 표현을 한다. 한국어는 문맥이나 상황에 맞는 뜻으로 표현을 하면 된다.

8. find him solling in his room. 그의 방에서 흐느끼는 것을 보다.

☞ 영역 속에서 새로 찾아 **알게 되는 표현**. 그의 방에서 새로 찾아 알게 되다. 그의 방에서 흐느끼는 것을 보다.

그래서 한국어"보다 등"의 표현을 한다. 한국어는 문맥이나 상황에 맞는 뜻으로 표현을 하면 된다.

☞ **find to.** 정해져 있는 것을 새로 찾아 알게 되는 표현.

    find to recruit skilled. 노련한 일손을 구하다.

    find an answer to the problem. 그 문제의 답을 하나 찾아내다.

    find any camera to take it. 그것을 찍을 카메라를 찾다.

    find to drink. 마실 물을 찾다.

    find to empathize. 공감하는 것을 느끼다.

    find some one to rent. 임대할 사람을 찾다.

(정해져 있는 것: 물)
to drink.

☞ **find with.** 정해져 있는 속에 붙어 있는 것을 새로 찾아 알게 되는 표현.

    find a pitcher with a little water.

    약간의 물이 들어 있던 물 항아리 하나를 발견하다.

    find a location with a smart phone. 스마트폰으로 위치를 찾다.

☞ **find for.** 전체를 향하여 새로 찾아 갖게 하는 표현.

    find a nice necktie for me. 나에게 좋은 넥타이를 사 주다.

    find boys excluded for an extended period of time.

    장기간 동안 배척 당하는 소년들을 발견하다.

- recruit. v. 보충하다, 늘리다. n. 신회원.
- skilled. a. 숙련된, 노련한.
- empathize. v. 공감하다.
- rent. n. 집세, 임대료.
- exclude. v. 못들어 오게 하다, 배척하다.
- extended. a. (기간을)연장한, 광범위한.

☞ find to. 영어 본래 의미(새로 찾아 알게 되는)

정해져 있는 것을 새로 찾아 **알게 되는** 표현. 이러한 의미를 나타낼 때 find to 를 쓰면 된다.

9. find to recruit skilled. 노련한 일손을 구하다.

☞ 정해져 있는 것을 새로 찾아 **알게 되는 표현**. 정해져 있는 노련한 일손을 새로 찾아 채우다. 노련한 일손을 구하다.

그래서 한국어"구하다 등"의 표현을 한다. 한국어는 문맥이나 상황에 맞는 뜻으로 표현을 하면 된다.

10. find to drink. 마실 물을 찾다.

☞ 정해져 있는 것을 새로 찾아 **알게 되는 표현**. 정해져 있는 마실 물에 새로 찾아 알게 되다. 마실 물을 찾다.

그래서 한국어"찾다 등"의 표현을 한다. 한국어는 문맥이나 상황에 맞는 뜻으로 표현을 하면 된다.

☞ **find with.** 영어 본래 의미(붙어 있는 것을 새로 찾아 알게 되는)

정해져 있는 속에 붙어 있는 것을 새로 찾아 알게 되는 표현. 이러한 의미를 나타낼 때 find with를 쓰면 된다.

11. find a location with a smart phone. 스마트폰으로 위치를 찾다.

☞ 정해져 있는 속에 붙어 있는 것을 새로 찾아 **알게 되는 표현.** 스마트폰 속에 붙어 있는 위치를 새로 찾아 알게 되다. 스마트폰으로 위치를 찾다.

그래서 한국어"찾다 등"의 표현을 한다. 한국어는 문맥이나 상황에 맞는 뜻으로 표현을 하면 된다.

☞ **find for.** 영어 본래 의미(새로 찾아 갖게 하는)

전체를 향하여 새로 찾아 **갖게 하는 표현.** 이러한 의미를 나타낼 때 find for를 쓰면 된다.

12. find a nice doll for me. 나에게 좋은 인형을 사 주다.

☞ **전체를 향하여 새로 찾아 갖게 하는 표현.** 나를 향하여 새로 찾아 갖게 하다. 나에게 좋은 인형을 사 주다.

그래서 한국어"사 주다 등"의 표현을 한다. 한국어는 문맥이나 상황에 맞는 뜻으로 표현을 하면 된다.

meet

영어 본래의 의미(맞닿아 이루어지게 하는)

이미 정해져 있는 것에 맞닿아 **이루어지게 하는 표현.** 이러한 의미를 나타낼 때 meet를 쓰면 된다. meet의 한국어 "만나다"는 영어 본래의 의미가 아니다.

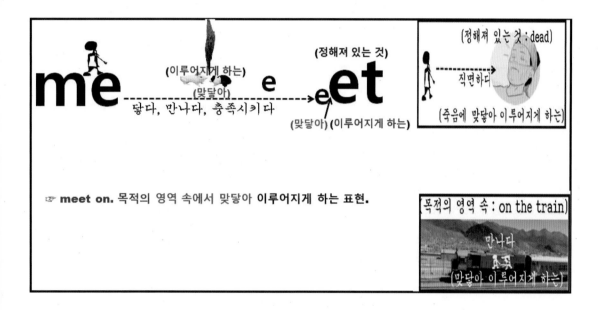

그래서

사전에서 meet의 뜻을 찾아보면 "마주치다, 만나다, 경험하다, 조우하다, 직면 하다, 응하다, 동의하다, 접촉하다, 채우다, 동의하다, 부딪치다, 충족하다 등" 의 다양한 뜻들이 실려 있다. 한국어는 문맥이나 상황에 맞는 뜻으로 표현을 하면 된다.

☞ **meet.** 맞닿아 이루어지게 하는 표현.

(맞닿아)　　　(정해져 있는 것)

meet her. 그녀를 소개하다.

meet my eyes. 나의 눈에 닿다.

(이루어지게 하는)

meet halfway. 중도에서 만나다.

meet the wall. 벽에 맞다.

meet her old friend. 옛 친구를 만나다.

meet obligations. 책임을 다하다.

meet my girlfriend. 나의 여자 친구를 만나다.

meet a lot of difficulties. 많은 어려움에 직면하다.

meet not far from here. 여기서 멀지 않은 곳에서 합류하다.

meet the debt. 그 빚을 갚다.

meet my ex-boyfriend in front of my apartment.

나의 아파트 앞에서 옛날 남자친구를 만나다.

meet objections. 이의에 응하다.

meet a bill. 셈을 치르다.

meet my wife. 아내를 소개하다.

meet the needs. 요구를 충족하다.

meet their wishes. 소원을 이루다.

meet the needs of the individual customer.

meet the situation. 사태에 대처하다.

개별 고객의 욕구를 충족시키다.

meet the future challenges of pollution.

meet the demand. 수요를 충족하다.

공해라는 장래의 도전에 맞서다.

meet the needs of the disabled.

meet a death. 죽음에 직면하다.

장애인들의 필요를 충족시키다.

- halfway. a. 도중의, 중간에.
- ex-boyfriend. 옛날 남자친구.
- ex. n. 전에 있던 자.
- wishe. n. 소원, 소망.
- situation. n. 사태, 위치.
- future. n. 미래, 장래.
- challenge. n. 도전.
- customer. n. 고객. 단골.
- disabled. a. 장애의, 무능력의.
- pollution. n. 공해, 오염.
- obligation. n. 책임, 의무.
- debt. n. 빚, 부채.
- objection. n. 이의, 반대.
- bill. n. 계산서, 청구서.
- need. n. 요구, 필요.
- individual. a. 개개의, 개별적인.
- demand. n. 수요.
- The disabled. n. 장애인들.

1. meet her. 그녀를 소개하다.

☞ 맞닿아 **이루어지게 하는 표현**. 그녀에게 맞닿아 이루어지게 하다. 그녀를 소개하다.

그래서 한국어"소개하다 등"의 표현을 한다. 한국어는 문맥이나 상황에 맞는 뜻으로 표현을 하면 된다.

2. meet my eyes. 나의 눈에 닿다.

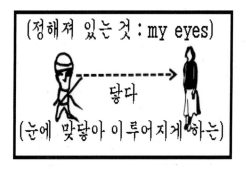

☞ 맞닿아 **이루어지게 하는 표현**. 나의 눈에 맞닿아 이루어지게 하다. 나의 눈에 닿다.

그래서 한국어"닿다 등"의 표현을 한다. 한국어는 문맥이나 상황에 맞는 뜻으로 표현을 하면 된다.

3. meet halfway. 중도에서 만나다.

☞ 맞닿아 **이루어지게 하는 표현**. 중도에 맞닿아 이루어지게 하다. 중도에서 만나다.

그래서 한국어"만나다 등"의 표현을 한다. 한국어는 문맥이나 상황에 맞는 뜻으로 표현을 하면 된다.

4. meet my girlfriend. 나의 여자 친구를 만나다.

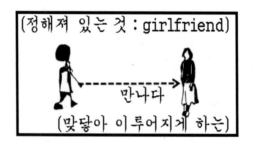

☞ 맞닿아 **이루어지게 하는 표현**. 여자 친구를 맞닿아 이루어지게 하다. 여자 친구를 만나다.

그래서 한국어"만나다 등"의 표현을 한다. 한국어는 문맥이나 상황에 맞는 뜻으로 표현을 하면 된다.

5. meet a death. 죽음에 직면하다.

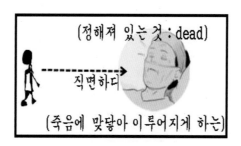

☞ 맞닿아 이루어지게 하는 표현. 죽음에 맞닿아 이루어지게 하다. 죽음에 직면하다.

그래서 한국어 "직면하다 등"의 표현을 한다. 한국어는 문맥이나 상황에 맞는 뜻으로 표현을 하면 된다.

☞ **meet on.** 목적의 영역 속에서 **맞닿아 이루어지게 하는 표현.**

meet him on the train. 열차 속에서 그를 만나다.

meet him on the way. 그를 길에서 만나다.

meet in Washington. 워싱턴에서 회합하다.

meet to discuss economic policies. 경제 정책을 논의하기 위해 만나다.

meet by more supply. 공급을 늘려 충족시키다.

meet him at the moment. 지금 그를 만나다.

- ◆ discuss. v. 논의하다, 토론하다. ◆ supply. v. 공급하다, 지급하다.
- ◆ economic. a. 경제의, 재정상의. ◆ policy. n. 정책, 수단.

☞ meet on. 영어 본래 의미(속에서 맞닿아 이루어지게 하는)

목적한 영역 속에서 맞닿아 **이루어지게 하는 표현**. 이러한 의미를 나타낼 때 meet on을 쓰면 된다.

7. meet him on the train. 열차 속에서 그를 만나다.

☞ 목적한 영역 속에서 맞닿아 **이루어지게 하는 표현**. 목적한 열차 속에서 맞닿아 이루어지게 하다. 열차 속에서 그를 만나다.

그래서 한국어"만나다 등"의 표현을 한다. 한국어는 문맥이나 상황에 맞는 뜻으로 표현을 하면 된다.

8. meet him on the way. 그를 길에서 만나다.

☞ 목적의 영역 속에서 맞닿아 **이루어지게 하는 표현**. 목적한 길 속에서 맞닿아 이루어지게 하다. 그를 길에서 만나다.

그래서 한국어"만나다 등"의 표현을 한다. 한국어는 문맥이나 상황에 맞는 뜻으로 표현을 하면 된다.

drink

영어 본래의 의미(구멍 속으로 들어가는)

바탕에 있는 구멍 속으로 **들어가는 표현**. 이러한 의미를 나타낼 때 drink를 쓰면 된다. drink의 한국어 "마시다"는 영어 본래의 의미가 아니다.

drink up the moisture.
물기를 모두 빨아 들이다.

drink some water. 물을 좀 마시다.

☞ **drink up.** 영어 본래 의미(완전히 구멍 속으로 들어가는)

완전히 구멍 속으로 들어가게 하는 표현. 이러한 의미를 나타낼 때 **drink up**을 쓰면 된다.

빨아들이다 (스폰지)
구멍 속으로 들어가게 하는 표현

그래서

사전에서 drink의 뜻을 찾아보면 "마시다, (수분, 물을) 빨아드리다, 흡수하다, (공기를) 깊이 들이마시다, 황홀하게 듣다, 축배를 하다, 취하다 등"의 다양한 뜻들이 실려 있다. 한국어는 문맥이나 상황에 맞는 뜻으로 표현을 하면 된다.

1. dink some coffee. 커피를 좀 마시다.

☞ 구멍 속으로 **들어가는 표현**. 커피가 입 속으로 들어가다. 커피를 좀 마시다.

그래서 한국어"마시다 등"의 표현을 한다. 한국어는 문맥이나 상황에 맞는 뜻으로 표현을 하면 된다.

2. drink water like a sponge. 스폰지처럼 물을 빨아들이다.

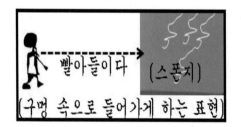

☞ 구멍 속으로 **들어가는 표현**. 물이 스폰지 구멍 속으로 들어가다. 스폰지처럼 물을 빨아들이다.

그래서 한국어"빨아들이다 등"의 표현을 한다. 한국어는 문맥이나 상황에 맞는 뜻으로 표현을 하면 된다.

☞ drink to. 영어 본래 의미(사실적인 것에 맞추어)

사실적인 것에 맞추어 구멍 속으로 들어가게 하는 표현. 이러한 의미를 나타낼 때 drink to를 쓰면 된다.

3. drink to the future. 장래를 위해 건배하다.

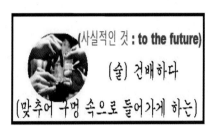

☞ 사실적인 것에 맞추어 구멍 속으로 **들어가게 하는 표현**. 사실적인 장래에 맞추어 구멍 속으로 들어가게 하다. 장래를 위하여 건배를 하다.

그래서 한국어"건배하다 등"의 표현을 한다. 한국어는 문맥이나 상황에 맞는 뜻으로 표현을 하면 된다.

4. drink success to his birthday. 그의 생일을 위해 건배하다.

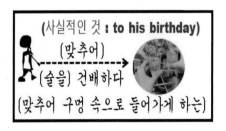

☞ 사실적인 것에 맞추어 구멍 속으로 **들어가게 하는 표현**. 사실적인 그의 생일에 맞추어 구멍 속으로 들어가게 하다. 그의 생일을 위해 건배하다.

그래서 한국어"건배하다 등"의 표현을 한다. 한국어는 문맥이나 상황에 맞는 뜻으로 표현을 하면 된다.

☞ **drink up.** 영어 본래 의미(완전히 구멍 속으로 들어가게)

완전히 구멍 속으로 들어가게 하는 표현. 이러한 의미를 나타낼 때 drink up을 쓰면 된다.

5. drink up water. 물을 완전히 빨아들이다.

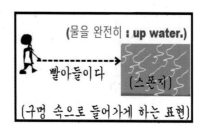

☞ 완전히 **구멍 속으로** 들어가게 하는 표현. 물을 완전히 구멍 속으로 들어가게 하다.

그래서 한국어 "완전히 빨아들이다 등"의 표현을 한다. 한국어는 문맥이나 상황에 맞는 뜻으로 표현을 하면 된다.

6. drink up the dust. 먼지를 모두 빨아들이다.

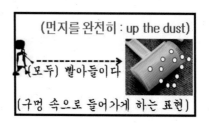

☞ 완전히 **구멍 속으로** 들어가게 하는 **표현.** 먼지를 완전히 구멍 속으로 들어가게 하다. 먼지를 모두 빨아들이다.

그래서 한국어 "모두 빨아들이다 등"의 표현을 한다. 한국어는 문맥이나 상황에 맞는 뜻으로 표현을 하면 된다.

Do

영어 본래의 의미(따로 채우는)

바탕에 따로 채우는 **표현**. 이러한 의미를 나타낼 때 Do를 쓰면 된다. Do의 한
국어 "하다"는 영어 본래의 의미가 아니다.

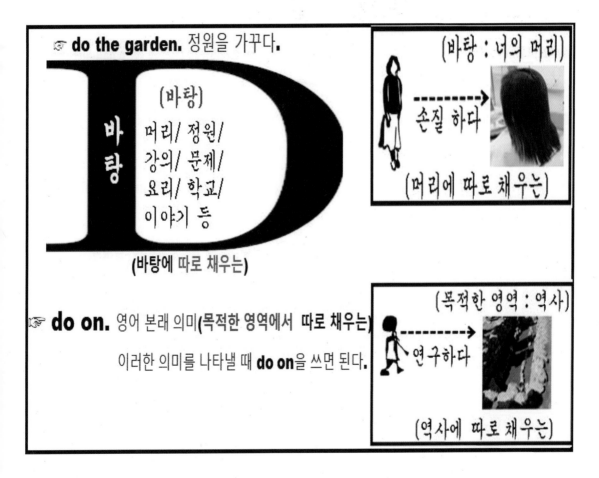

☞ do the garden. 정원을 가꾸다.

(바탕)
바탕
머리/ 정원/
강의/ 문제/
요리/ 학교/
이야기 등

(바탕에 따로 채우는)

(바탕 : 너의 머리)
손질 하다
(머리에 따로 채우는)

☞ do on. 영어 본래 의미(목적한 영역에서 따로 채우는)
이러한 의미를 나타낼 때 **do on**을 쓰면 된다.

(목적한 영역 : 역사)
연구하다
(역사에 따로 채우는)

그래서

사전에서 do의 뜻을 찾아보면 "하다, 된다, 한다 등"의 다양한 뜻들이 실려 있
다. 한국어는 문맥이나 상황에 맞는 뜻으로 표현을 하면 된다.

☞ do. 바탕에 따로 채우는 표현.

do my job. 나의 일을 끝내다.

do this job. 이 일을 정확히 하다.

do well at school. 학교에서 잘 하다.

do your hair. 너의 머리를 말끔히 손질하다.

do your portrait. 너의 초상화를 말끔히 손질하다.

do a flower. 꽃을 심다.

(바탕 ; 땅) 따로 채우는
심다

do the garden. 정원을 손질하다.

do English into Korean. 영어를 한국어로 번역하다.

do Hamlet. 햄릿의 역을 하다.

do 10 miles a day. 하루에 **10**마일 가다.

Do ghosts really exist?. 유령은 정말로 존재하는가?.

Do you have it save?. 그것을 저장해 두었나?.

Do not announce my death. 나의 죽음을 알리지 마라.

Do not pile dishes. 접시를 쌓아 놓지 마라.

did the cooking. 요리를 했다.

did not satisfy me. 나를 만족시키지 못했다.

Don't use force. 폭력을 쓰지 마라.

Don't be angry. 화내지 말라.

Don't talk. 말하지 마라.

Don't treat me like a thief.

저를 도둑 대하듯 하지 말아주세요.

why do you dislike me?. 넌 왜 나를 싫어하나 ?.

why do you want to know?. 넌 왜 알고 싶어 하나?.

How much do you charge for a haircut?.

이발 비용은 얼마 입니까?.

How much do you earn in a month?.

한 달에 얼마를 법니까?.

How do you like the climate of japan?.

일본의 기후에 대하여 어떻게 생각하십니까?.

☞ do on. 목적한 영역에 따로 채우는 표현.

do research on history. 역사를 연구하다.

do on the Internet. 인터넷에서 하다.

◆ portrait. n. 초상, 초상화.

◆ ghost. n. 유령. 허깨비.

◆ exist. v. 존재하다, 살다.

◆ save. v. 모으다, 절약하다.

◆ announce. v. 알리다, 발표하다.

◆ pile. n. 쌓아 올린 것. v. 쌓아 올리다.

◆ satisfy. v. 만족시키다, 충족시키다.

◆ force. n. 폭력, 세력.

◆ angry. n. 화를 낸, 성난.

◆ thief. n. 도둑, 좀도둑.

◆ treat. v. 대 하다, 대접하다.

◆ haircut. n. 이발.

◆ research. n. 연구, 조사.

◆ history. n. 역사.

1. do my job. 나의 일을 끝내다.

☞ 바탕에 따로 채우는 **표현**. 나의 일에 따로 채우다. 나의 일을 끝내다.

그래서 한국어 "끝내다 등"의 표현을 한다. 한국어는 문맥이나 상황에 맞는 뜻으로 표현을 하면 된다.

2. do this job. 이 일을 정확히 하다.

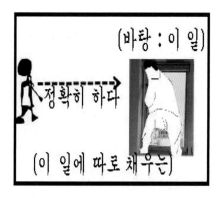

☞ 바탕에 따로 채우는 **표현**. 이 일에 따로 채우다. 이 일을 정확히 하다.

그래서 한국어 "정확히 하다 등"의 표현을 한다. 한국어는 문맥이나 상황에 맞는 뜻으로 표현을 하면 된다.

3. do your hair. 너의 머리를 말끔히 손질하다.

☞ **바탕에 따로 채우는 표현.** 너의 머리에 따로 채우다. 너의 머리를 말끔히 손질하다.

그래서 한국어"말끔히 손질하다 등"의 표현을 한다. 한국어는 문맥이나 상황에 맞는 뜻으로 표현을 하면 된다.

4. do the garden. 정원을 손질하다.

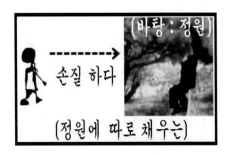

☞ **바탕에 따로 채우는 표현.** 정원에 따로 채우다. 정원을 손질하다.

그래서 한국어"손질하다 등"의 표현을 한다. 한국어는 문맥이나 상황에 맞는 뜻으로 표현을 하면 된다.

5. Do ghosts really exist?. 유령은 정말로 존재하는가?.

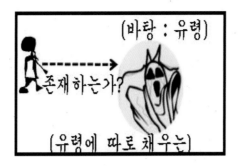

☞ 바탕에 따로 채우는 표현. 유령에 따로 채우다. 유령은 정말로 존재하는가?.

그래서 한국어"(존재) 하는가 등"의 표현을 한다. 한국어는 문맥이나 상황에 맞는 뜻으로 표현을 하면 된다.

6. Do you have it save?. 넌 그것을 저장해 두었나?.

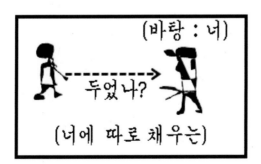

☞ 바탕에 따로 채우는 표현. 너에게 따로 채우다. 그것을 저장해 두었나?.

그래서 한국어"두었나 등"의 표현을 한다. 한국어는 문맥이나 상황에 맞는 뜻으로 표현을 하면 된다.

7. Don't use force. 폭력을 쓰지 마라.

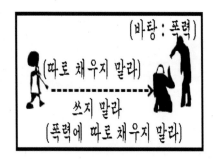

☞ 바탕에 따로 채우는 표현. 폭력 사용에 따로 채우지 마라. 폭력을 쓰지 말라.

그래서 한국어"(쓰지) 말라 등"의 표현을 한다. 한국어는 문맥이나 상황에 맞는 뜻으로 표현을 하면 된다.

8. Don't be angry. 화내지 말라.

☞ 바탕에 따로 채워 일으키는 표현. 화에 따로 채우지 마라. 화내지 말라.

그래서 한국어"말라 등"의 표현을 한다. 한국어는 문맥이나 상황에 맞는 뜻으로 표현을 하면 된다.

9. How much do you charge for a haircut?. 이발 비용은 얼마입니까?.

☞ 바탕에 따로 채우는 표현. 너의 비용에 따로 채우다. 비용은 얼마입니까?.

그래서 한국어"얼마입니까? 등"의 표현을 한다. 한국어는 문맥이나 상황에 맞는 뜻으로 표현을 하면 된다.

10. How do you like the climate of japan?. 일본의 기후에 대하여 어떻게 생각하십니까?.

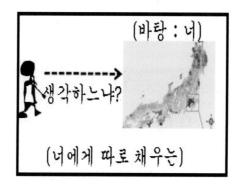

☞ 바탕에 따로 채우는 표현. 너에게 따로 채우다. 일본의 기후에 대하여 어떻게 생각하십니까?.

그래서 한국어"생각하십니까? 등"의 표현을 한다. 한국어는 문맥이나 상황에 맞는 뜻으로 표현을 하면 된다.

☞ **do on.** 영어 본래 의미(목적한 영역에서 따로 채우는)

목적한 영역에서 따로 채우는 **표현**. 이러한 의미를 나타낼 때 do on을 쓰면 된다.

11. do research on history. 역사를 연구하다.

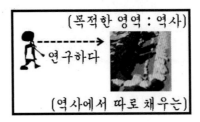

☞ 목적한 영역에서 따로 채우는 **표현**. 목적한 역사에서 따로 채우다. 역사를 연구하다.

그래서 한국어"연구하다 등"의 표현을 한다. 한국어는 문맥이나 상황에 맞는 뜻으로 표현을 하면 된다.

12. do on the Internet. 인터넷에서 하다.

☞ 목적한 영역에서 따로 채우는 **표현**. 목적한 인터넷에서 따로 채우다. 인터넷에서 하다.

그래서 한국어"하다 등"의 표현을 한다. 한국어는 문맥이나 상황에 맞는 뜻으로 표현을 하면 된다.

cover

영어 본래의 의미(영역을 덮어 다루는)
영역을 처음에서 끝까지 덮어 **다루는** 표현. 이러한 의미를 나타낼 때 Cover를 쓰면 된다.

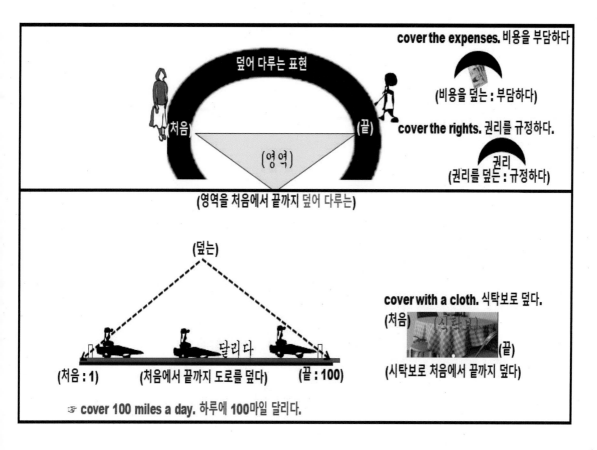

그래서

사전에서 cover의 뜻을 찾아보면 "덮다, 씌우다, 바르다, 다루다, 취급하다. 보도하다, 감추다, 감싸다, 보호하다, 미행하다, 부담하다, 걸치다 등"의 다양한 뜻들이 실려 있다. 한국어는 문맥이나 상황에 맞는 뜻으로 표현을 하면 된다.

1. cover the expenses. 비용을 부담하다.

☞ 영역을 처음에서 끝까지 덮어 **다루는 표현**. 비용을 처음에서 끝까지 덮어 다루다. 비용을 부담하다.

그래서 한국어 "부담하다 등"의 표현을 한다. 한국어는 문맥이나 상황에 맞는 뜻으로 표현을 하면 된다.

2. cover important topics. 중요한 주제를 다루다.

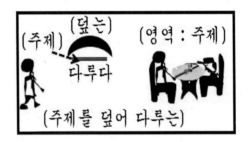

☞ 영역을 처음에서 끝까지 덮어 **다루는 표현**. 중요한 주제를 처음에서 끝까지 덮어 다루다. 중요한 주제를 다루다.

그래서 한국어 "다루다 등"의 표현을 한다. 한국어는 문맥이나 상황에 맞는 뜻으로 표현을 하면 된다.

3. cover 100 miles a day. 하루에 100마일 달리다.

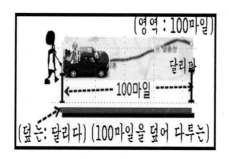

☞ 영역을 처음에서 끝까지 덮어 **다루는 표현**. 100마일을 처음에서 끝까지 덮어 다루다. 하루에 100마일 달리다.

그래서 한국어"달리다 등"의 표현을 한다. 한국어는 문맥이나 상황에 맞는 뜻으로 표현을 하면 된다.

4. cover the bicycle race. 자전거 경주를 보도하다.

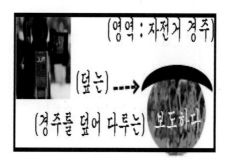

☞ 영역을 처음에서 끝까지 덮어 **다루는 표현**. 자전거 경주를 처음에서 끝까지 덮어 다루다. 자전거 경주를 보도하다.

그래서 한국어"보도하다 등"의 표현을 한다. 한국어는 문맥이나 상황에 맞는 뜻으로 표현을 하면 된다.

5. cover letter. 자기소개서.

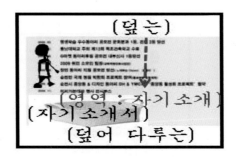

☞ 영역을 처음에서 끝까지 덮어 **다루는** 표현. 자기소개를 처음에서 끝까지 덮어 다루다. 자기소개서.

그래서 한국어"소개서 등"의 표현을 한다. 한국어는 문맥이나 상황에 맞는 뜻으로 표현을 하면 된다.

☞ **cover with.** 영어 본래 의미(함께 붙여 덮어 다루는)

처음에서 끝까지 함께 붙여 덮어 **다루는** 표현. 이러한 의미를 나타낼 때 cover with를 쓰면 된다.

6. cover the body with a blanket. 담요로 몸을 덮다.

☞ 처음에서 끝까지 함께 붙여 덮어 **다루는** 표현. 처음에서 끝까지 담요로 함께 붙여 덮어 다루다. 담요로 몸을 덮다.

그래서 한국어"덮다 등"의 표현을 한다. 한국어는 문맥이나 상황에 맞는 뜻으로 표현을 하면 된다.

7. cover the hole with the stone. 바위로 구멍을 막다.

☞ 처음에서 끝까지 함께 붙여 덮어 **다루는** 표현. 처음에서 끝까지 바위로 함께 붙여 덮어 다루다. 바위로 구멍을 막다.

그래서 한국어"막다 등"의 표현을 한다. 한국어는 문맥이나 상황에 맞는 뜻으로 표현을 하면 된다.

8. cover a wall with wallpaper. 벽에 벽지를 바르다.

☞ 처음에서 끝까지 함께 붙여 덮어 **다루는** 표현. 처음에서 끝까지 벽지로 함께 붙여 덮어 다루다. 벽에 벽지를 바르다.

그래서 한국어"바르다 등"의 표현을 한다. 한국어는 문맥이나 상황에 맞는 뜻으로 표현을 하면 된다.

☞ **cover from.** 영어 본래 의미(정해져 있는 곳까지 덮어 다루는)

만들어져 있는 곳으로부터 떨어져 정해져 있는 곳까지 덮어 다루는 표현. 이러한 의미를 나타낼 때 cover from을 쓰면 된다.

(cover from to(정해져 있는 곳).

9. cover it from 1900 to 2000. 1900년부터 2000년까지 그것을 다루다.

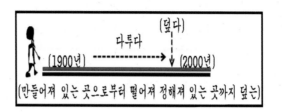

☞ 만들어져 있는 곳으로부터 떨어져 정해져 있는 곳까지 덮어 다루는 표현. 만들어져 있는 1900년으로부터 떨어져 정해져 있는 2000년까지 덮어 다루다. 1900년부터 2000년까지 그것을 다루다.

그래서 한국어"다루다 등"의 표현을 한다. 한국어는 문맥이나 상황에 맞는 뜻으로 표현을 하면 된다.

☞ **cover for.** 영어 본래 의미(영역 속에 따로 덮어 다루는)

전체의 영역 속에 따로 덮어 다루는 표현. 이러한 의미를 나타낼 때 cover for을 쓰면 된다.

10. cover the fire for the daily paper. 일간 신문에 화재사건을 보도하다.

☞ 전체의 영역 속에 따로 덮어 다루는 표현. 일간 신문 속에 화재사건을 따로 덮어 다루다. 일간 신문에 화재사건을 보도하다.

그래서 한국어"보도하다 등"의 표현을 한다. 한국어는 문맥이나 상황에 맞는 뜻으로 표현을 하면 된다.

catch

영어 본래의 의미(달라붙어 갖게 되는)

어떤 종류, 성질에 달라붙어 갖게 되는 표현. 이러한 의미를 나타낼 때 catch를 쓰면 된다. catch의 한국어"잡다"는 영어 본래의 의미가 아니다.

☞ **catch in.** 영어 본래 의미(영역 속에 달라붙어)

영역 속에 달라붙어 갖게 되는 표현. 이러한 의미를 나타낼 때 **catch in**을 쓰면 된다.

그래서

사전에서 catch의 뜻을 찾아보면 "붙잡다, 붙들다, 잡다, 포착하다, 발견하다, 목격하다, 미치다, 걸리다, 명중하다, 맞다, 묘사하다, 이해하다 등"의 다양한 뜻들이 실려 있다. 한국어는 문맥이나 상황에 맞는 뜻으로 표현을 하면 된다.

☞ **catch.** 어떤 종류, 성질에 달라붙어 **갖게 되는 표현.**

catch the ball. 공을 잡다.

☞ **catch in.** 영역 속에 달라붙어 **갖게 되는 표현.**

catch a cold. 감기에 걸리다.

catch in the rain. 비를 맞다.

catch a nail. 못에 걸리다.

catch in the tree top. 나무 끝에 걸리다.

catch one's breath. 숨을 죽이다.

☞ **catch on.** 목적한 곳에 달라붙어 **갖게 되는 표현.**

catch the eye. 눈에 띄다.

catch on to lecture. 강의를 이해하다.**(정해져 있는 강의)**

catch the train. 기차를 타다.

catch on the topic. 주제를 이해하다.

catch the idea. 그 생각을 이해하다.

catch a cold on the unsettled weather.

catch the mouse. 쥐를 잡다.

변덕스러운 날씨에 감기 걸리다.

catch a strong wind. 강풍이 덮치다.

catch a radio program. 라디오 프로그램을 듣다.

catch a runaway the crime. 도망치는 범인을 잡다.

catch the pickpocket red-handed. 소매치기를 현장에서 붙잡다.

- ◆ nail. n. 못.
- ◆ breath. n. 숨, 호흡.
- ◆ mouse. n. 생쥐.
- ◆ crime. n. 범인, 범죄자.
- ◆ red-handed. a, ad. 현행범의(으로)
- ◆ lecture. n. 강의, 강연.
- ◆ topic. n. 화제, 주제.
- ◆ unsettled. a. (날씨 등) 변하기 쉬운. 미결제의.

1. catch the ball. 공을 잡다.

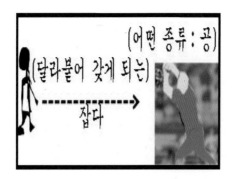

☞ 달라붙어 **갖게 되는 표현**. 공에 달라붙어 갖게 되다. 공을 잡다.

그래서 한국어"잡다 등"의 표현을 한다. 한국어는 문맥이나 상황에 맞는 뜻으로 표현을 하면 된다.

2. catch a nail. 못에 걸리다.

☞ 달라붙어 **갖게 되는 표현**. 못에 달라붙어 갖게 되다. 못에 걸리다.

그래서 한국어"걸리다 등"의 표현을 한다. 한국어는 문맥이나 상황에 맞는 뜻으로 표현을 하면 된다.

3. catch the eye. 눈에 띄다.

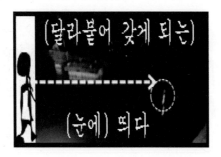

☞ 달라붙어 **갖게 되는 표현**. 눈에 달라붙어 갖게 되다. 눈에 띄다.

그래서 한국어 "띄다 등"의 표현을 한다. 한국어는 문맥이나 상황에 맞는 뜻으로
표현을 하면 된다.

4. catch the train. 기차를 타다.

☞ 달라붙어 **갖게 되는 표현**. 기차에 달라붙어 갖게 되다. 기차를 타다.

그래서 한국어 "타다 등"의 표현을 한다. 한국어는 문맥이나 상황에 맞는 뜻으로
표현을 하면 된다.

☞ # catch in. 영어 본래 의미(영역 속에 달라붙어)

영역 속에 달라붙어 **갖게 되는 표현**. 이러한 의미를 나타낼 때 catch in을 쓰면 된다.

5. catch in the rain. 비를 맞다.
   catch in a shower. 소나기를 만나다.

☞ 영역 속에 달라붙어 **갖게 되는 표현**. 소나기 속에 달라붙어 갖게 되다. 소나기를 만나다.

그래서 한국어"만나다 등"의 표현을 한다. 한국어는 문맥이나 상황에 맞는 뜻으로 표현을 하면 된다.

6. catch in the tree top. 나무 끝에 걸리다.

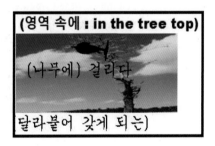

☞ 영역 속에 달라붙어 **갖게 되는 표현**. 나무 속에 달라붙어 갖게 되다. 나무 끝에 걸리다.

그래서 한국어"걸리다 등"의 표현을 한다. 한국어는 문맥이나 상황에 맞는 뜻으로 표현을 하면 된다.

☞ catch on. 영어 본래 의미(목적한 곳에 달라붙어)

목적한 곳에 달라붙어 **갖게 되는 표현**. 이러한 의미를 나타낼 때 catch on을 쓰면 된다.

7. catch on to lecture. 강의를 이해하다.

☞ 목적한 곳에 달라붙이 깃게 뇌는 표현. 목적한 강의에 달라붙어 갖게 되다. 강의를 이해하다.

그래서 한국어"이해하다 등"의 표현을 한다. 한국어는 문맥이나 상황에 맞는 뜻으로 표현을 하면 된다.

8. catch a cold on the unsettled weather. 변덕스러운 날씨에 감기 걸리다.

☞ 목적한 곳에 달라붙어 **갖게 되는 표현**. 목적한 변덕스러운 날씨에 달라붙어 갖게 되다. 변덕스로운 날씨에 감기 걸리다.

그래서 한국어"걸리다 등"의 표현을 한다. 한국어는 문맥이나 상황에 맞는 뜻으로 표현을 하면 된다.

burst

영어 본래의 의미(터져 변화되어 서 있는)

터져(갑자기) 변화되어 **서 있는** 표현. 이러한 의미를 나타낼 때 burst를 쓰면 된다. burst의 한국어"터지다"는 영어 본래의 의미가 아니다.

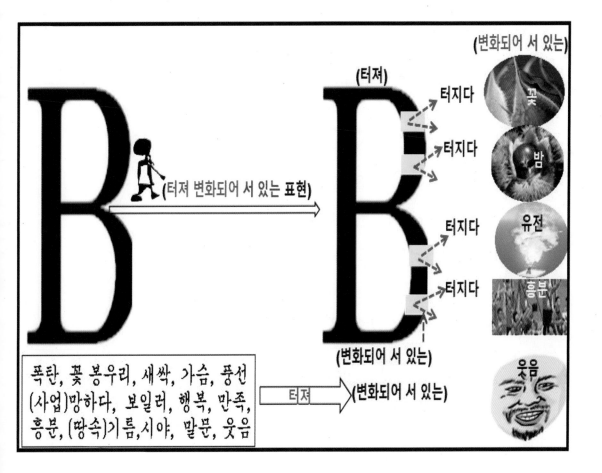

그래서

사전에서 burst의 뜻을 찾아보면 "터지다, 폭발하다, 파열하다, 충만하다, 터질 것 같다, 갑자기 나타나다, 갑자기 들어오다, 망하다 등"의 다양한 뜻들이 실려 있다. 한국어는 문맥이나 상황에 맞는 뜻으로 표현을 하면 된다.

☞ **burst.** 터져 변화되어 서 있는 표현.   ☞ **burst at.** 일순간에 터져 변화되어 서 있는 표현.

burst its pipes. 파이프가 터지다.   **burst at last.** 결국 터지다.

burst its banks. 둑이 터지다.   **burst at the seams.** 만원이다.

☞ **burst out.** 정해져 있는 것에서 터져 벗어나 서 있는 표현.

burst out laughing. 실소를 자아내다.

burst out of the ground. 땅에서 터져 나오다.

☞ **burst into.** 정해져 있는 속으로 터져 들어가 변화되어 서 있는 표현.

burst into the room. 방으로 불쑥 들어오다.

burst into the office. 사무실에 불쑥 들어오다.

burst into bloom. 갑자기 꽃을 피우다.

burst into flames. 갑자기 불길이 타오르다.

burst into tears of joy. 기쁨의 눈물을 터뜨리다.

burst into crying. 갑자기 울음을 터뜨리다.

burst into laughter. 갑자기 웃음을 터뜨리다.

burst into eruption. 폭발하다.

◆ bank. n. 둑, 제방.
◆ bloom. n. 꽃.
◆ flame. n. 불길, 불꽃.
◆ tear. n. 눈물.
◆ eruption. n. 폭발, 분화.
◆ ground. n. 지면, 땅.

1. burst its pipes. 파이프가 터지다.

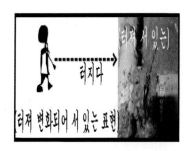

☞ 터져 변화되어 **서 있는 표현**. 파이프가 터져 변화되어 서 있다. 파이프가 터지다.

그래서 한국어"터지다 등"의 표현을 한다. 한국어는 문맥이나 상황에 맞는 뜻으로 표현을 하면 된다.

2. burst its banks. 둑이 터지다.

☞ 터져 변화되어 **서 있는 표현**. 둑이 터져 변화되어 서 있다. 둑이 터지다.

그래서 한국어"터지다 등"의 표현을 한다. 한국어는 문맥이나 상황에 맞는 뜻으로 표현을 하면 된다.

☞ **burst into.** 영어 본래 의미(속으로 터져 들어가 서 있는)

정해져 있는 속으로 터져 들어가 **변화되어 서 있는 표현.** 이러한 의미를 나타낼 때 burst into를 쓰면 된다.

3. burst into the room. 방으로 불쑥 들어오다.

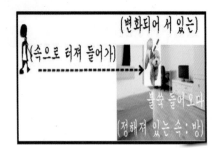

📖 정해져 있는 속으로 터져 들어가 **변화되어 서 있는 표현.** 정해져 있는 방 속으로 터져 들어가(불쑥) 변화되어 서 있다. 방으로 불쑥 들어오다.

그래서 한국어"불쑥 들어오다 등"의 표현을 한다. 한국어는 문맥이나 상황에 맞는 뜻으로 표현을 하면 된다.

4. burst into bloom. 갑자기 꽃을 피우다.

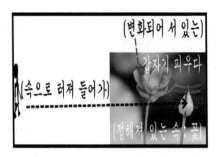

☞ 정해져 있는 속으로 터져 들어가(갑자기) **변화되어 서 있는 표현.** 정해져 있는 꽃 속으로 터져(갑자기) 들어가 변화되어 서 있다. 갑자기 꽃을 피우다.

그래서 한국어"갑자기 피우다 등"의 표현을 한다. 한국어는 문맥이나 상황에 맞는 뜻으로 표현을 하면 된다.

5. burst into flames. 갑자기 불길이 타오르다.

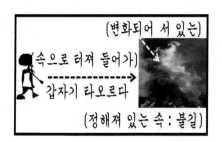

☞ 정해져 있는 속으로 터져 들어가(갑자기) **변화되어 서 있는 표현**. 정해져 있는 불길 속으로 터져(갑자기) 들어가 변화되어 서 있다. 갑자기 불길이 타오르다.

그래서 한국어 "갑자기 타오르다 등"의 표현을 한다. 한국어는 문맥이나 상황에 맞는 뜻으로 표현을 하면 된다.

6. burst into crying. 갑자기 울음을 터뜨리다.

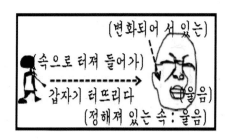

☞ 정해져 있는 속으로 터져 들어가(갑자기) **변화되어 서 있는 표현**. 정해져 있는 울음 속으로 터져(갑자기) 들어가 변화되어 서 있다. 갑자기 울음을 터뜨리다.

그래서 한국어 "갑자기 터뜨리다 등"의 표현을 한다. 한국어는 문맥이나 상황에 맞는 뜻으로 표현을 하면 된다.

☞ **burst at.** 영어 본래 의미(일순간에 터져서)

일순간에 터져 **변화되어 서 있는 표현**. 이러한 의미를 나타낼 때 burst at를 쓰면 된다.

7. burst at the seams. 만원이다.

☞ 일순간에 터져 **변화되어 서 있는 표현**. 일순가에 터져 민원에 변화되어 서 있다. 만원이다.

그래서 한국어"터지다, 가득차다 등"의 표현을 한다. 한국어는 문맥이나 상황에 맞는 뜻으로 표현을 하면 된다.

☞ **burst out.** 영어 본래 의미(터져 벗어나)

정해져 있는 것에 터져 벗어나 **서 있는 표현**. 이러한 의미를 나타낼 때 burst out을 쓰면 된다.

8. burst out of the ground. 땅에서 터져 나오다.

☞ **정해져 있는 것에 터져 벗어나 서 있는 표현**. 땅에서 터져 벗어나 서 있다. 땅에 터져서 나오다.

그래서 한국어"터져 나오다 등"의 표현을 한다. 한국어는 문맥이나 상황에 맞는 뜻으로 표현을 하면 된다.

burn

영어 본래의 의미(속이 타서 변하는)
속이 타서 다르게 **변하는 표현**. 이러한 의미를 나타낼 때 burn을 쓰면 된다.
burn의 한국어"타다"는 영어 본래의 의미가 아니다.

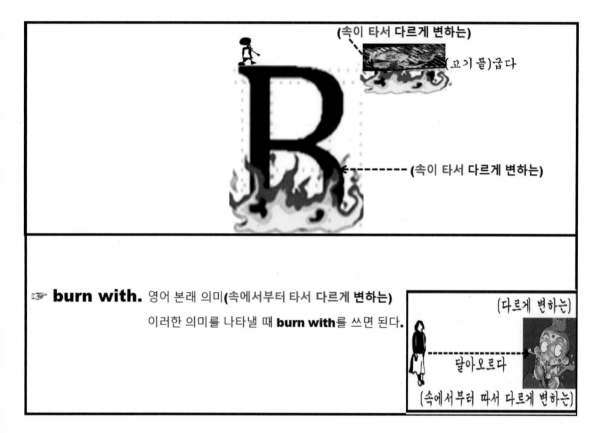

그래서

사전에서 burn의 뜻을 찾아보면 "타다, 굽다, 태우다, 볕에 타다, 열을 내다, 바싹 마르다, 화끈거리다, 흥분하다, 달아오르다, 실망하다, 기진맥진하다 등"의 다양한 뜻들이 실려 있다. 한국어는 문맥이나 상황에 맞는 뜻으로 표현을 하면 된다.

☞ **burn.** 속에 타서 다르게 **변하는 표현.**

　　burn easily. 쉽게 타다.

　　burn charcoal. 목탄을 굽다.

　　burn lamp oil. 등유를 때다.

　　burn himself out. 탈진하다, 기진 맥진하다.

　　burn the midnight oil. 밤 늦게까지 공부하다 **(일하다).**

　　burn yourself. 화상을 입다.

☞ **burn with.** 정혜저 있는 속에 붙어 타서 오르는 표현.

　　burn with anger. 격분하다.

　　burn with shame. 부끄럼으로 달아 오르다.

☞ **burn to.** 정해져 있는 것에 맞추어 태워 다르게 **변하는 표현.**

　　burnt to death. 타 죽었다.

☞ **burn in.** 영역 속에 태워 다르게 **변하는 표현.**

　　burn in the sun. 햇볕에 타다.

◆ charcial. n. 목탄, 숯.
◆ lamp oil. n. 등유.
◆ anger n. 노염, 화.
◆ shame. n. 부끄럼, 수치심. 창피.

1. burn charcoal. 목탄을 굽다.

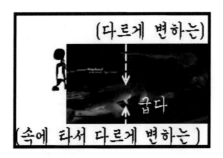

☞ 속에 타서 다르게 **변하는 표현**. 목탄에 속에 타서 다르게 변하다. 목탄을 굽다.

그래서 한국어"굽다 등"의 표현을 한다. 한국어는 문맥이나 상황에 맞는 뜻으로 표현을 하면 된다.

2. burn himself out. 탈진하다, 기진맥진하게 하다.

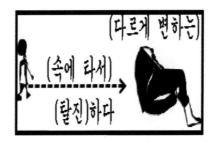

☞ 속에 타서 다르게 **변하는 표현**. 그 자신에 속에 타서 다르게 변하다. 탈진하다.

그래서 한국어"(탈진)하다 등"의 표현을 한다. 한국어는 문맥이나 상황에 맞는 뜻으로 표현을 하면 된다.

☞ **burn with.** 영어 본래 의미(속에 붙어 타서 오르는)

정해져 있는 속에 붙어 타서 **오르는 표현**. 이러한 의미를 나타낼 때 burn with 를 쓰면 된다.

3. burn with shame. 부끄럼으로 달아오르다.

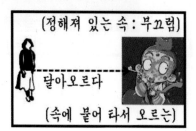

☞ 속에 붙어 타서 **오르는 표현**. 부끄럼 속에 붙어 타서 오르다. 부끄럼으로 달 아오르다.

그래서 한국어"달아오르다 등"의 표현을 한다. 한국어는 문맥이나 상황에 맞는 뜻으로 표현을 하면 된다.

☞ **burn to.** 영어 본래 의미(맞추어 태워 다르게 변하는)

정해져 있는 것에 맞추어 태워 **다르게 변하는 표현**. 이러한 의미를 나타낼 때 burn to를 쓰면 된다.

4. burnt to death. 타 죽었다.

☞ 정해져 있는 것에 맞추어 태워 **다르게 변하는 표현**. 정해져 있는 것 죽음에 맞추어 태워 다르게 변하다. 타 죽었다.

그래서 한국어"타다 등"의 표현을 한다. 한국어는 문맥이나 상황에 맞는 뜻으로 표현을 하면 된다.

build

영어 본래의 의미(맞추어 쌓아 놓는)
꼭 맞게 맞추어 쌓아 **놓는 표현**. 이러한 뜻을 나타낼 때 Build를 쓰면 된다.
Build의 한국어"세우다"는 영어 본래의 의미가 아니다.

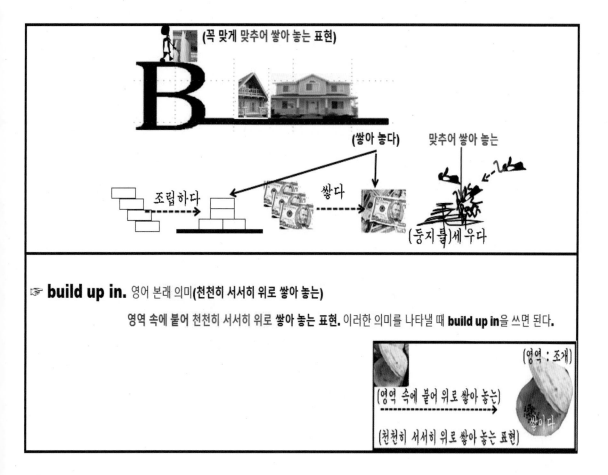

그래서

사전에서 build의 뜻을 찾아보면 "세우다, 쌓다, 건축하다, 건설하다. 만들다, 수립하다, 확립하다, 내세우다, 쌓아 올리다, 축척되다 등"의 다양한 뜻들이 실려 있다. 한국어는 문맥이나 상황에 맞는 뜻으로 표현을 하면 된다.

1. build a house. 집을 짓다.

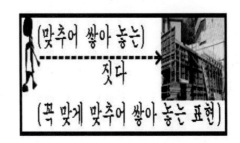

☞ **꼭 맞게** 맞추어 **쌓아 놓는 표현**. 집에 꼭 맞게 맞추어 쌓아 놓다. 집을 짓다.

그래서 한국어"짓다 등"의 표현을 한다. 한국어는 문맥이나 상황에 맞는 뜻으로 표현을 하면 된다.

2. build their self-confidence. 그들의 자존심을 쌓아 올리다.

☞ **꼭 맞게** 맞추어 **쌓아 놓는 표현**. 자존심에 꼭 맞게 맞추어 쌓아 놓다. 그들의 자존심을 쌓아 올리다.

그래서 한국어"쌓아 올리다 등"의 표현을 한다. 한국어는 문맥이나 상황에 맞는 뜻으로 표현을 하면 된다.

☞ build up in. 영어 본래 의미(속에 위로 쌓아 놓는)

영역 속에 붙어 천천히 서서히 위로 **쌓아 놓는 표현**. 이러한 의미를 나타낼 때 build up을 쓰면 된다.

3. build up in shellfish. 조개 체내에 축척하다.

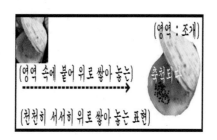

☞ **영역 속에 붙어 천천히 서서히 위로 쌓아 놓는 표현**. 조개 속에 붙어 천천히 서서히 위로 쌓아 놓다. 조개 체내에 축척되다.

그래서 한국어"축척되다 등"의 표현을 한다. 한국어는 문맥이나 상황에 맞는 뜻으로 표현을 하면 된다.

4. build up in the rive. 강에 쌓이다.

☞ **영역 속에 붙어 천천히 서서히 위로 쌓아 놓는 표현**. 강 속에 붙어 천천히 서서히 위로 쌓아 놓다. 강에 쌓이다.

그래서 한국어"쌓이다 등"의 표현을 한다. 한국어는 문맥이나 상황에 맞는 뜻으로 표현을 하면 된다.

☞ build up. 전체에 천천히 서서히 위로 **쌓아 놓는** 표현.

5. build up a reputation. 명성을 쌓아 올리다.

☞ 전체에 천천히 서서히 위로 **쌓아 놓는** 표현. 전체 명성에 위로 천천히 서서히 위로 쌓아 놓다. 명성을 쌓아 올리다.

그래서 한국어"쌓아 올리다 등"의 표현을 한다. 한국어는 문맥이나 상황에 맞는 뜻으로 표현을 하면 된다.

☞ **build into.** 영어 본래 의미(속으로 들어가 채워 놓는)

정해져 있는 속으로 들어가 **채워 놓는** 표현. 이러한 의미를 나타낼 때 build into를 쓰면 된다.

6. build into the system. 그 시스템 속에 세우다.

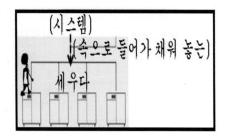

☞ 정해져 있는 속으로 들어가 **채워 놓는** 표현. 그 시스템 속으로 들어가 채워 놓다. 그 시스템 속에 세우다.

그래서 한국어"세우다 등"의 표현을 한다. 한국어는 문맥이나 상황에 맞는 뜻으로 표현을 하면 된다.

7. build stone into the wall. 벽에 돌을 붙여 만들다.
(build A into B : A를 B 속으로 들어가게 채워 놓는)

☞ A를 B 속으로 들어가게 채워 놓는 표현. 돌을 벽 속으로 들어가게 채워 놓다. 벽에 돌을 붙여 만들다.

그래서 한국어 "만들다 등"의 표현을 한다. 한국어는 문맥이나 상황에 맞는 뜻으로 표현을 하면 된다.

☞ **build on.** 영어 본래 의미(특정한 영역에 붙어 쌓아 나가는)

특정한 영역에 붙어 **쌓아 나가는** 표현. 이러한 의미를 나타낼 때 build on을 쓰면 된다.

8. build on this success. 이 성공에 기반으로 삼다.

☞ 특정한 영역에 붙어 **쌓아 나가는** 표현. 특정한 이 성공에 붙어 쌓아 나가다. 이 성공에 기반으로 삼다.

그래서 한국어 "기반으로 삼다 등"의 표현을 한다. 한국어는 문맥이나 상황에 맞는 뜻으로 표현을 하면 된다.

9. build on around here. 이 근처에 짓다.

☞ 특정한 영역에 붙어 **쌓아 나가는 표현**. 특정한 이 근처에 붙어 쌓아 나가다. 이 근처에 짓다.

그래서 한국어"짓다 등"의 표현을 한다. 한국어는 문맥이나 상황에 맞는 뜻으로 표현을 하면 된다.

10. build on her experience. 그녀의 경험을 기초로 삼다.

☞ 특정한 영역에 붙어 **쌓아 나가는 표현**. 특정한 그녀의 경험에 붙어 쌓아 나가다. 그녀의 경험을 기초로 삼다.

그래서 한국어"기초로 삼다 등"의 표현을 한다. 한국어는 문맥이나 상황에 맞는 뜻으로 표현을 하면 된다.

11. a built-in sense of direction. 타고난 방향 분별력.

◆ built-in. 박아 넣는, 내재된. a sense of direction. 방향감각.
◆ direction. 방향, 방면. sense. n. 분별력, 감각.

keep

영어 본래의 의미(계속 유지하게 두는)
계속 유지하게 **두는 표현**. 이러한 의미를 나타낼 때 keep을 쓰면 된다. keep의
한국어"지키다"는 영어 본래의 의미가 아니다.

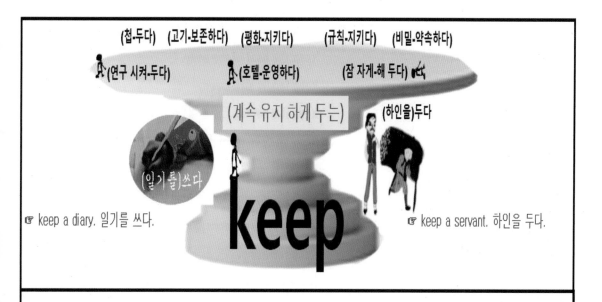

☞ keep a diary. 일기를 쓰다.

☞ keep a servant. 하인을 두다.

☞ **keep in.** 영어 본래 의미(**속에 계속 두는**)

　영역 속에 계속 유지하게 **두는 표현.** 이러한 의미를 나타낼 때 **keep in**을 쓰면 된다.

그래서

사전에서 keep의 뜻을 찾아보면 "유지하다, 보관하다, 간직하다, 감금하다, 두다, 기르다, 지키다, 운영하다, 이행하다, ...한 채로 두다 등"의 다양한 뜻들이 실려 있다. 한국어는 문맥이나 상황에 맞는 뜻으로 표현을 하면 된다.

☞ keep. 계속 유지 하게 두는 표현.

keep a mistress. 첩을 두다.

keep a servant. 하인을 두다.

keep meat. 고기를 보존하다.

keep money. 돈을 보관하다.

(계속 유지하게 두는) 보관하다

keep fit. 건강을 유지하다.

keep good time. 시간이 맞다.

keep a hotel. 호텔을 운영하다.

keep these shirts. 이 셔츠들을 보관하다.

keep a diary. 일기를 쓰다.

keep peace. 평화를 지키다.

keep silence. 침묵을 지키다.

keep this rule. 이 규칙을 지키다.

keep your self-respect. 자존심을 지키다.

keep an appointment. 약속을 지키다.

keep a promise. 약속을 이행하다.

keep cool. 냉정해지다.

keep it. 그것을 지키다.

keep it wet. 그것을 젖은 채로 두다.

keep it open. 그것을 연 채로 두다.

keep the crowd back. 군중을 막아 두다.

keep the speed limited. 제한 속도를 지키다.

keep emergencies. 비상상황을 유지하다.

keep the jewelry secure. 보석을 안전하게 보관하다.

keep teeth healthy. 치아 건강을 유지하다.

keep the latest fashion. 최신 패션을 유지하다.

keep the heat of the body. 신체의 열기를 유지하다.

keep family size down. 가족의 크기를 작게 두다.

keep it a secret. 그것을 비밀로 약속하다.

keep an open mind. 마음을 열어 두다.

keep a temper like that. 저렇게 성질을 부리게 두다.

keep his mouth shut. 입을 다물게 하다.

(계속 유지 하게 두는)

keep a secure stance. 안전한 자세를 유지하다

keep recurring. 계속 되풀이하여 발생하다.

keep costs low. 비용이 오르지 않게 하다.

유지하다

keep a straight face. 무표정한 얼굴을 하다.

keep down my anger. 나의 노여움을 억누르다.

- mistress. n. 첩. 여주인.
- servant. n. 하인. 머슴.
- fit. a. 건강이 좋은, 튼튼한.
- diary. n. 일기, 일기장.
- peace. n. 평화, 화해.
- rule. n. 규칙, 관례.
- appointment. n. (회합의) 약속.
- promise. n. 임명, 약속, 지정.
- wet. a. 젖은, 축축한.

- crowd. n. 군중, 다수.
- emergency. n. 비상사태, 위급.
- jewelry. n. 보석, 귀중품.
- tooth(과거 : teeth). n. 이.
- latest. a. 최신의, 최근의.
- secure. n. 안전한, 보증된.
- recurring. a. 되풀이 하여 발생하는.
- straight. a. 곧은, 순수한.
- anger. n. 노염, 화.

1. keep a servant. 하인을 두다.

☞ 계속 유지하게 **두는** 표현. 하인을 계속 유지하게 두다. 하인을 두다.

그래서 한국어"두다 등"의 표현을 한다. 한국어는 문맥이나 상황에 맞는 뜻으로 표현을 하면 된다.

2. keep a hotel. 호텔을 운영하다.

☞ 계속 유지하게 **두는** 표현. 호텔을 계속 유지하게 두다. 호텔을 운영하다.

그래서 한국어"운영하다 등"의 표현을 한다. 한국어는 문맥이나 상황에 맞는 뜻으로 표현을 하면 된다.

3. keep a diary. 일기를 쓰다.

☞ 계속 유지하게 **두는 표현**. 일기를 계속 유지하게 두다. 일기를 쓰다.

그래서 한국어"쓰다 등"의 표현을 한다. 한국어는 문맥이나 상황에 맞는 뜻으로 표현을 하면 된다.

4. keep peace. 평화를 지키다.

☞ 계속 유지하게 **두는 표현**. 평화를 계속 유지하게 두다. 평화를 지키다.

그래서 한국어"지키다 등"의 표현을 한다. 한국어는 문맥이나 상황에 맞는 뜻으로 표현을 하면 된다.

5. keep a secure stance. 안전한 자세를 유지하다.

☞ 계속 유지하게 **두는 표현.** 안전한 자세를 계속 유지하게 두다. 안전한 자세를 유지하다.

그래서 한국어 "유지하다 등"의 표현을 한다. 한국어는 문맥이니 상황에 맞는 뜻으로 표현을 하면 된다.

6. keep costs low. 비용이 오르지 않게 하다.

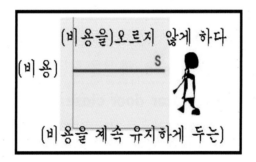

☞ 계속 유지하게 **두는 표현.** 비용을 계속 유지하게 두다. 비용을 오르지 않게 하다.

그래서 한국어 "하지 않게 하다 등"의 표현을 한다. 한국어는 문맥이나 상황에 맞는 뜻으로 표현을 하면 된다.

☞ **keep-ing.** 공간관계 속에 붙어 계속 유지하게 **두는 표현.**

  (keep-ing. 계속해서 ~하다)

    keep him studying. 그에게 연구(검토)시켜 두다.

    keep the students studying. 학생들이 공부하도록 두다.

    keep her watching. 그녀에게 감시시켜 두다.

    keep them sleeping. 그들을 잠자게 해 두다.

    keep her listening. 그녀에게 듣게 한 채로 두다.

    keep the fire burning. 불이 타게 해 두다.

(공간관계 : 잠 +사람)

(잠자게)해 두다

(계속 유지하게 두는)

☞ **keep on –ing.** 영역 속에 붙어 계속 유지하게 두는 **표현.**

  (keep on –ing. 줄곧~ 할 때까지 하다)

    keep on reading. 알때까지 계속 읽다.

    keep on playing baseball. 줄곧 야구를 하고 있다.

☞ **keep –ed.** 묶어 놓은 채로 계속 유지하게 **두는 표현.**

    keep the cat tied up. 고양이를 묶어둔 채로 두다.

    keep it untouched. 그것을 손대지 않은 채로 두다.

    keep this door closed. 이 문을 닫은 채로 두다.

    keep the refrigerator door closed. 냉장고 문을 닫아 놓다.

    keep the gas turned on. 가스를 켜 둔 채로 두다.

◆ burn. v. 타다.
◆ cat. n. 고양이.
◆ untouched. a. 손대지 않은, 본래대로의.
◆ refrigerator. n. 냉장고. 빙고.

☞ keep -ing. 영어 본래 의미(속에 붙어 계속 유지하게 두는)

공간관계 속에 붙어 계속 유지하게 **두는** 표현. 이러한 의미를 나타낼 때 keep -ing를 쓰면 된다.

7. keep the students studying. 학생들이 공부하도록 두다.

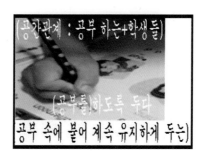

☞ 공간관계 속에 붙어 계속 유지하게 **두는** 표현. 공부하는 속에 붙어 계속 유지하게 두다. 학생들이 공부하도록 두다.

그래서 한국어"두다 등"의 표현을 한다. 한국어는 문맥이나 상황에 맞는 뜻으로 표현을 하면 된다.

8. keep them sleeping. 그들을 잠자게 해 두다.

☞ 공간관계 속에 붙어 계속 유지하게 **두는** 표현. 잠자는 속에 붙어 계속 유지하게 두다. 그들을 잠자게 해 두다.

그래서 한국어"두다 등"의 표현을 한다. 한국어는 문맥이나 상황에 맞는 뜻으로 표현을 하면 된다.

☞ keep -ed. 영어 본래 의미(묶어 놓은 채로 두는)

묶어 놓은 채로 계속 유지하게 **두는 표현**. 이러한 의미를 나타낼 때 keep -ed 를 쓰면 된다.

9. keep the cat tied up. 고양이를 묶어둔 채로 두다.

⤷ 묶어 놓은 채로 계속 유지하게 **두는 표현**. 고양이를 묶어 놓은 채로 계속 유지하게 두다. 고양이를 묶어둔 채로 두다.

그래서 한국어"...한 채로 두다 등"의 표현을 한다. 한국어는 문맥이나 상황에 맞는 뜻으로 표현을 하면 된다.

10. keep the refrigerator door closed. 냉장고 문을 닫은 채로 두다.

☞ 묶어 놓은 채로 계속 유지하게 **두는 표현**. 냉장고 문을 묶어 놓은 채로 계속 유지하게 두다. 냉장고 문을 닫은 채로 두다.

그래서 한국어"...한 채로 두다 등"의 표현을 한다. 한국어는 문맥이나 상황에 맞는 뜻으로 표현을 하면 된다.

☞ **keep in.** 영역 속에 계속 유지하게 **두는 표현.**

keep in mind. 기억하다.

keep in the basement. 지하실에 가두다.

keep in solitary confinement. 독방에 감금하다.

keep spoons in the side-board. 스푼들을 식기대에 관리하다.

keep a sleeping bag in my vehicle. 자동차에 침낭을 가지고 다닌다.

keep bananas in the refrigerator. 바나나를 냉장고에 보관하다.

keep a dog in the house. 집에 개를 키운다.

keep wrongdoers in the jail. 감옥에 범죄자들을 가두어 두다.

☞ **keep in~with.** 영역 속에 함께 붙어 계속 유지 하게 **두는 표현.**

keep in touch with our friends. 친구들과 연락하고 지낸다.

keep in touch with her. 그녀와 연락하고 지낸다.

- mind. n. 정신, 마음.
- basement. n. 지하실. 지하층.
- solitary. a. 외로운, 고독한, 쓸쓸한.
- confinement. n. 감금, 억류.
- vehicle. n. 탈것(자동차, 열차 등).
- wrongdoer. n. 범죄자, 가해자, 비행자.
- jail. n. 감옥.

☞ keep in. 영어 본래 의미(속에 계속 유지하게 두는)

영역 속에 계속 유지하게 두는 **표현**. 이러한 의미를 나타낼 때 keep in을 쓰면 된다.

11. keep in solitary confinement. 독방에 감금하다.

☞ 영역 속에 **계속 유지하게 두는 표현**. 독방 속에 계속 유지하게 두다. 독방에 감금하다.

그래서 한국어"감금하다 등"의 표현을 한다. 한국어는 문맥이나 상황에 맞는 뜻으로 표현을 하면 된다.

12. keep a dog in the house. 집에 개를 키운다.

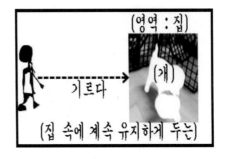

☞ 영역 속에 **계속 유지하게 두는 표현**. 집 속에 개를 계속 유지하게 두다. 집에 개를 키우다.

그래서 한국어"키우다, 기르다 등"의 표현을 한다. 한국어는 문맥이나 상황에 맞는 뜻으로 표현을 하면 된다.

☞ **keep A from B.** A를 B로부터 떨어져 있게 두는 표현.

        keep my skin from the sunlight. 일광으로부터 피부를 지키다.

        keep the baby from going. 아기가 가지 못하게 하다.

        keep them from going out. 외출 시키지 않도록 하다.

        keep students from drinking alcohol. 학생들이 술 마시는 것을 못하게 하다.

☞ **keep from~.** 만들어져 있는 모습으로부터 떨어져 있게 두는 표현.

        keep from smoking cigarettes. 담배를 삼가다.

        keep from over-eating. 과식을 삼가다.

☞ **keep up with.** 천천히 서서히 따라 붙어 유지하게 두는 표현.

        keep up with the latest fashion. 최신 유행을 쫓다.

        keep up with the time. 시대에 뒤떨어지지 않게 유지하다.

☞ **keep up.** 천천히 서서히 위로 똑 같게 붙어 유지하게 두는 표현.

        keep up a large house. 큰 집을 유지하다.

- ◆ skin. n. 피부, (동물의) 가죽.
- ◆ sunlight. n. 햇빛, 일광.
- ◆ the latest fashion. 최신 유행.

☞ keep A from B. 영어 본래 의미(떨어져 있게 두는)

A를 B로부터 떨어져 있게 **두는 표현**. 이러한 의미를 나타낼 때 keep A from B 를 쓰면 된다.

13. keep the baby from going. 아기가 가지 못하게 하다.

☞ A를 B로부터 떨어져 있게 두는 **표현**. 아기를 가는 것으로부터 떨어져 있게 두다. 아기가 가지 못하게 하다.

그래서 한국어"...하지 못하게 하다 등"의 표현을 한다. 한국어는 문맥이나 상황에 맞는 뜻으로 표현을 하면 된다.

14. keep from smoking cigarettes. 담배를 삼가다.
(keep from. 만들어져 있는 모습으로부터 떨어지게 두는 표현)

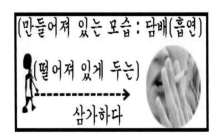

☞ 만들어져 있는 모습으로부터 떨어져 있게 **두는 표현**. 담배를 피우는 것으로부터 떨어져 있게 두다. 담배를 삼가다.

그래서 한국어"삼가하다 등"의 표현을 한다. 한국어는 문맥이나 상황에 맞는 뜻으로 표현을 하면 된다.

hold

영어 본래의 의미(붙들고 있는)

나가지 못하게 붙들고 있는 **표현**. 이러한 의미를 나타낼 때 hold를 쓰면 된다. hold의 한국어"갖고 있다"는 영어 본래의 의미가 아니다.

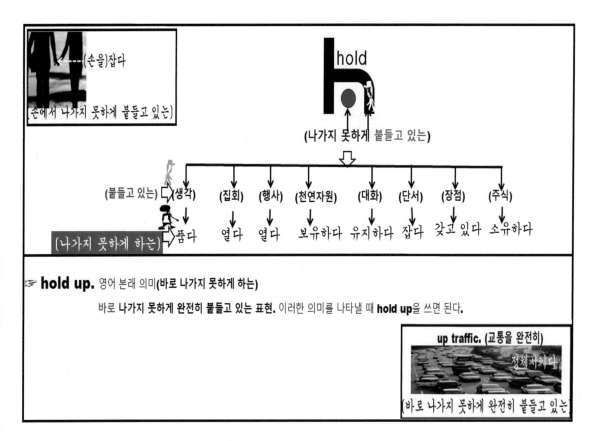

그래서

사전에서 hold의 뜻을 찾아보면 "고정하다, 잡다. 쥐다, 품다, 억누르다, 붙들다, 열다, 간직하다, 참다, 보유하다, 버티다, 차지하다 등"의 다양한 뜻들이 실려 있다. 한국어는 문맥이나 상황에 맞는 뜻으로 표현을 하면 된다.

☞ hold. 나가지 못하게 붙들고 있는 표현.

hold an idea. 생각을 품다.	**hold one's temper.** 화를 억누르다.
hold the shelf. 선반에 고정하다.	**hold back silt.** 침적토를 억제하다.
hold hands. 손을 잡다.	**hold one's tongue.** 입을 다물다.
hold this knife. 이 식칼을 쥐다.	**hold back.** 억제하다, 참다.
hold the balloon. 풍선을 쥐다.	**hold back the crowd.** 군중을 제지하다.
hold an umbrella. 우산을 잡다.	**hold a horse.** 말을 제지하다.
hold a festival. 잔치를 벌이다.	**hold till the weekend.** 주말까지 지속하다.
hold dance parties. 댄스 파티를 열다.	**hold a good conversation with him.** 그와 좋은 대화를 유지하다.
hold a dinner party. 디너파티를 열다.	**hold more than 500 buildings.** 500가구 이상의 건물을 차지하다.
hold good. 유효하다.	**hold her father's hand.** 아버지의 손을 잡다.
hold a rally. 집회를 열다.	**hold two people together.** 두사람을 결합시키다.
hold a conference. 회의를 열다.	**hold 25 liters.** 25 리터를 담다.
hold an event. 행사를 열다.	**hold stocks.** 주식을 소유하다.
hold a meeting. 회의를 주최하다.	**hold the line.** 전화를 끊지 않고 기다리다.
hold a world record. 세계기록을 보유하다.	**hold a grudge.** 원망을 하다.
hold natural resources. 천연자원을 보유하다.	**hold many advantages.** 많은 장점을 갖고 있다.
hold till tomorrow. 내일까지 버티다.	**hold the vital clue.** 중요한 단서를 잡다.

(파티, 행사, 회의, 집회, 잔치 등)

(파티에서 나가지 못하게 붙들고 있는)

2.5L

(25리터에서 나가지 못하게 붙들고 있는)

 억누르다

(화를 나가지 못하게 붙들고 있는)

(전화를 나가지 못하게 붙들고 있는)

- ◆ shelf. n. 선반.
- ◆ knife. n. 식칼, 단도.
- ◆ balloon. n. 기구, 풍선.
- ◆ festival. n. 잔치, 축전.
- ◆ rally. n. 집결, 집회.
- ◆ conference. n. 회의, 회담.
- ◆ record. v. 기록하다, 적어두다.
- ◆ grudge. n. 원망, 원한.
- ◆ vital. a. 지극히 중요한. n. 핵심, 중요부.
- ◆ back. n. (마음속) 한구석, 속.

- ◆ temper. n. 화, 노기, 짜증.
- ◆ silt. n. 침점토. 토사.
- ◆ tongue. n. 말, 혀, 입.
- ◆ crowd. n. 군중, 다수.
- ◆ weekend. n. 주말.
- ◆ conversation. n. 대화, 회화.
- ◆ stock. n. 주식, 증권, 재고품.
- ◆ advantage. n. 장점, 이익.
- ◆ clue. n. 실마리, 단서.

1. hold the shelf. 선반에 고정하다.

☞ **나가지 못하게 붙들고 있는 표현.** 선반에서 나가지 못하게 붙들고 있다. 선반에 고정하다.

그래서 한국어 "고정하다 등"의 표현을 한다. 한국어는 문맥이나 상황에 맞는 뜻으로 표현을 하면 된다.

2. hold hands. 손을 잡다.

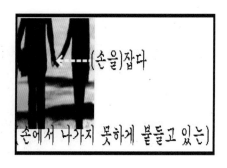

☞ **나가지 못하게 붙들고 있는 표현.** 손에서 나가지 못하게 붙들고 있다. 손을 잡다.

그래서 한국어 "잡다 등"의 표현을 한다. 한국어는 문맥이나 상황에 맞는 뜻으로 표현을 하면 된다.

3. hold a dinner party. 디너파티를 열다.

☞ **나가지 못하게 붙들고 있는 표현**. 디너파티에서 나가지 못하게 붙들고 있다. 디너파티를 열다.

그래서 한국어"열다 등"의 표현을 한다. 한국어는 문맥이나 상황에 맞는 뜻으로 표현을 하면 된다.

4. hold a rally. 집회를 열다.

☞ **나가지 못하게 붙들고 있는 표현**. 집회에서 나가지 못하게 붙들고 있다. 집회를 열다.

그래서 한국어"열다 등"의 표현을 한다. 한국어는 문맥이나 상황에 맞는 뜻으로 표현을 하면 된다.

5. hold a good conversation with him. 그와 좋은 대화를 유지하다.

☞ **나가지 못하게 붙들고 있는 표현**. 대화에서 나가지 못하게 붙들고 있다. 그와 좋은 대화를 유지하다.

그래서 한국어"유지하다 등"의 표현을 한다. 한국어는 문맥이나 상황에 맞는 뜻으로 표현을 하면 된다.

6. hold 25 liters. 25리터를 담다.

☞ **나가지 못하게 붙들고 있는 표현**. 25리터에서 나가지 못하게 붙들고 있다. 25리터를 담다.

그래서 한국어"담다 등"의 표현을 한다. 한국어는 문맥이나 상황에 맞는 뜻으로 표현을 하면 된다.

☞ **hold A for B.** A를 B전체에 묶어 나가지 못하게 붙들고 있는 표현.

hold a monopoly for tobacco. 담배의 독점권을 보유하다.

hold a party for his birthday. 그의 생일 파티를 열다.

hold for other groups. 다른 집단들이 차지하다.

☞ **hold on to.** 특정한 곳에서 나가지 못하게 붙들고 있는 표현.

hold on to the blue chip stocks. 우량주를 보유하다.

hold on to each other. 서로 꼭 붙잡다.

☞ **hold out.** 붙들고 있는 것에서 벗어나게 하는 표현.

hold out his hand. 손을 내밀다.

hold out a banana. 바나나를 내밀다.

(완전히 붙들고 있는)
정체시키다

☞ **hold up.** 바로 나가지 못하게 완전히 붙들고 있는 표현.

hold up traffic. 교통을 완전히 정체시키다.

◆ monopoly. n. 독점권, 전매권.

◆ tobacco. n. 담배.

◆ bluechip. n. 우량주, 우량사업.

◆ traffic. n. 교통(량), 장사.

☞ hold A for B. 영어 본래 의미(전체에 묶어 붙들고 있는)

A를 B 전체에 묶어 **나가지 못하게** 붙들고 있는 표현. 이러한 의미를 나타낼 때 hold A for B를 쓰면 된다.

7. hold a monopoly for tobacco. 담배의 독점권을 보유하다.

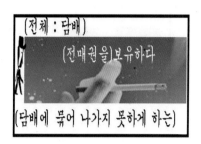

☞ 전체에 묶어 **나가지 못하게** 붙들고 있는 표현. 담배 전체에 묶어 나가지 못하게 붙들고 있다. 담배의 독점권을 보유하다.

그래서 한국어"보유하다 등"의 표현을 한다. 한국어는 문맥이나 상황에 맞는 뜻으로 표현을 하면 된다.

8. hold a party for his birthday. 그의 생일 파티를 열다.

☞ 전체에 묶어 **나가지 못하게** 붙들고 있는 표현. 생일 전체에 묶어 나가지 못하게 붙들고 있다. 그의 생일 파티를 열다.

그래서 한국어"열다 등"의 표현을 한다. 한국어는 문맥이나 상황에 맞는 뜻으로 표현을 하면 된다.

☞ **hold on to.** 영어 본래 의미(특정한 곳에서 붙들고 있는)

특정한 곳에서 **나가지 못하게 붙들고 있는** 표현. 이러한 의미를 나타낼 때 hold on to를 쓰면 된다.

9. hold on to each other. 서로 꼭 붙잡다.

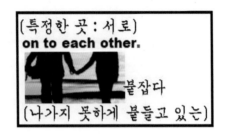

☞ 특정한 곳에서 **나가지 못하게 붙들고 있는** 표현. 특정한 서로에서 나가지 못하게 붙들고 있다. 서로 꼭 붙잡다.

그래서 한국어 "붙잡다 등"의 표현을 한다. 한국어는 문맥이나 상황에 맞는 뜻으로 표현을 하면 된다.

☞ **hold up.** 영어 본래 의미(완전히 붙들고 있는)

바로 **나가지 못하게 완전히 붙들고 있는** 표현. 이러한 의미를 나타낼 때 hold up을 쓰면 된다.

10. hold up traffic. 교통을 완전히 정체시키다.

☞ 완전히 붙들고 바로 **나가지 못하게 하는** 표현. 교통을 완전히 붙들고 바로 나가지 못하게 하다. 교통을 완전히 정체시키다.

그래서 한국어 "정체시키다 등"의 표현을 한다. 한국어는 문맥이나 상황에 맞는 뜻으로 표현을 하면 된다.

stay

영어 본래의 의미(일시적으로 붙어 있는)

일시적으로 붙어 서 있는(머무는) **상태의 표현**. 이러한 의미를 나타낼 때 stay를 쓰면 된다. stay의 한국어 "머물다"는 영어 본래의 의미가 아니다.

stay young. 젊게 있다.

(일시적으로 붙어 서 있는 상태)

(젊게) 있다
(일시적으로 붙어 서 있는)

☞ **stay up.** 영어 본래 의미(**처음에서 끝까지 서 있는**)

처음에서 끝까지 일시적으로 붙어 서 있는 상태의 표현. 이러한 의미를 나타낼 때 **stay up**을 쓰면 된다.

(밤새)자지 않고 있다

처음에서 끝까지 일시적으로 붙어 서 있는)

그래서

사전에서 stay의 뜻을 찾아보면 "머물다, 있다, 유지하다, 가만히 있다, 정지하다, 지탱하다, 견디다, 멈추다, 머무르다, 기다리다 등"의 다양한 뜻들이 실려 있다. 한국어는 문맥이나 상황에 맞는 뜻으로 표현을 하면 된다.

☞ stay. 일시적으로 붙어 서 있는 상태의 표현.

stay outside. 밖에 있다.

stay young. 젊게 있다.

stay there. 그 곳에 서 있다.

stay longer. 오래 견디다.

stay focused. 집중하다.

stay with me. 나와 함께 있다.

stay behind. 뒤에 남다.

stay competitive. 경쟁력을 유지하다.

stay neutral. 중립을 유지히디.

stay modest. 겸손함을 유지하다.

stay afloat. 현상을 유지하다.

stay within a traffic lane. 차선에 서 있다.

stay alert. 방심하지 않고 있다.

stay judgment. 판결을 내리지 않고 있다.

stay fully awake. 자지 않고 내내 깨어 있다.

◆ outside. n. 밖, 바깥쪽.

◆ focus. n. 초점, 중심(점). 집중점.

◆ competitive. a. 경쟁할 수 있는. 경쟁의.

◆ neutral. a. 중립의, 애매한.

◆ modest. a. 겸손한, 정숙한.

◆ afloat. a. 빚 안지고, 파산하지 않고.

◆ alert. a. 방심 않는, 빈틈 없는.

◆ fully. ad. 꼬박, 충분히.

◆ judgment. n. 판결, 판단.

1. stay outside. 밖에 있다.

☞ 일시적으로 붙어 서 있는 **상태의 표현**. 밖에 일시적으로 붙어 서 있는 상태
이다. 밖에 있다.

그래서 한국어"...에 있다 등"의 표현을 한다. 한국어는 문맥이나 상황에 맞는
뜻으로 표현을 하면 된다.

2. stay young. 젊게 있다.

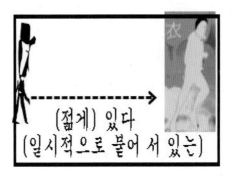

☞ 일시적으로 붙어 서 있는 **상태의 표현**. 젊게 일시적으로 붙어 서 있는 상태
이다. 젊게 있다.

그래서 한국어"...에 있다 등"의 표현을 한다. 한국어는 문맥이나 상황에 맞는
뜻으로 표현을 하면 된다.

3. stay focused. 집중하다.

☞ 일시적으로 붙어 서 있는 **상태의 표현**. 집중에 일시적으로 붙어 서 있는 상태이다. 집중하다.

그래서 한국어"...하다 등"의 표현을 한다. 한국어는 문맥이나 상황에 맞는 뜻으로 표현을 하면 된다.

4. stay within a traffic lane. 차선에 서 있다.

☞ 일시적으로 붙어 서 있는 **상태의 표현**. 차선에 일시적으로 붙어 서 있는 상태이다. 차선에 서 있다.

그래서 한국어"...에 서 있다 등"의 표현을 한다. 한국어는 문맥이나 상황에 맞는 뜻으로 표현을 하면 된다.

☞ **stay on.** 목적한 곳에 붙어 일시적으로 서 있는 상태의 표현.

stay on here. 여기에 머물다.

stay on the line. 전화를 끊지 않고 기다리다.

☞ **stay in.** 영역 속에 일시적으로 붙어 서 있는 상태의 표현.

stay in bed. 누워 있다.

stay in a dormitory. 기숙사에서 생활하다.

stay in shape. 건강을 유지하다.

stay in to get some rest.

약간의 휴식을 취하기 위해 머물다.

(stay in to. 정해져 있는 속에 **일시적으로 붙어 서 있는)**

☞ **stay up.** 처음에서 끝까지 일시적으로 붙어 서 있는 상태의 표현.

stay up all night. 밤새 자지 않고 있다.

stay up late. 늦게까지 안 자고 있다.

☞ **stay at.** 정해져 있는 곳에 달라붙어 일시적으로 서 있는 상태의 표현.

stay at this hotel. 이 호텔에 묶다.

stay at a reasonable price.

저렴한 가격에 머물다.

stay at a hotel for the present.

당분간 호텔에 머물다.

- ◆ dormitory. n. 기숙사.
- ◆ in shape. 건강하여, 몸의 컨디션이 좋아.
- ◆ rest. n. 휴식, 안식처.
- ◆ reasonable. a. 비싸지 않은, 적당한.
- ◆ present. n. 현재.
- ◆ for the present. 당분간, 현재로.

☞ **stay on.** 영어 본래 의미(목적한 곳에 붙어 서 있는)

목적한 곳에 **붙어 일시적으로 서 있는 상태의 표현**. 이러한 의미를 나타낼 때 stay on을 쓰면 된다.

5. stay on the line. 전화를 끊지 않고 기다리다.

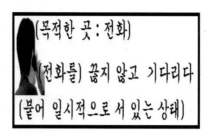

☞ 목적한 곳에 **붙어 일시적으로 서 있는 상태의 표현**. 전화에 붙어 일시적으로 서 있는 상태이다, 전화를 끊지 않고 기다리다

그래서 한국어"끊지 않고 기다리다 등"의 표현을 한다. 한국어는 문맥이나 상황에 맞는 뜻으로 표현을 하면 된다.

☞ **stay up.** 영어 본래 의미(처음에서 끝까지 붙어 서 있는)

처음에서 끝까지 **일시적으로 붙어 서 있는 상태의 표현**. 이러한 의미를 나타낼 때 stay up을 쓰면 된다.

6. stay up all night. 밤새 자지 않고 있다.

☞ 처음에서 끝까지 붙어 **일시적으로 서 있는 상태의 표현**. 처음에서 끝까지 붙어 일시적으로 서 있는 상태이다. 밤새 자지 않고 있다.

그래서 한국어"자지 않고 있다 등"의 표현을 한다. 한국어는 문맥이나 상황에 맞는 뜻으로 표현을 하면 된다.

stand

영어 본래의 의미(붙어 서 있게 하는)
바탕에 붙어 **서 있게 하는 표현.** 이러한 의미를 나타낼 때 stand를 쓰면 된다.
stand의 한국어 "서다"는 영어 본래의 의미가 아니다.

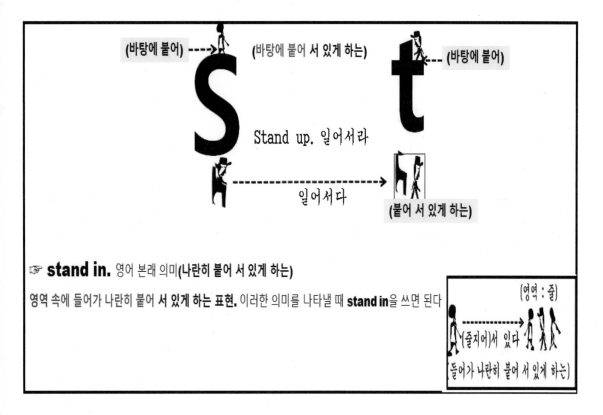

그래서

사전에서 stand의 뜻을 찾아보면 "서다, 세우다, 참다, 일어서다, 기립하다, 오래가다, 그대로이다, 출마하다 등"의 다양한 뜻들이 실려 있다. 한국어는 문맥이나 상황에 맞는 뜻으로 표현을 하면 된다.

☞ **stand.** 바탕에 붙어 서 있게 하는 표현. ☞ **stand to.** 이미 정해져 있는 곳에 맞추어 채워 서 있게 하는 표현.

stand the bottle. 병을 세우다. **stand to reason.** 당연하다. 사리에 맞다.

stand the mirror. 거울을 세우다. **stand to lose.** 지기로 하다.

stand that anger. 저 분노를 참다. ☞ **stand for.** 전체를 향하여 서 있게 하는 표현.

stand before the gate. 문 앞에 서 있다. **stand for ten years.** 10년 동안 그대로이다.

stand five feet. 5피트이다. **stand his debtor for 100 dollars.** 그의 빚은 100달러이다.

stand for liberty. 자유를 위하여 싸우다.

☞ **stand on.** 목적한 곳에 붙어 서 있게 하는 표현.

stand on the edge of a cliff. 절벽 끝에 서 있다.

stand on the desk. 책상 위에 세우다.

붙어 서 있게 하는

S + t

(바탕)

☞ **stand in.** 영역 속에 나란히 붙어 서 있게 하는 표현. (분노에) 붙어 서 있게 하다

(사리에) 붙어 서 있게 하다

stand in a line. 줄지어 서 있다. (10에) 붙어 서 있게 하다

stand in front of the school. 학교 앞에 서 있다. (5피트에) 붙어 서 있게 하다

◆ bottle. n. 병, 한 병.
◆ mirror. n. 거울, 모범.
◆ anger. n. 화, 노염.
◆ gate. n. 길, 통로.
◆ edge. n. 끝머리, 모서리.
◆ cliff. n. 절벽, 낭떠러지.
◆ reason. n. 이유, 사려 있는 행동.
◆ lose. v. 지다, 놓치다.
◆ debtor. n. 빚, 부채.

1. stand the bottle. 병을 세우다.

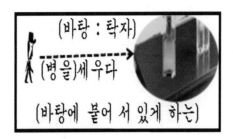

☞ 바탕에 붙어 **서 있게 하는** 표현. 병을 바탕에 붙어 서 있게 하다. 병을 세우다.

그래서 한국어"세우다 등"의 표현을 한다. 한국어는 문맥이나 상황에 맞는 뜻으로 표현을 하면 된다.

2. stand that anger. 저 분노를 참다.

☞ 바탕에 붙어 **서 있게 하는** 표현. 분노를 바탕에 붙어 서 있게 하다. 저 분노를 참다.

그래서 한국어"참다 등"의 표현을 한다. 한국어는 문맥이나 상황에 맞는 뜻으로 표현을 하면 된다.

☞ **stand on.** 영어 본래 의미(목적한 곳에 붙어)

목적한 곳에 붙어 **서 있게 하는 표현.** 이러한 의미를 나타낼 때 stand on을 쓰면 된다.

3. stand on the edge of a cliff. 절벽 끝에 서다.

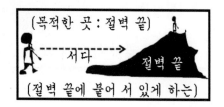

☞ 목적한 곳에 붙어 **서 있게 하는 표현.** 목적한 절벽 끝에 붙어 서 있게 하다 절벽 끝에 서다.

그래서 한국어"서다 등"의 표현을 한다. 한국어는 문맥이나 상황에 맞는 뜻으로 표현을 하면 된다.

☞ **stand in.** 영어 본래 의미(나란히 붙어 서 있게 하는)

영역 속에 나란히 붙어 **서 있게 하는 표현.** 이러한 의미를 나타낼 때 stand in을 쓰면 된다.

4. stand in a line. 줄지어 서 있다.

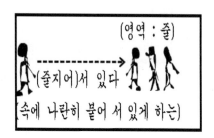

☞ 영역 속에 나란히 붙어 **서 있게 하는 표현.** 줄의 영역 속에 나란히 붙어 서 있게 하다. 줄지어 서 있다.

그래서 한국어"서 있다 등"의 표현을 한다. 한국어는 문맥이나 상황에 맞는 뜻으로 표현을 하면 된다.

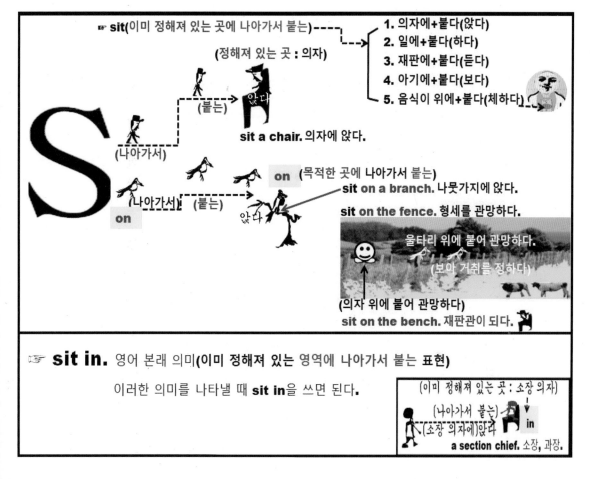

sit

영어 본래의 의미(나아가서 붙는)

이미 정해져 있는 곳에 **나아가서 붙는 표현**. 이러한 의미를 나타낼 때 sit를 쓰면 된다. sit의 한국어 "앉다"는 영어 본래의 의미가 아니다.

그래서

사전에서 sit의 뜻을 찾아보면 "앉다, 착석하다, 놓다, 위치하다, 시중들다, 계획하다, 참석하다, (시험을) 치르다, 쉬다, 움직이지 않다 등"의 다양한 뜻들이 실려 있다. 한국어는 문맥이나 상황에 맞는 뜻으로 표현을 하면 된다.

☞ **sit in.** 이미 정해져 있는 곳에 나아가서 붙는 표현.

   sit in the chair. 의자에 앉다.

             a section chief. 소장의자.

☞ **sit on.** 목적한 곳에 나아가서 붙는 표현.

   sit on a chair. 의자에 앉다.

   sit on a branch. 나뭇가지에 앉다.

   cit on thc thc table. 테이블 위에 놓다.

        ※ **seat** 와 **sit**의 사용법

   sit on the committee. 위원회에 참석하다.(O)

   seat on the committee. 위원회에 참석하다.(×)

   (**seat.** 따로 정해져 있는 곳에 나아가서 붙는 표현)

※ **seat** 와 **sit**의 사용법

   sit in the seats for the disabled. 장애인석에 앉다.(O).

   (**seat.** 따로 정해져 있는 곳에 나아가서 붙는 표현)

   sit in the sits for the disabled. 장애인석에 앉다.(×)

   (**sit.** 이미 정해져 있는 곳에 나아가서 붙는)

☞ **seat.** 영어 본래의 의미.

   따로 성해져 있는 곳에 나아가서 붙는 표현.

   이러한 의미를 나타낼 때 **seat**를 쓰면 된다.

   seat. n. 자리, 좌석, 의석권, 별장, 있는 곳.

☞ **sit for.** 따로 정한 곳에 나아가서 갖는 표현.

   sit for the examination again. 시험을 다시 치르다.

◆ branch. n. 가지, 지국.
◆ committee. n. 위원회, 관계인.
◆ disable. v. 불구로 만들다.
◆ disabled. a. 불구가 된.
◆ examination. n. 시험.

☞ sit in. 영어 본래 의미(이미 정해져 있는 곳에 붙는)

이미 정해져 있는 곳에 **나아가서** 붙는 **표현**. 이러한 의미를 나타낼 때 sit in을 쓰면 된다.

1. sit in the chair as a section chief. 과장 의자에 앉다.
   sit on a chair. 의자에 앉다.

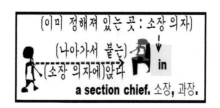

☞ 이미 정해져 있는 곳에 **나아가서** 붙는 **표현**. 이미 정해져 있는 과장 의자에 나아가서 붙다. 과장 의자에 앉다.

그래서 한국어 "앉다 등"의 표현을 한다. 한국어는 문맥이나 상황에 맞는 뜻으로 표현을 하면 된다.

☞ sit on. 영어 본래 의미(목적한 곳에 붙는)

목적한 곳에 **나아가서** 붙는 **표현**. 이러한 의미를 나타낼 때 sit on을 쓰면 된다.

2. sit on a chair. 의자에 앉다.
3. sit on a branch. 나뭇가지에 앉다.

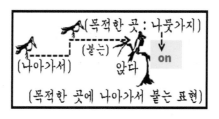

☞ 목적한 곳에 **나아가서** 붙는 **표현**. 목적한 나뭇가지에 나아가서 붙다. 나뭇가지에 앉다.

그래서 한국어 "앉다 등"의 표현을 한다. 한국어는 문맥이나 상황에 맞는 뜻으로 표현을 하면 된다.

☞ seat 와 sit의 사용법

1. sit in <u>the seats</u> for the disabled. 장애인석에 앉다.(o).
(seat. 따로 정해져 있는 곳에 나아가서 붙는)

2. sit in <u>the sits</u> for the disabled. 장애인석에 앉다.(×)
(sit. 정해져 있는 곳에 나아가서 붙는)

☞ sit for. 영어 본래 의미(따로 정한 곳에 갖는)

따로 정한 곳에 나아가서 갖는 표현. 이러한 의미를 나타낼 때 sit for를 쓰면
된다.

4. sit for the examination again. 시험을 다시 치르다.

☞ 따로 정한 곳에 나아가서 갖는 표현. 따로 정한 시험에 나아가서 갖다. 시험
을 다시 치르다..

그래서 한국어"치르다 등"의 표현을 한다. 한국어는 문맥이나 상황에 맞는 뜻으
로 표현을 하면 된다.

push

영어 본래의 의미(밀어 나가는)

정함 없이 앞으로 밀어 **나가는 표현**. 이러한 의미를 나타낼 때 push를 쓰면 된다. push의 한국어"밀다"는 영어 본래의 의미가 아니다.

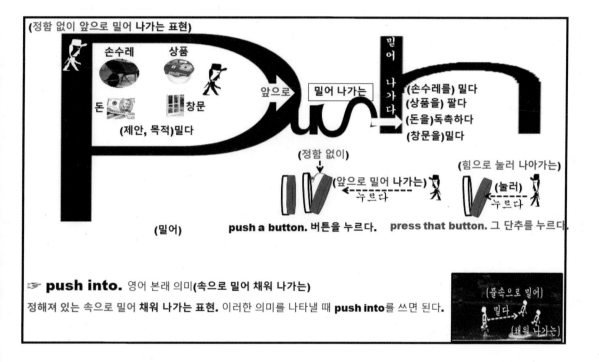

그래서

사전에서 push의 뜻을 찾아보면 "밀다. 강요하다, 추구하다, 도전하다, 팔다, 밀치다, 미루다, 추진하다, 압박하다, 괴롭히다 등"의 다양한 뜻들이 실려 있다. 한국어는 문맥이나 상황에 맞는 뜻으로 표현을 하면 된다.

☞ push. 정함 없이 앞으로 밀어 나가는 표현.

push one's way. 밀고 나가다.

push a button. 버튼을 누르다.

push along. 속행하다.

push the car. 차를 밀다.

push a pram. 유모차를 밀다.

push a cart. 카트를 밀다.

push wheel barrow. 손수레를 밀다.

push the door shut. 문을 밀어 닫다.

push it down. 그것을 아래로 밀다.

push the envelope. 한계에 도전하다.

push his own interest. 자신의 이익을 추구하다.

push a new product. 신제품을 팔다.

push the plan. 계획을 밀고 가다.

push back the schedule. 일정을 뒤로 미루다.

push back nuclear energy. 핵에너지를 물리치다.

◆ button. n. 단추, 버튼.

◆ pram. n. 유모차.

◆ barrow. n. 손수레.

◆ interest. n. 이익, 관심.

◆ product. n. 생산품, 제작물.

◆ nuclear. a. 핵의. n. 핵무기.

1. push a button. 버튼을 누르다.

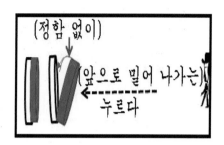

☞ 정함 없이 앞으로 밀어 **나가는 표현**. 버튼을 정함 없이 앞으로 밀어 나가다. 버튼을 누르다.

그래서 한국어"누르다 등"의 표현을 한다. 한국어는 문맥이나 상황에 맞는 뜻으로 표현을 하면 된다.

2. push wheel barrow. 손수레를 밀다.

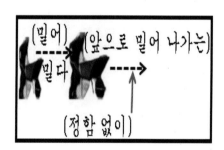

☞ 정함 없이 앞으로 밀어 **나가는 표현**. 손수레를 정함 없이 앞으로 밀어 나가다. 손수레를 밀다.

그래서 한국어"밀다 등"의 표현을 한다. 한국어는 문맥이나 상황에 맞는 뜻으로 표현을 하면 된다.

3. push a pram. 유모차를 밀다.

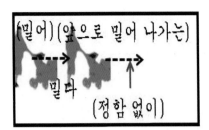

☞ 정함 없이 앞으로 밀어 **나가는 표현**. 유모차를 정함 없이 앞으로 밀어 나가다. 유모차를 밀다.

그래서 한국어 "밀다 등"의 표현을 한다. 한국어는 문맥이나 상황에 맞는 뜻으로 표현을 하면 된다.

4. push the door shut. 문을 밀어 닫다.

☞ 정함 없이 앞으로 밀어 **나가는 표현**. 문을 정함 없이 앞으로 밀어 나가다. 문을 밀어 닫다.

그래서 한국어 "닫다 등"의 표현을 한다. 한국어는 문맥이나 상황에 맞는 뜻으로 표현을 하면 된다.

5. push his own interest. 자신의 이익을 추구하다.

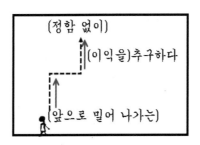

☞ 정함 없이 앞으로 밀어 **나가는 표현**. 자신의 이익을 정함 없이 앞으로 밀어 나가다. 자신의 이익을 추구하다.

그래서 한국어"추구하다 등"의 표현을 한다. 한국어는 문맥이나 상황에 맞는 뜻으로 표현을 하면 된다.

6. push a new product. 신제품을 팔다.

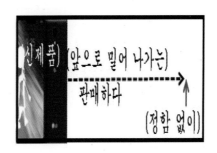

☞ 정함 없이 앞으로 밀어 **나가는 표현**. 신제품을 정함 없이 앞으로 밀어 나가다. 신제품을 팔다.

그래서 한국어"팔다 등"의 표현을 한다. 한국어는 문맥이나 상황에 맞는 뜻으로 표현을 하면 된다.

☞ **push into.** 정해져 있는 속으로 밀어 **채워 나가는 표현.**

push into the water. 물속으로 밀다.

push into the competition. 시합 속으로 밀고 들어가다.

☞ **push up.** 천천히 서서히 끝까지 위로 **채워 나가는 표현.**

(위로 채워 : 죽음)

매장하다

0세 40세 70세 (죽음)

(끝까지 위로 채워 나가는 표현)

push up the daisies. 죽어서 매장되다.

push up toward the sun. 태양을 향하여 밀고 올라오다.

☞ **push out.** 정해져 있는 방향에 맞추어 **밀어 나가게 하는 표현.**

push out the chest. 가슴을 뒤로 밀어 젖히다.

push out fresh shoot. 새싹이 나오다.

◆ competition. n. 경기, 시합.

◆ daisy. n. 무덤, 죽음.

◆ chest. n. 가슴, 자금.

◆ shoot. n. 새싹, 사격.

☞ push into. 영어 본래 의미(속으로 밀어 채워 나가는)

정해져 있는 속으로 밀어 **채워 나가는 표현**. 이러한 의미를 나타낼 때 push into를 쓰면 된다.

7. push into the water. 물속으로 밀다.

☞ 정해져 있는 속으로 밀어 **채워 나가는 표현**. 정해져 있는 물속으로 밀어 채워 나가다. 물속으로 밀다.

그래서 한국어"밀다 등"의 표현을 한다. 한국어는 문맥이나 상황에 맞는 뜻으로 표현을 하면 된다.

☞ push up. 영어 본래 의미(끝까지 위로 채워 가는)

천천히 서서히 끝까지 위로 **채워 나가는 표현**. 이러한 의미를 나타낼 때 push up을 쓰면 된다.

8. push up the daisies. 죽어서 매장되다.

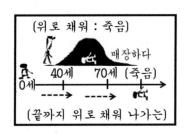

☞ 천천히 서서히 끝까지 위로 **채워 나가는 표현**. 죽어서 매장되다.

그래서 한국어"매장되다, 죽다 등"의 표현을 한다. 한국어는 문맥이나 상황에 맞는 뜻으로 표현을 하면 된다.

☞ **push out.** 영어 본래 의미(밀어 나가는)

정해져 있는 방향에 맞추어 **밀어 나가는 표현**. 이러한 의미를 나타낼 때 push out을 쓰면 된다.

9. push out the chest. 가슴을 밀어 젖히다.

☞ 정해져 있는 방향에 맞추어 **밀어 나가는 표현**. 가슴을 정해져 있는 방향에 맞추어 밀어 나가다. 가슴을 뒤로 젖히다.

그래서 한국어"젖히다 등"의 표현을 한다. 한국어는 문맥이나 상황에 맞는 뜻으로 표현을 하면 된다.

10. push out fresh shoot. 새싹이 나오다.

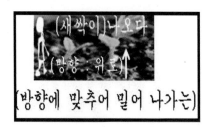

☞ 정해져 있는 방향에 맞추어 **밀어 나가는 표현**. 새싹을 정해져 있는 방향에 맞추어 밀어 나가다. 새싹이 나오다

그래서 한국어"나오다 등"의 표현을 한다. 한국어는 문맥이나 상황에 맞는 뜻으로 표현을 하면 된다.

press

영어 본래의 의미(**눌러 나아가는**)

힘으로 눌러 **나아가는 표현**. 이러한 의미를 나타낼 때 press를 쓰면 된다.

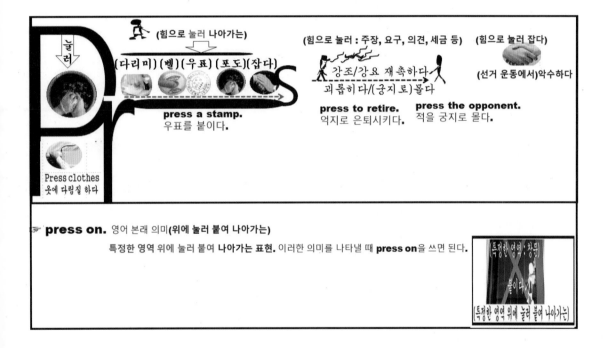

그래서

사전에서 press의 뜻을 찾아보면 "누르다, 찍다, 껴안다, 압박하다, 공격하다, 추진하다, 눌러 펴다, 납작하게 하다, 짜내다, (강조)하다, 주장하다, 강요하다, 재촉하다 등"의 다양한 뜻들이 실려 있다. 한국어는 문맥이나 상황에 맞는 뜻으로 표현을 하면 된다.

☞ **press.** 힘으로 눌러 나아가는 표현.

press the switch. 스위치를 누르다.**(힘으로 눌러 나아가는)**

press that button. 그 단추를 누르다.

press the shutter. 셔터를 누르다.

누르다

press the face. 얼굴을 납작하게 하다.

press conference. 기자회견.

press credential. 기자 출입증.

☞ **press on.** 목적한 곳에 붙여 눌러 나아가는 표현.

press the tape on the window. 창문에 테이프를 붙이다.

press the sticker on the wall. 벽에 스티커를 붙이다.

press his finger on the papers. 문서에 손가락 지문을 찍다.

press a stamp on the letter. 편지에 우표를 눌러 붙이다.

☞ **press to.** 이미 정해져 있는 것에 맞추어 눌러 나아가는 표현.

press to retire. 억지로 은퇴시키다.

press to resign. 포기하도록 압박하다.

press the doll to her chest.

인형을 그녀의 가슴에 끌어안다.

☞ **press with.** 함께 눌러 붙여 나아가는 표현.

press with an iron. 다리미로 다리다.

press with questions. 질문으로 압박하다.

(눌러 붙여 함께 나아가는)

◆ conference. n. 회담, press. n. 기자단, 보도기자.

◆ credential. n. 자격증명서.

◆ stamp. n. 우표, 도장.

◆ retire. v. 물러가다, 은퇴시키다.

◆ paper. n. 종이, 문서.

◆ resign. v. 포기하다, 사임하다.

◆ iron. n. 다리미, 철.

1. press the switch. 스위치를 누르다.

☞ 힘으로 눌러 **나아가는** 표현. 스위치를 힘으로 눌러 나아가다. 스위치를 누르다.

그래서 한국어"누르다 등"의 표현을 한다. 한국어는 문맥이나 상황에 맞는 뜻으로 표현을 하면 된다.

2. press that button. 그 단추를 누르다.

☞ 힘으로 눌러 **나아가는** 표현. 단추를 힘으로 눌러 나아가다. 그 단추를 누르다.

그래서 한국어"누르다 등"의 표현을 한다. 한국어는 문맥이나 상황에 맞는 뜻으로 표현을 하면 된다.

☞ **press on.** 영어 본래 의미(목적한 곳에 붙여 눌러)

목적한 곳에 붙여 눌러 **나아가는 표현**. 이러한 의미를 나타낼 때 press on을 쓰면 된다.

3. press the tape on the window. 창문에 테이프를 붙이다.

☞ 목저한 곳에 붙어 눌러 나아가는 **표현**. 목적한 창문에 붙여 눌러 나아가다. 창문에 테이프를 붙이다.

그래서 한국어"붙이다 등"의 표현을 한다. 한국어는 문맥이나 상황에 맞는 뜻으로 표현을 하면 된다.

4. press a stamp on the letter. 편지에 우표를 눌러 붙이다.

☞ 목적한 곳에 붙여 눌러 **나아가는 표현**. 목적한 편지에 붙여 눌러 나아가다. 편지에 우표를 눌러 붙이다.

그래서 한국어"눌러 붙이다 등"의 표현을 한다. 한국어는 문맥이나 상황에 맞는 뜻으로 표현을 하면 된다.

☞ **press to.** 영어 본래 의미(정해져 있는 것에 맞추어 눌러)

이미 정해져 있는 것에 맞추어 눌러 **나아가는 표현**. 이러한 의미를 나타낼 때 press to를 쓰면 된다.

5. press to retire. 억지로 은퇴시키다.

☞ 이미 정해저 있는 것에 맞추어 눌러 **나아가는 표현**. 이미 정해져 있는 은퇴에 맞추어 눌러 나아가다. 억지로 은퇴를 시키다.

그래서 한국어"(억지로)시키다 등"의 표현을 한다. 한국어는 문맥이나 상황에 맞는 뜻으로 표현을 하면 된다.

6. press the doll to her chest. 인형을 그녀의 가슴에 끌어안다.

☞ 이미 정해저 있는 것에 맞추어 눌러 **나아가는 표현**. 이미 정해져 있는 가슴에 맞추어 눌러 나아가다. 인형을 그녀의 가슴에 끌어안다.

그래서 한국어"끌어안다 등"의 표현을 한다. 한국어는 문맥이나 상황에 맞는 뜻으로 표현을 하면 된다.

☞ **press with.** 영어 본래 의미(눌러 함께 나아가는)

함께 붙여 눌러 **나아가는** 표현. 이러한 의미를 나타낼 때 press with를 쓰면 된다.

7. press with an iron. 다리미로 다리다.

☞ 함께 붙여 눌러 **나아가는** 표현. 다리미를 함께 붙여 눌러 나아가다. 다리미로 다리다.

그래서 한국어"다리다 등"의 표현을 한다. 한국어는 문맥이나 상황에 맞는 뜻으로 표현을 하면 된다.

8. press with questions. 질문으로 압박하다.

☞ 함께 붙여 눌러 **나아가는** 표현. 질문을 함께 붙여 눌러 나아가다. 질문으로 압박하다.

그래서 한국어"압박하다 등"의 표현을 한다. 한국어는 문맥이나 상황에 맞는 뜻으로 표현을 하면 된다.

pass

1. pass 영어 본래의 의미(붙어 지나가는)
① 앞으로 붙어 지나가는 **표현**. ② 따로 붙여 옮기는 **표현**. 이러한 의미를 나타
낼 때 pass를 쓰면 된다.

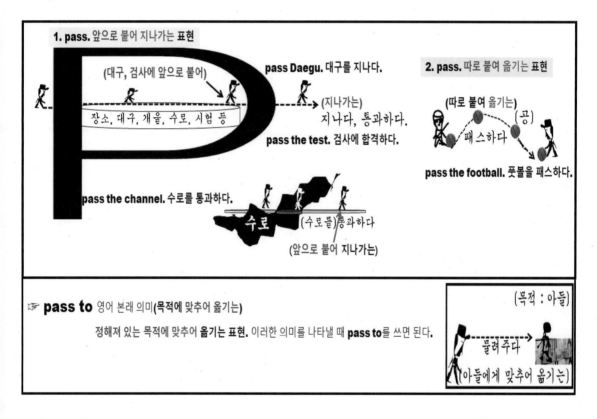

그래서

사전에서 pass의 뜻을 찾아보면 "지나다, 감다, 나아가다, 빠져나가다, 흐르다,
지나다, 통과하다, 패스하다, 퍼뜨리다, 바뀌다, 옮기다, 전가하다, 전수하다
등"의 다양한 뜻들이 실려 있다. 한국어는 문맥이나 상황에 맞는 뜻으로 표현을
하면 된다.

☞ **pass.** ① 앞으로 붙어 **지나가는** ② 따로 붙여 옮기는 **표현.**

pass a rope. 로프로 감다.

pass Daegu. 대구를 지나다.

pass along the street. 중심가를 따라 지나가다.

pass the river. 강을 통과하다.

pass the test. 검사를 통과하다.

pass the night. 밤을 지내다.

pass a bill. 법안을 통과시키다.

pass under the bridge. 다리 밑을 지나다.

pass the buck. 책임을 전가하다. **(옮기는)**

Pass the football. 풋볼을 패스하다. **(옮기는)**

☞ **pass by.** 가까이에 붙어 **지나가는 표현.**

pass by a construction site. 건설현장을 지나다.

pass by the clock tower. 시계탑을 지나다.

☞ **pass through.** 전체 속을 빠져나가는 **표현.**

pass through a village. 마을을 빠져나가다.

pass through the shoulder. 어깨를 관통하다.

◆ street. n. 중심가. 거리.
◆ test. n. 검사, 시험.
◆ bill. n. 법안, 계산서. 어음.
◆ buck. n. 책임.
◆ construction. n. 건설. 건조물.
◆ site. n. 장소, 위치.
◆ shoulder. n. 어깨.

1. pass a rope. 로프로 감다.

☞ 앞으로 붙어 **지나가는 표현**. 로프가 앞으로 붙어 지나가다. 로프로 감다.

그래서 한국어"감다 등"의 표현을 한다. 한국어는 문맥이나 상황에 맞는 뜻으로 표현을 하면 된다.

2. pass the test. 검사에 합격하다.

☞ 앞으로 붙어 **지나가는 표현**. 검사에 앞으로 붙어 지나가다. 검사에 합격하다.

그래서 한국어"합격하다 등"의 표현을 한다. 한국어는 문맥이나 상황에 맞는 뜻으로 표현을 하면 된다.

3. pass a bill. 법안이 통과하다.

☞ 앞으로 붙어 **지나가는 표현**. 법안이 앞으로 붙어 지나가다. 법안이 통과하다.

그래서 한국어"통과하다 등"의 표현을 한다. 한국어는 문맥이나 상황에 맞는 뜻으로 표현을 하면 된다.

4. pass the buck. 책임을 전가하다. (붙여 옮기는)

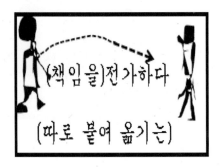

☞ 따로 붙여 옮기는 **표현**. 책임을 따로 붙여 옮기다. 책임을 전가하다.

그래서 한국어"전가하다 등"의 표현을 한다. 한국어는 문맥이나 상황에 맞는 뜻으로 표현을 하면 된다.

☞ **pass by.** 영어 본래 의미(가까이 붙어 지나가는)

가까이 붙어 **지나가는 표현**. 이러한 의미를 나타낼 때 pass by를 쓰면 된다.

5. pass by the clock tower. 시계탑을 지나다.

☞ 가까이 붙어 **지나가는 표현**. 시계탑에 가까이 붙어 지나가다. 시계탑을 지나다.

그래서 한국어"지나다 등"의 표현을 한다. 한국어는 문맥이나 상황에 맞는 뜻으로 표현을 하면 된다.

☞ **pass through** 영어 본래 의미(속을 빠져나가는)

전체 속을 **빠져나가는 표현**. 이러한 의미를 나타낼 때 pass through를 쓰면 된다.

6. pass through a village. 마을을 빠져나가다.

☞ 전체 속을 **빠져나가는 표현**. 마을 전체 속을 빠져나가다. 마을을 빠져나가다.

그래서 한국어"빠져나가다 등"의 표현을 한다. 한국어는 문맥이나 상황에 맞는 뜻으로 표현을 하면 된다.

☞ **pass to.** 정해져 있는 목적에 맞추어 **옮기는 표현.**

    pass to his son. 아들에게 물려주다.

    pass the news to the people. 국민에게 그 소식을 퍼뜨리다.

☞ **pass on.** 영역에서 따로 붙여 **옮기는 표현.**

    pass on traditions. 전통을 전수하다.

    pass on the sentence. 판결을 내리다.

☞ **pass into.** 정해져 있는 속으로 따로 들어가 **옮기는 표현.**

    pass into a deep sleep. 깊은 잠에 빠지다.

    pass into summer. 여름이 되다.

(정해져 있는 속 : 여름)
(여름 속으로 따로 들어가 옮기는)

◆ tradition. n. 전통, 전설.
◆ criminal. n. 범죄자, 범인.
◆ sentence. n. 판결. v. 판결을 내리다.

☞ pass to 영어 본래 의미(목적에 맞추어 옮기는)

정해져 있는 목적에 맞추어 옮기는 **표현**. 이러한 의미를 나타낼 때 pass to를 쓰면 된다.

7. pass to his son. 아들에게 물려주다.

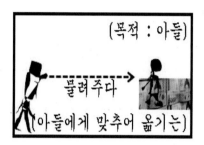

☞ 정해져 있는 목적에 맞추어 옮기는 **표현**. 정해져 있는 아들에게 맞추어 옮기다. 아들에게 물려주다.

그래서 한국어"물려주다 등"의 표현을 한다. 한국어는 문맥이나 상황에 맞는 뜻으로 표현을 하면 된다.

8. pass the news to the people. 국민에게 그 소식을 퍼뜨리다.

☞ 정해져 있는 목적에 맞추어 옮기는 **표현**. 정해져 있는 국민에게 맞추어 옮기다. 국민에게 그 소식을 퍼뜨리다.

그래서 한국어"퍼뜨리다 등"의 표현을 한다. 한국어는 문맥이나 상황에 맞는 뜻으로 표현을 하면 된다.

☞ **pass on** 영어 본래 의미(따로 붙여 옮기는)

영역에서 따로 붙여 **옮기는** 표현. 이러한 의미를 나타낼 때 pass on을 쓰면 된다.

9. pass on traditions. 전통을 전수하다.

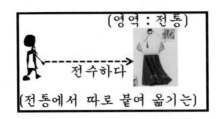

☞ 영역에서 따로 붙여 **옮기는** 표현. 전통에서 따로 붙여 옮기다. 전통을 전수하다.

그래서 한국어"전수하다 등"의 표현을 한다. 한국어는 문맥이나 상황에 맞는 뜻으로 표현을 하면 된다.

☞ **pass into** 영어 본래 의미(속으로 따로 들어가 옮기는)

정해져 있는 속으로 따로 들어가 **옮기는** 표현. 이러한 의미를 나타낼 때 pass into를 쓰면 된다.

10. pass into summer. 여름이 되다.

☞ 정해져 있는 속으로 따로 들어가 **옮기는** 표현. 여름 속으로 따로 들어가 옮기다. 여름이 되다.

그래서 한국어"...이 되다 등"의 표현을 한다. 한국어는 문맥이나 상황에 맞는 뜻으로 표현을 하면 된다.

ride

영어 본래의 의미(위에 올라붙는)

어떤 바탕 위에 **올라붙는(타는) 표현**. 이러한 의미를 나타낼 때 ride를 쓰면 된다. ride의 한국어 "타다"는 영어 본래의 의미가 아니다.

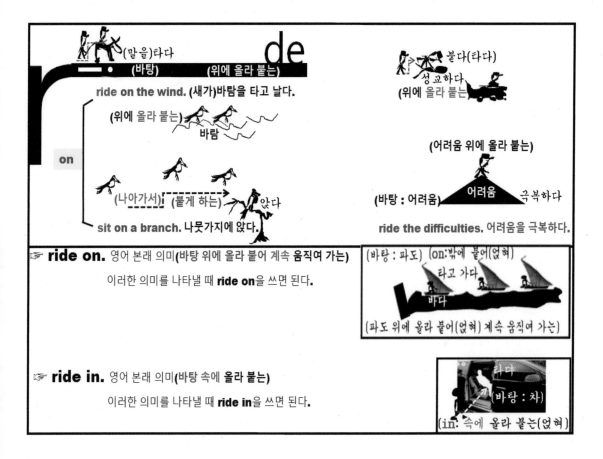

그래서

사전에서 ride의 뜻을 찾아보면 "타다, 타고 가다, 물에 뜨다, 떠 있다, 성교하다, 얹혀 움직이다, 치켜 올라가다 등"의 다양한 뜻들이 실려 있다. 한국어는 문맥이나 상황에 맞는 뜻으로 표현을 하면 된다.

☞ ride. 어떤 바탕 위에 올라 붙는(타는) 표현.

타다 (바탕 : 자전거)

ride a bicycle. 자전거를 타다.

(위에 올라 붙는)

ride on a bicycle. 자전거를 타고 가다.

ride on a bicycle.

(on:밖에 붙어)

ride a race. 경마를 하다.

ride the hog. 멧돼지를 사냥하다.

(위에 올라 붙어 계속 움직이는 표현)

ride the difficulties. 어려움을 극복하다.

ride every weekend. 주말마다 말을 타다.

ride out to town. 시내까지 타다.

ride on horseback.

(in: 속에 붙어)

차

◆ bicycle. n. 자전거.

◆ race. n. 경주, 경마.

◆ hog. n. 돼지.

◆ difficulty. n. 곤란, 어려움.

◆ weekend. n. 주말.

◆ town. n. 읍, 근처의 도시, 시내.

1. ride a bicycle. 자전거를 타다.

☞ 바탕 위에 올라붙는(얹는) 표현. 자전거 위에 올라붙다. 자전거를 타다.

그래서 한국어"타다 등"의 표현을 한다. 한국어는 문맥이나 상황에 맞는 뜻으로 표현을 하면 된다.

2. ride on a bicycle. 자전거를 타고 가다. (on : 계속 움직이는)

☞ 바탕 위에 올라붙어 계속 움직여 가는 표현. 자전거 위에 올라붙어 계속 움직여 가다. 자전거를 타고 가다.

그래서 한국어"타고 가다 등"의 표현을 한다. 한국어는 문맥이나 상황에 맞는 뜻으로 표현을 하면 된다.

3. ride the hog. 멧돼지를 사냥하다.

☞ 바탕 위에 올라붙는(얹는) 표현. 멧돼지 위에 올라붙다. 멧돼지를 사냥하다.

그래서 한국어"사냥하다 등"의 표현을 한다. 한국어는 문맥이나 상황에 맞는 뜻
으로 표현을 하면 된다.

4. ride the difficulties. 어려움을 극복하다.

☞ 바탕 위에 올라붙는(얹는) 표현. 어려움 위에 올라붙다. 어려움을 극복하다.

그래서 한국어"극복하다 등"의 표현을 한다. 한국어는 문맥이나 상황에 맞는 뜻
으로 표현을 하면 된다.

☞ **ride in.** 바탕 속에 올라 붙는 표현.

    ride in a car. 차를 타다.

    ride in an elevator. 엘리베이터를 타다.

(in: 속에 붙어(얹혀)

(on:밖에 붙어(얹혀)

☞ **ride on.** 바탕 위에 올라붙어 계속 움직여 가는 표현.

    ride on the winds. 바람을 타고 가다.

    ride on the waves. 파도를 타고 가다.

    ride on a motorbike. 오토바이를 타고 가다.

    ride on a face. 얼굴에 떠 올라 가다.

◆ elevator. n. 승강기, 엘리베이터. elevate. v. 올리다, 높이다.
◆ wave. n. 파도, 물결.
◆ motorbike. n. 소형 오토바이.
◆ face. n. 얼굴, 면.

☞ **ride in.** 영어 본래 의미(속에 올라붙는)

바탕 속에 **올라붙는** 표현. 이러한 의미를 나타낼 때 ride in을 쓰면 된다.

5. ride in a car. 차를 타다.

☞ 바탕 속에 **올라붙는(얹는)** 표현. 바탕 차 속에 올라붙다. 차를 타다.

그래서 한국어"타다 등"의 표현을 한다. 한국어는 문맥이나 상황에 맞는 뜻으로 표현을 하면 된다.

☞ **ride on.** 영어 본래 의미(올라붙어 계속 움직여 가는)

바탕 위에 올라붙어 계속 움직여 **가는** 표현. 이러한 의미를 나타낼 때 ride on을 쓰면 된다.

6. ride on the waves. 파도를 타고 가다.

☞ 바탕 위에 올라붙어 계속 **움직여 가는** 표현. 바탕 파도 위에 올라붙어 계속 움직여 가다. 파도를 타고 가다.

그래서 한국어"타고 가다 등"의 표현을 한다. 한국어는 문맥이나 상황에 맞는 뜻으로 표현을 하면 된다.

lay

영어 본래 의미(맞추어 붙여 놓는)

바탕에 맞추어 붙여 **놓는**(두는) 표현. 이러한 의미를 나타낼 때 lay를 쓰면 된다.

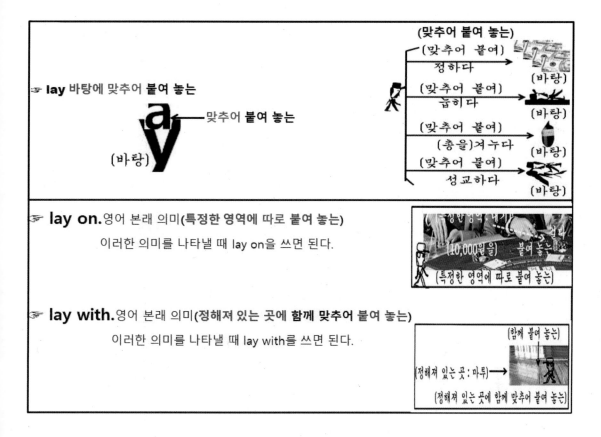

그래서

사전에서 lay의 뜻을 찾아보면 "눕히다, 두다, 쌓다, 펼치다, 놓다, 설치하다, 마련하다, 짜내다, 꾸미다, 때려눕히다, 부담시키다, 누르다, 가라앉히다, 씌우다, 식사를 준비하다, 주장하다, 정하다, 돈을 걸다, 성교하다 등"의 다양한 뜻들이 실려 있다. 한국어는 문맥이나 상황에 맞는 뜻으로 표현을 하면 된다.

1. lay blocks. 블록을 쌓다.

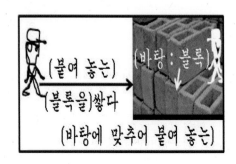

☞ 바탕에 맞추어 붙여 **놓는 표현**. 블록에 맞추어 붙여 놓다. 블록을 쌓다.

그래서 한국어 쌓다 등"의 표현을 한다. 한국어는 문맥이나 상황에 맞는 뜻으로 표현을 하면 된다.

2. lay an egg. 알을 낳다.

☞ 바탕에 맞추어 붙여 **놓는 표현**. 알을 맞추어 붙여 놓다. 알을 낳다.

그래서 한국어"낳다 등"의 표현을 한다. 한국어는 문맥이나 상황에 맞는 뜻으로 표현을 하면 된다.

3. lay the table. 식탁을 차리다.

☞ 바탕에 맞추어 붙여 **놓는 표현**. 식탁에 맞추어 붙여 놓다. 식탁을 차리다.

그래서 한국어"차리다, 준비하다 등"의 표현을 한다. 한국어는 문맥이나 상황에 맞는 뜻으로 표현을 하면 된다.

4. lay a scheme. 계획을 세우다.

☞ 바탕에 맞추어 붙여 **놓는 표현**. 계획에 맞추어 붙여 놓다. 계획을 세우다.

그래서 한국어"세우다 등"의 표현을 한다. 한국어는 문맥이나 상황에 맞는 뜻으로 표현을 하면 된다.

☞ **lay on.** 영어 본래 의미(따로 붙여 놓는)

특정한 영역에 따로 붙여 **놓는** 표현. 이러한 의미를 나타낼 때 lay on을 쓰면 된다.

5. lay himself on the garden. 정원에 눕다.

☞ **특정한 영역에 따로 붙여 놓는** 표현. 특정한 영역(정원)에 따로 붙여 놓다. 정원에 눕다.

그래서 한국어"눕다 등"의 표현을 한다. 한국어는 문맥이나 상황에 맞는 뜻으로 표현을 하면 된다.

6. lay 10,000won on the gambling. 10,000원을 내기에 걸다.

☞ **특정한 영역에 따로 붙여 놓는** 표현. 특정한 영역 내기에 따로 붙여 놓다. 10,000원을 내기에 걸다.

그래서 한국어"걸다 등"의 표현을 한다. 한국어는 문맥이나 상황에 맞는 뜻으로 표현을 하면 된다.

7. lay a burden on him. 그에게 짐을 지우다.

☞ 특정한 영역에 따로 붙여 **놓는 표현**. 특정한 그에게 따로 붙여 놓다. 그에게 짐을 지우다.

그래서 한국어"(짐을)지우다 등"의 표현을 한다. 한국어는 문맥이나 상황에 맞는 뜻으로 표현을 하면 된다.

☞ **lay with.** 영어 본래 의미(**함께 맞추어 붙여 놓는**)

정해져 있는 곳에 함께 맞추어 **붙여 놓는 표현**. 이러한 의미를 나타낼 때 lay with를 쓰면 된다.

8. lay the floor with the wood. 마루를 나무로 깔다.

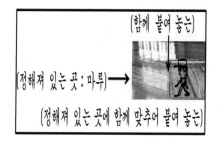

☞ 정해져 있는 곳에 함께 맞추어 **붙여 놓는 표현**. 마루에 나무로 함께 맞추어 붙여 놓다. 마루에 나무로 깔다.

그래서 한국어"깔다 등"의 표현을 한다. 한국어는 문맥이나 상황에 맞는 뜻으로 표현을 하면 된다.

9. lay the first floor with carpet. 1층을 카페트로 깔다.

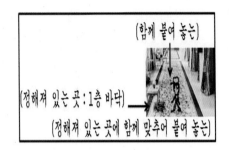

☞ 정해져 있는 곳에 함께 맞추어 **붙여 놓는 표현**. 1층에 카페트로 함께 맞추어 붙여 놓다. 1층에 카페트로 깔다.

그래서 한국어"깔다 등"의 표현을 한다. 한국어는 문맥이나 상황에 맞는 뜻으로 표현을 하면 된다.

☞ **lay off.** 영어 본래 의미(따로 떼어 놓는)

힘에 의하여 일시 따로 떼어 **놓는 표현**. 이러한 의미를 나타낼 때 lay off를 쓰면 된다.

10. lay off employees from the economic crisis. 경제 불황으로 직원들을 해고하다. ☞ layoff. **일시해고, 정리해고.**

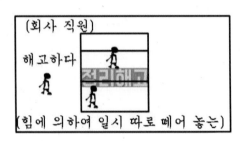

☞ 힘에 의하여 일시 따로 떼어 **두는 (놓는) 표현**. 회사에 경제 불황으로 일시 따로 떼어 두다. 경제 불황으로 직원들을 해고하다.

그래서 한국어"해고하다 등"의 표현을 한다. 한국어는 문맥이나 상황에 맞는 뜻으로 표현을 하면 된다.

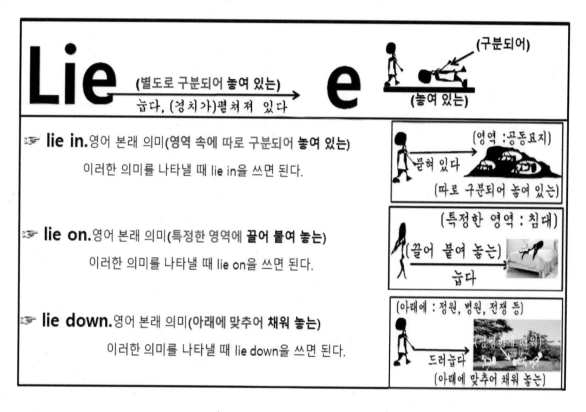

lie

영어 본래 의미(별도로 놓여 있는)

별도로 구분되어 **놓여 있는 표현**. 이러한 의미를 나타낼 때 lie를 쓰면 된다.

그래서

사전에서 lie의 뜻을 찾아보면 "눕다, 누워 있다, 엎드려있다, 깔다, 놓다, 묻혀 있다, 가로 놓이다, 가만히 있다, 펼쳐져 있다, 위치하다, 상태에 있다, 제기되어 있다, 가로 놓이다 등"의 다양한 뜻들이 실려 있다. 한국어는 문맥이나 상황에 맞는 뜻으로 표현을 하면 된다.

1. lie still. 꼼짝 않고 있다.

☞ 별도로 구분되어 **놓여 있는** 표현. 별도로 구분되어 꼼짝 않고 놓여 있다. 꼼짝 않고 있다.

그래서 한국어 "…에 있다 등"의 표현을 한다. 한국어는 문맥이나 상황에 맞는 뜻으로 표현을 하면 된다.

2. lie hid. 숨어 있다.

☞ 별도로 구분되어 **놓여 있는** 표현. 별도로 구분되어 숨어 놓여 있다. 숨어 있다.

그래서 한국어 "…에 있다 등"의 표현을 한다. 한국어는 문맥이나 상황에 맞는 뜻으로 표현을 하면 된다.

3. lie ill. 아파 있다.

☞ 별도로 구분되어 **놓여 있는 표현**. 별도로 구분되어 아파 놓여 있다. 아파 있다.

그래서 한국어"…에 있다 등"의 표현을 한다. 한국어는 문맥이나 상황에 맞는 뜻으로 표현을 하면 된다.

4. tell a lie. 거짓말 하다.

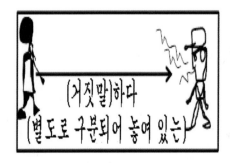

☞ 별도로 구분되어 **놓여 있는 표현**. 별도로 구분되어 거짓말에 놓여 있다. 거짓말 하다.

그래서 한국어"…하다 등"의 표현을 한다. 한국어는 문맥이나 상황에 맞는 뜻으로 표현을 하면 된다.

5. a white lie. 악의 없는(선의) 거짓말.

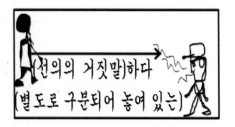

☞ 별도로 구분되어 **놓여 있는 표현**. 별도로 구분되어 악의 없는 거짓말에 놓여 있다. 선의의 거짓말.

그래서 한국어"…하다 등"의 표현을 한다. 한국어는 문맥이나 상황에 맞는 뜻으로 표현을 하면 된다.

☞ **lie in.** 영어 본래 의미(따로 구분되어 **놓여 있는**)

영역 속에 따로 구분되어 **놓여 있는 표현**. 이러한 의미를 나타낼 때 lie in을 쓰면 된다.

6. lie in the cemetery. 공동묘지에 묻혀있다.

☞ **영역 속에 따로 구분되어 놓여 있는 표현**. 공동묘지에 속에 따로 구분되어 놓여 있다. 공동묘지에 묻혀있다.

그래서 한국어"묻혀있다 등"의 표현을 한다. 한국어는 문맥이나 상황에 맞는 뜻으로 표현을 하면 된다.

7. lie in the problem. 그 문제에서 찾을 수 있다.

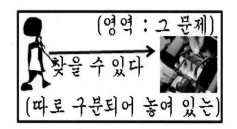

☞ 영역 속에 따로 구분되어 **놓여 있는** 표현. 그 문제 속에 따로 구분되어 놓여 있다. 그 문제에서 찾을 수 있다.

그래서 한국어 "찾을 수 있다 등"의 표현을 한다. 한국어는 문맥이나 상황에 맞는 뜻으로 표현을 하면 된다.

☞ **lie on.** 영어 본래 의미(**위에 붙여 놓는**)

목적 위에 붙여 **놓는** 표현. 이러한 의미를 나타낼 때 lie on을 쓰면 된다.

8. lei on the bed. 침대 위에 눕다.

☞ 목적 위에 붙여 **놓는** 표현. 그 침대 위에 붙여 놓다. 침대 위에 눕다.

그래서 한국어 "눕다 등"의 표현을 한다. 한국어는 문맥이나 상황에 맞는 뜻으로 표현을 하면 된다.

9. lei on a stone wall. 돌담에 기대다.

☞ 목적 위에 끌어 붙여 **놓는 표현**. 그 돌담 위에 붙여 놓다. 돌담에 기대다.

그래서 한국어"기대다 등"의 표현을 한다. 한국어는 문맥이나 상황에 맞는 뜻으로 표현을 하면 된다.

☞ **lie down.** 영어 본래 의미(아래쪽에 채워 놓는)

아래쪽에 맞추어 채워 놓는 **표현**. 이러한 의미를 나타낼 때 lie down을 쓰면 된다.

10. lie down on the garden. 정원에 드러눕다.

☞ **아래쪽에 맞추어 채워 놓는 표현**. 정원 아래쪽에 맞추어 채워 놓다. 정원에 드러눕다.

그래서 한국어"드러눕다 등"의 표현을 한다. 한국어는 문맥이나 상황에 맞는 뜻으로 표현을 하면 된다.

strike

영어 본래의 의미(부딪치는)

강력한 힘으로 부딪쳐 서 있는 표현. 이러한 의미를 나타낼 때 strike를 쓰면 된다. strike의 한국어"때리다"는 영어 본래의 의미가 아니다.

(힘으로 부딪쳐 서 있는)

strike the guitar 기타를 치다.

치다

(부딪쳐 서 있는)

strike the match 성냥불을 붙이다.

긋다

(부딪쳐 서 있는)

☞ **strike on.** 영어 본래 의미(목적한 곳에 힘으로 부딪쳐 서 있는)

이러한 의미를 나타낼 때 **strike on**을 쓰면 된다.

(목적한 곳 : 머리)

때리다

(힘으로 부딪쳐 서 있는)

그래서

사전에서 strike의 뜻을 찾아보면 "치다. 붙이다, 때리다. 잡다, 습격하다, 만들다, 긋다, 결재하다, 이르다, 감동을 주다, 생각이 들게 하다, 덥석 물다, 철거하다 등"의 다양한 뜻들이 실려 있다. 한국어는 문맥이나 상황에 맞는 뜻으로 표현을 하면 된다.

☞ strike. 강력한 힘으로 부딪쳐 서 있는 표현.

strike a tent. 텐트를 치우다.

strike a stage. 무대를 철거하다.

strike a guitar. 기타를 치다.

strike the bell. 종을 치다.

strike a match. 성냥불을 붙이다.

strike him dead. 그를 쳐서 죽이다.

strike an average. 평균을 잡다.

strike the rocks. 암초에 걸리다.

strike his ears. 그의 귀에 닿다.

strike a medal. 메달을 두들겨 만들다.

strike oil. 유맥을 발견하다.

strike root. 뿌리를 박다. 정착하다.

strike a bargain. 매매계약을 맺다, 합의하다.

(부딪쳐)

(텐트를)치우다

(힘으로 부딪쳐 서 있는)

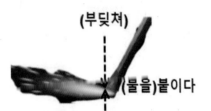

(부딪쳐)

(불을)붙이다

(힘으로 부딪쳐 서 있는)

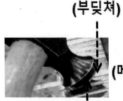

(부딪쳐)

(메달을)만들다

(힘으로 부딪쳐 서 있는)

- match. n. 성냥.
- dead. n. 사자.
- average. n. 평균(치).
- rock. n. 암초, 바위.
- root. n. 뿌리.

- bargain. n. 매매, 거래.

1. strike a tent. 텐트를 치우다.

☞ 힘으로 부딪쳐 **서 있는 표현**. 텐트에 힘으로 부딪쳐 서 있다. 텐트를 치우다.

그래서 한국어"치우다, 철거하다 등"의 표현을 한다. 한국어는 문맥이나 상황에 맞는 뜻으로 표현을 하면 된다.

2. strike the match. 성냥불을 붙이다.

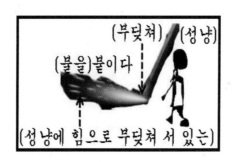

☞ 힘으로 부딪쳐 **서 있는 표현**. 성냥에 힘으로 부딪쳐 서 있다. 성냥불을 붙이다.

그래서 한국어"(불을) 붙이다 등"의 표현을 한다. 한국어는 문맥이나 상황에 맞는 뜻으로 표현을 하면 된다.

3. strike his ears. 그의 귀에 닿다.

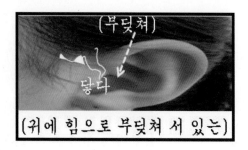

☞ 힘으로 부딪쳐 서 있는 표현. 그의 귀에 힘으로 부딪쳐 서 있다. 그의 귀에 닿다.

그래서 한국어 "닿다 등"의 표현을 한다. 한국어는 문맥이나 상황에 맞는 뜻으로 표현을 하면 된다.

4. strike a medal. 메달을 만들다.

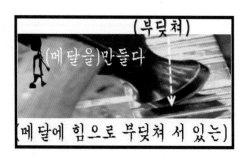

☞ 힘으로 부딪쳐 서 있는 표현. 메달에 힘으로 부딪쳐 서 있다. 메달을 만들다.

그래서 한국어 "만들다 등"의 표현을 한다. 한국어는 문맥이나 상황에 맞는 뜻으로 표현을 하면 된다.

5. strike oil. 유맥을 발견하다.

☞ 힘으로 부딪쳐 서 있는 표현. 유맥에 힘으로 부딪쳐 서 있다. 유맥을 발견하다.

그래서 한국어"발견하다 등"의 표현을 한다. 한국어는 문맥이나 상황에 맞는 뜻으로 표현을 하면 된다.

☞ **strike on.** 목적한 곳에 힘으로 부딪쳐 서 있는 표현.

(목적한 곳 : 머리)

strike him on the head. 머리를 때리다.

strike me on the back. 나의 등을 치다.

(힘으로 부딪쳐 서 있는)

☞ **strike A with B.** A를 B에 함께 붙여 부딪치게 하는 표현

strike the stone with the hammer. 바위를 해머로 치다.

strike the ball with the bat. 공을 배트로 치다.

☞ strike on. 영어 본래 의미(목적한 곳에 부딪쳐)

목적한 곳에 힘으로 부딪쳐 서 있는 표현. 이러한 의미를 나타낼 때 strike on을 쓰면 된다.

6. strike him on the head. 머리를 때리다.

☞ 목적한 곳에 힘으로 부딪쳐 서 있는 표현. 목적한 머리에 힘으로 부딪쳐 서 있다. 머리를 때리다.

그래서 한국어"때리다 등"의 표현을 한다. 한국어는 문맥이나 상황에 맞는 뜻으로 표현을 하면 된다.

☞ strike A with B. 영어 본래 의미(함께 부딪치게 하는)

A를 B에 함께 부딪치게 하는 표현. 이러한 의미를 나타낼 때 strike A with B를 쓰면 된다.

7. strike the ball with the bat. 공을 배트로 치다.

☞ A를 B에 부딪치게 하는 표현. 공을 배트에 부딪치게 하다. 공을 배트로 치다.

그래서 한국어"치다 등"의 표현을 한다. 한국어는 문맥이나 상황에 맞는 뜻으로 표현을 하면 된다.

work

영어 본래의 의미(계속 움직여 가는)

계속 움직여 **유지하여 가는 표현.** 이러한 의미를 나타낼 때 work를 쓰면 된다.

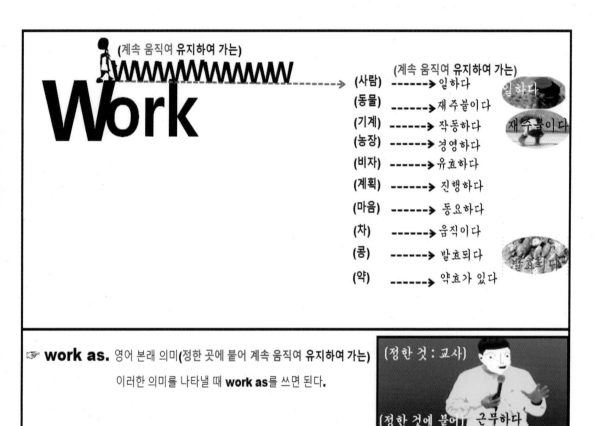

그래서

사전에서 work의 뜻을 찾아보면 "일하다, 노동하다, 근무하다, 작동하다, 운영하다, 움직이다, 효과가 있다, 세공하다, 수를 놓다, 동요하다, 술렁이다 등"의 다양한 뜻들이 실려 있다. 한국어는 문맥이나 상황에 맞는 뜻으로 표현을 하면 된다.

☞ **work.** 계속 움직여 유지하여 가는 표현.

    work a shop. 가계를 운영하다.

    work together. 함께 일하다.

    work a way. 열심히 하여 길을 가다.   **(계속 움직여 유지하여 가는)**

(가게를)운영하다

    work diligently. 열심히 일하다.

    work before 5 o'clock. 5시 전에 일하다.

    work extra hours. 초과 근무를 하다.

    work the machine. 기계를 작동하다.

    work properly. 제대로 작동하다.

    work a problem. 문세를 풀다.

    work out the problem, 그 문제를 해결하다.

☞ **work for.** 전체를 갖고 계속 유지하여 가는 표현.

    work for the welfare. 복지를 위해 일하다.

    work for a hotel. 호텔에서 일하다.

    work for a bank. 은행에 근무하다.

    work for a travel agency. 여행사에서 일하다.

    work for advertising agencies. 광고대행 회사에서 일하다.

    work for large department. 대형 백화점에서 일하다.

◆ diligently. ad. 열심히, 부지런히.

◆ extra. pref. …이외의, 범위 밖의.

◆ hour. n. 근무시간, 한시간.

◆ properly. ad. 당연히, 적당히, 제대로.

◆ welfare. n. 복지, 번영.

◆ agency. n. 대리점, 취급점.

◆ travel. n. 여행, 통근.

◆ department. n. (백화점의) 매장

1. work a shop. 가계를 운영하다.

☞ 계속 **움직여 유지하여 가는 표현**. 가계를 계속 움직여 유지하여 가다. 가계를 운영하다.

그래서 한국어"운영하다 등"의 표현을 한다. 한국어는 문맥이나 상황에 맞는 뜻으로 표현을 하면 된다.

2. work together. 함께 일하다.

☞ 계속 **움직여 유지하여 가는 표현**. 함께 계속 움직여 유지하여 가다. 함께 일하다.

그래서 한국어"일하다 등"의 표현을 한다. 한국어는 문맥이나 상황에 맞는 뜻으로 표현을 하면 된다.

3. work the machine. 기계를 작동하다.

☞ 계속 **움직여 유지하여 가는 표현**. 기계를 계속 움직여 유지하여 가다. 기계를 작동하다.

그래서 한국어"작동하다 등"의 표현을 한다. 한국어는 문맥이나 상황에 맞는 뜻으로 표현을 하면 된다.

4. work a problem. 문제를 풀다.

☞ 계속 **움직여 유지하여 가는 표현**. 문제를 계속 움직여 유지하여 가다. 문제를 풀다.

그래서 한국어"풀다 등"의 표현을 한다. 한국어는 문맥이나 상황에 맞는 뜻으로 표현을 하면 된다.

☞ **work in.** 영역 속에서 알맞게 움직여 **유지하여 가는 표현.**

      work in a soup kitchen. 무료급식소에서 일하다.

      work in international organizations. 국제기구에서 일하다.

      work in police department. 경찰에서 일하다.

      work in the fields. 밭에서 일하다.

      work in an office. 회사에서 일하다.

      work in all-out cooperation. 철저히 협력해 일하다.

☞ **work as.** 정한 것에 붙어 계속 움직여 **유지하여 가는 표현.**

      work as a school counselor. 학교 상담원으로 근무하다.

      work as a manager. 지배인으로 근무하다.

      work as a researcher. 연구직으로 근무하다.

      work as a teacher. 교사로서 일하다.

      work as a team. 함팀으로 일하다.

- ◆ soup kitchen. (영세민을 위한) 무료급식소.
- ◆ organization. n. 조직, 기구.
- ◆ international. a. 국제의, 국제적인.
- ◆ all-out. a. 철저한, 전면적인.
- ◆ cooperation. n. 협력, 협동.
- ◆ counselor. n. 상담역.
- ◆ research. n. 연구, 조사. -er. n. 연구원, 조사원.
- ◆ manager. n. 지배인, 경영자, 지점장.

☞ **work in.** 영어 본래 의미(알맞게 움직여 가는)

영역 속에서 알맞게 움직여 **유지하여 가는 표현**. 이러한 의미를 나타낼 때 work in을 쓰면 된다.

5. work in a soup kitchen. 무료급식소에서 일하다.

☞ 영역 속에서 알맞게 움직여 **유지하여 가는 표현**. 무료급식소 속에서 알맞게 움직여 유지하여 가다. 무료급식소에서 일하다.

그래서 한국어"일하다 등"의 표현을 한다. 한국어는 문맥이나 상황에 맞는 뜻으로 표현을 하면 된다.

6. work in the fields. 밭에서 일하다.

☞ 영역 속에서 알맞게 움직여 **유지하여 가는 표현**. 밭 속에서 알맞게 움직여 유지하여 가다. 밭에서 일하다.

그래서 한국어"일하다 등"의 표현을 한다. 한국어는 문맥이나 상황에 맞는 뜻으로 표현을 하면 된다.

7. work in international organizations. 국제 기구에서 일하다.

☞ 영역 속에서 알맞게 움직여 **유지하여 가는 표현**. 국제기구 속에서 알맞게 움직여 유지하여 가다. 국제기구에서 일하다.

그래서 한국어"일하다 등"의 표현을 한다. 한국어는 문맥이나 상황에 맞는 뜻으로 표현을 하면 된다.

8. work in an office. 회사에서 일하다.

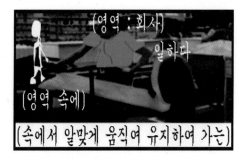

☞ 영역 속에서 알맞게 움직여 **유지하여 가는 표현**. 회사 속에서 알맞게 움직여 유지하여 가다. 회사에서 일하다.

그래서 한국어"일하다 등"의 표현을 한다. 한국어는 문맥이나 상황에 맞는 뜻으로 표현을 하면 된다.

☞ **work as.** 영어 본래 의미(정한 것에 붙어 계속 움직이는)

정한 것에 붙어 계속 움직여 **유지하여 가는** 표현. 이러한 의미를 나타낼 때 work as를 쓰면 된다.

9. work as a shool counselor. 학교 상담원으로 근무하다.

☞ 정한 것에 붙어 계속 움직이는 표현. 정한 학교 상담원에 붙어 계속 움직여 유지하여 가다. 학교 상담원으로 근무하다.

그래서 한국어"근무하다 등"의 표현을 한다. 한국어는 문맥이나 상황에 맞는 뜻으로 표현을 하면 된다.

10. work as a teacher. 교사로서 일하다.

☞ 정한 것에 붙어 **계속 움직여 유지하여 가는** 표현. 정한 교사에 붙어 계속 움직여 유지하여 가다. 교사로 일하다.

그래서 한국어"일하다 등"의 표현을 한다. 한국어는 문맥이나 상황에 맞는 뜻으로 표현을 하면 된다.

☞ **work on.** 목적에 붙어 **계속 움직여 유지하여 가는 표현.**

    work on weekends. 주말에도 일하다.

    work on the math problems. 수학 문제를 풀다.

    work on this theory. 이 이론에 대하여 연구하다.

    work on the pronunciation. 그 발음에 애쓰다.

☞ **work with.** 함께 붙어 **계속 움직여 유지하여 가는 표현.**

    work with a new boss. 새로운 상사와 일하다.

    work along with volunteers. 자원 봉사자들과 함께 일하다.

☞ **work through.** 빠져나오지 못하고 **계속 움직여 유지하여 가는 표현.**

    work through the whole weekend. 주말내내 일하다.

☞ **work at.** 이미 정해져 있는 곳에 붙어 **계속 움직여 유지하여 가는 표현.**

    work at the bank. 은행에서 근무하다.

    work at that small shop. 적 작은 가게에서 일하다.

    work at that place. 저 곳에서 일하다.

◆ weenkend. n. 주말.
◆ problem. n. 문제.
◆ boss. n. 두목, 상관.
◆ volunteer. n. 지원자. a. 자발적인.
◆ through. pref. ...중 내내, 무시하고.
◆ along. ad.함께 데리고,
◆ along with. ...와 함께(같이).

☞ **work on.** 영어 본래 의미(목적에 붙어 움직이는)

목적에 붙어 **계속 움직여 유지하여 가는 표현**. 이러한 의미를 나타낼 때 work on을 쓰면 된다.

11. work on weekends. 주말에도 일하다.

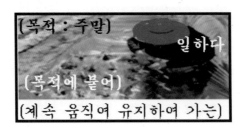

☞ **목적에 붙어 계속 움직여 유지하여 가는 표현**. 목적 주말에 붙어 계속 움직여 유지하여 가다. 주말에도 일하다.

그래서 한국어"일하다 등"의 표현을 한다. 한국어는 문맥이나 상황에 맞는 뜻으로 표현을 하면 된다.

☞ **work with.** 영어 본래 의미(함께 붙어 계속 움직이는)

함께 붙어 계속 **움직여 유지하여 가는 표현**. 이러한 의미를 나타낼 때 work with를 쓰면 된다.

12. work along with volunteers. 자원봉사자들과 함께 일하다.

☞ **함께 붙어 계속 움직여 유지하여 가는 표현**. 자원봉사자들과 함께 붙어 계속 움직여 유지하여 가다. 자원봉사자들과 함께 일하다.

그래서 한국어"일하다 등"의 표현을 한다. 한국어는 문맥이나 상황에 맞는 뜻으로 표현을 하면 된다.

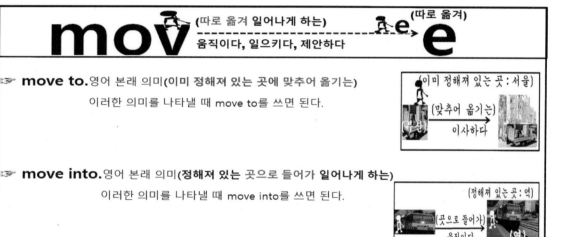

move

어원 L. movere(to move). 움직이다.

영어 본래 의미(옮겨 일어나게 하는)
따로 옮겨 **일어나게 하는 표현**. 이러한 의미를 나타낼 때 move를 쓰면 된다.

그래서

사전에서 move의 뜻을 찾아보면 "움직이다, 이동하다, 옮기다, 위치를 바꾸다, 감동시키다, 이사하다, 행동을 일으키다, 계속 전진하다, 팔다, 처분하다, 제소하다, 제의하다, 일으키다 등"의 다양한 뜻들이 실려 있다. 한국어는 문맥이나 상황에 맞는 뜻으로 표현을 하면 된다.

1. move our neighbours. 우리 이웃으로 이사하다.

☞ 따로 옮겨 **일어나게 하는 표현**. 우리 이웃으로 따로 옮겨 일어나게 하다. 우리 이웃으로 이사하다.

그래서 한국어"이사하다 등"의 표현을 한다. 한국어는 문맥이나 상황에 맞는 뜻으로 표현을 하면 된다.

2. move troops. 군대를 이동하다.

☞ 따로 옮겨 **일어나게 하는 표현**. 군대를 따로 옮겨 일어나게 하다. 군대를 이동하다.

그래서 한국어"이동하다 등"의 표현을 한다. 한국어는 문맥이나 상황에 맞는 뜻으로 표현을 하면 된다.

3. move all the furniture of the room. 방안의 가구 전부를 옮기다.

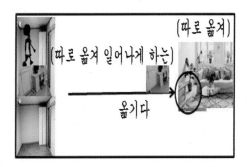

☞ 따로 옮겨 **일어나게 하는 표현.** 방안의 가구를 따로 옮겨 일어나게 하다. 방안의 가구 전부를 옮기다.

그래서 한국어"옮기다 등"의 표현을 한다. 한국어는 문맥이나 상황에 맞는 뜻으로 표현을 하면 된다.

4. move us greatly. 우리를 크게 감동시키다.

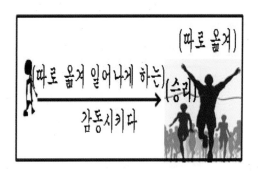

☞ 따로 옮겨 **일어나게 하는 표현.** 우리에게 따로 옮겨 일어나게 하다. 우리를 크게 감동시키다.

그래서 한국어"감동시키다 등"의 표현을 한다. 한국어는 문맥이나 상황에 맞는 뜻으로 표현을 하면 된다.

☞ move to. 영어 본래 의미(맞추어 옮기는)

이미 정해져 있는 곳에 맞추어 옮기는 **표현**. 이러한 의미를 나타낼 때 move to 를 쓰면 된다.

5. move to seoul next week. 내주에 서울로 이사하다.

☞ 이미 정해져 있는 곳에 맞추어 옮기는 **표현**. 이미 정해져 있는 곳 서울에 맞추어 옮기다. 내주에 서울로 이사하다.

그래서 한국어"이사하다 등"의 표현을 한다. 한국어는 문맥이나 상황에 맞는 뜻으로 표현을 하면 된다.

6. move to tears. 감동의 눈물을 흘리다.

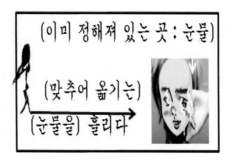

☞ 이미 정해져 있는 곳에 맞추어 옮기는 **표현**. 이미 정해져 있는 곳 감동의 눈물에 맞추어 옮기다. 감동의 눈물을 흘리다.

그래서 한국어"흘리다 등"의 표현을 한다. 한국어는 문맥이나 상황에 맞는 뜻으로 표현을 하면 된다.

☞ move into. 영어 본래 의미(정해져 있는 곳으로 들어가)

정해져 있는 곳으로 들어가 **일어나게 하는 표현**. 이러한 의미를 나타낼 때 move into를 쓰면 된다.

7. move into the country side. 지방으로 이사하다.

☞ 정해져 있는 곳으로 들어가 **일어나게 하는(만드는) 표현**. 정해져 있는 지방으로 들어가 일어나게 하다. 지방으로 이사하다.

그래서 한국어"이사하다 등"의 표현을 한다. 한국어는 문맥이나 상황에 맞는 뜻으로 표현을 하면 된다.

8. move into the station. 역으로 움직이다.

☞ 정해져 있는 곳으로 들어가 **일어나게 하는 표현**. 정해져 있는 역으로 들어가 일어나게 하다. 역으로 움직이다.

그래서 한국어"움직이다 등"의 표현을 한다. 한국어는 문맥이나 상황에 맞는 뜻으로 표현을 하면 된다.

☞ move that. 영어 본래 의미 (따로 옮겨 일어나게 하는)

이미 정해져 있는 것에 따로 옮겨 **일어나게 하는 표현**. 이러한 의미를 나타낼 때 move that를 쓰면 된다.

9. move that the meeting be adjourned. 휴회할 것을 제의하다.

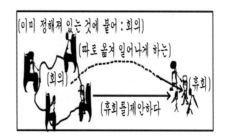

☞ 이미 성해져 있는 것에 따로 옮겨 **일어나게 하는 표현**. 이미 정해져 있는 회의에 따로 옮겨 일어나게 하다. 휴회할 것을 제의하다.

그래서 한국어 "제의하다 등"의 표현을 한다. 한국어는 문맥이나 상황에 맞는 뜻으로 표현을 하면 된다.

10. move that the decision be postpone to next sunday. 그 결정을 다음 주 일요일까지 연기할 것을 제안하다.

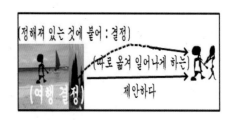

☞ 이미 정해져 있는 것에 따로 옮겨 **일어나게 하는 표현**. 이미 정해져 있는 결정에 따로 옮겨 일어나게 하다. 일요일까지 연기할 것을 제안하다.

그래서 한국어 "제안하다 등"의 표현을 한다. 한국어는 문맥이나 상황에 맞는 뜻으로 표현을 하면 된다.

bear

영어 본래 의미(지니고 있는)

관련해서 **지니고(가지고) 있는** 표현. 이러한 의미를 나타낼 때 bear를 쓰면 된다.

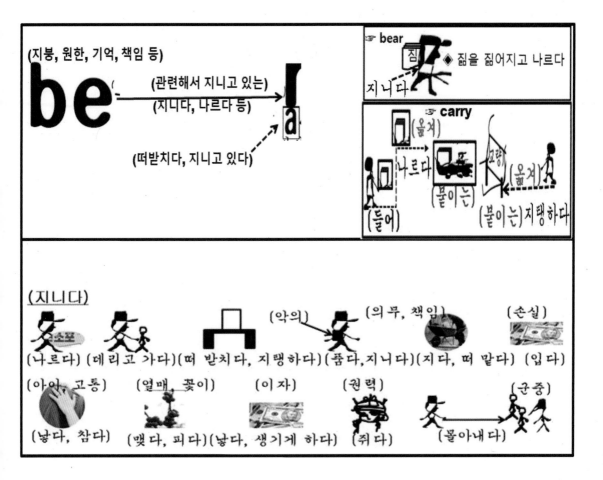

그래서

사전에서 bear의 뜻을 찾아보면 "지니다, 견디다, 나르다, 가지고 가다, 자세를 취하다. 몸에 지니다, 맺다, 품다, 지탱하다, 버티다 등"의 다양한 뜻들이 실려 있다. 한국어는 문맥이나 상황에 맞는 뜻으로 표현을 하면 된다.

1. bear the hot weather. 더운 날씨를 견디다.

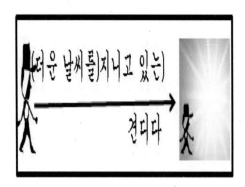

☞ 관련해서 **지니고 있는** 표현. 날씨와 관련해서 지니고 있다. 날씨를 견디다.

그래서 한국어"견디다, 참다 등"의 표현을 한다. 한국어는 문맥이나 상황에 맞는 뜻으로 표현을 하면 된다.

2. bear the roof. 지붕을 떠받치다.

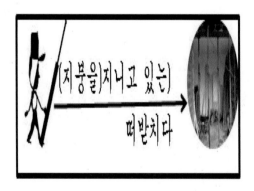

☞ 관련해서 **지니고 있는** 표현. 지붕과 관련해서 지니고 있다. 지붕을 받치다.

그래서 한국어"떠받치다 등"의 표현을 한다. 한국어는 문맥이나 상황에 맞는 뜻으로 표현을 하면 된다.

3. bear a heavy load. 무거운 짐을 나르다. (짊어지다, 지니다)

☞ 관련해서 **지니고 있는 표현**. 짐과 관련해서 지니고 있다. 짐을 나르다.

그래서 한국어"나르다 등"의 표현을 한다. 한국어는 문맥이나 상황에 맞는 뜻으로 표현을 하면 된다.

☞ **carry.** 영어 본래 의미(**옮겨 붙이는**)

옮겨 붙이는 표현. 이러한 의미를 나타낼 때 carry를 쓰면 된다.
carry a heavy load. 무거운 짐을 나르다.

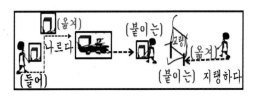

☞ 짐을 옮겨 붙이는 표현. 짐을 옮겨 붙이다. 짐을 나르다.

4. **bear** this responsibility. 책임을 지다.

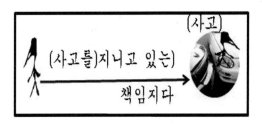

☞ 관련해서 **지니고 있는 표현**. 사고 책임과 관련해서 지니고 있다. 책임을 지다.

그래서 한국어"지다, 부담하다 등"의 표현을 한다. 한국어는 문맥이나 상황에 맞는 뜻으로 표현을 하면 된다.

5. bear well. 열매를 잘 맺다.

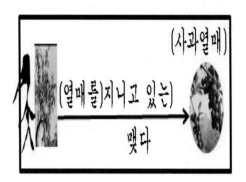

☞ 관련해서 **지니고 있는 표현**. 열매와 관련해서 지니고 있다. 열매를 잘 맺다.

그래서 한국어"맺다 등"의 표현을 한다. 한국어는 문맥이나 상황에 맞는 뜻으로 표현을 하면 된다.

6. bear children. 아이를 배다.

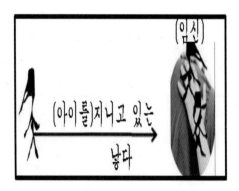

☞ 관련해서 **지니고 있는 표현**. 아이와 관련해서 지니고 있다. 아이를 배다.

그래서 한국어"배다 등"의 표현을 한다. 한국어는 문맥이나 상황에 맞는 뜻으로 표현을 하면 된다.

7. bear a sword. 칼을 가지고 있다.

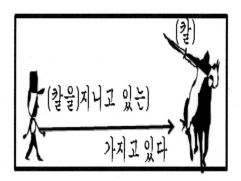

☞ 관련해서 **지니고 있는 표현**. 칼과 관련해서 지니고 있다. 칼을 가지고 있다.

그래서 한국어"가지고 있다 등"의 표현을 한다. 한국어는 문맥이나 상황에 맞는 뜻으로 표현을 하면 된다.

8. bear arms. 무기를 가지고 있다.

☞ 관련해서 **지니고 있는 표현**. 무기와 관련해서 지니고 있다. 무기를 가지고 있다.

그래서 한국어"가지고 있다 등"의 표현을 한다. 한국어는 문맥이나 상황에 맞는 뜻으로 표현을 하면 된다.

9. bear him love. 그에게 사랑을 갖다.

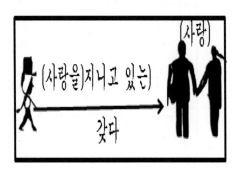

☞ 관련해서 **지니고 있는 표현**. 사랑과 관련해서 지니고 있다. 사랑을 갖다.

그래서 한국어"갖다 등"의 표현을 한다. 한국어는 문맥이나 상황에 맞는 뜻으로 표현을 하면 된다.

10. bear an evil look. 인상이 험악하다.

☞ 관련해서 **지니고 있는 표현**. 험한 인상과 관련해서 지니고 있다. 인상이 험악하다.

그래서 한국어"지니다, 험악하다 등"의 표현을 한다. 한국어는 문맥이나 상황에 맞는 뜻으로 표현을 하면 된다.

11. bear oneself well. 훌륭히 행동하다.

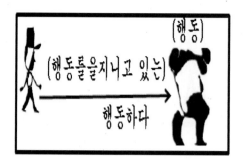

☞ 관련해서 **지니고 있는** 표현. 훌륭한 행동과 관련해서 지니고 있다. 훌륭히 행동하다.

그래서 한국어"행동하다, 처신하다 등"의 표현을 한다. 한국어는 문맥이나 상황에 맞는 뜻으로 표현을 하면 된다.

12. bear resentment. 원한을 품다.

☞ 관련해서 **지니고 있는** 표현. 원한과 관련해서 지니고 있다. 원한을 품다.

그래서 한국어"(마음에)품다 등"의 표현을 한다. 한국어는 문맥이나 상황에 맞는 뜻으로 표현을 하면 된다.

13. bear fine apples. 좋은 사과를 갖다.

☞ 관련해서 **지니고 있는 표현**. 좋은 사과와 관련해서 지니고 있다.
좋은 사과를 갖다.

그래서 한국어 "갖다 등"의 표현을 한다. 한국어는 문맥이나 상황에 맞는 뜻으로 표현을 하면 된다.

14. bear news. 뉴스를 퍼뜨리다.

☞ 관련해서 **지니고 있는 표현**. 뉴스와 관련해서 지니고 있다.
뉴스를 퍼뜨리다.

그래서 한국어 "퍼뜨리다 등"의 표현을 한다. 한국어는 문맥이나 상황에 맞는 뜻으로 표현을 하면 된다.

15. bear 10% interest. 10% 이자가 생기다.

☞ 관련해서 **지니고 있는 표현**. 이자와 관련해서 지니고 있다. 이자가 생기다.

그래서 한국어"생기다 등"의 표현을 한다. 한국어는 문맥이나 상황에 맞는 뜻으로 표현을 하면 된다.

16. bear the crowed back. 관중을 몰아내다.

☞ 관련해서 **지니고 있는 표현**. 관중과 관련해서 지니고 있다. 관중을 몰아내아내다.

그래서 한국어"몰아내다 등"의 표현을 한다. 한국어는 문맥이나 상황에 맞는 뜻으로 표현을 하면 된다.

17. bear him company. 그와 동행하다.

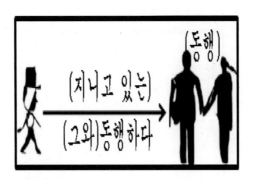

☞ 관련해서 **지니고 있는 표현**. 동행과 관련해서 지니고 있다. 그와 동행하다.

그래서 한국어"동행하다 등"의 표현을 한다. 한국어는 문맥이나 상황에 맞는 뜻으로 표현을 하면 된다.

18. bear explanations. 설명을 지니다.

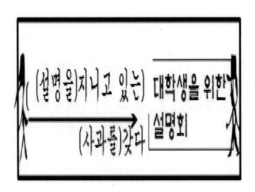

☞ 관련해서 **지니고 있는 표현**. 설명과 관련해서 지니고 있다. 설명을 지니다.

그래서 한국어"지니다 등"의 표현을 한다. 한국어는 문맥이나 상황에 맞는 뜻으로 표현을 하면 된다.

19. bear examination. 근거를 지니다.

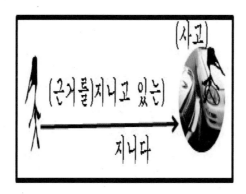

☞ 관련해서 **지니고 있는 표현**. 근거와 관련해서 지니고 있다. 근거를 지니다.

그래서 한국어"지니다 등"의 표현을 한다. 한국어는 문맥이나 상황에 맞는 뜻으로 표현을 하면 된다.

20. bear a ceiling. 천정을 떠받치다.

☞ 관련해서 **지니고 있는 표현**. 천정과 관련해서 지니고 있다.
천정을 떠받치다.

그래서 한국어"떠받치다 등"의 표현을 한다. 한국어는 문맥이나 상황에 맞는 뜻으로 표현을 하면 된다.

21. bear him three children. 그의 아이 셋을 갖다.

☞ 관련해서 **지니고 있는 표현**. 아이 셋과 관련해서 지니고 있다. 아이 셋을 갖다.

그래서 한국어"갖다 등"의 표현을 한다. 한국어는 문맥이나 상황에 맞는 뜻으로 표현을 하면 된다.

☞ **bears.** 영어 본래 의미(정한 위치 점)

정한 위치 점을 **지니고 있는 표현**. 이러한 의미를 나타낼 때 bear against을 쓰면 된다.

22. bears the scars. 흉터를 갖고 있다.

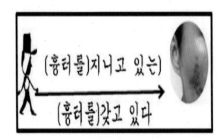

☞ 정한 위치 점을 **지니고 있는 표현**. 정한 흉터를 지니고 있다. 흉터를 갖고 있다.

그래서 한국어"갖고 있다 등"의 표현을 한다. 한국어는 문맥이나 상황에 맞는 뜻으로 표현을 하면 된다.

23. bears address. 주소를 갖고 있다.

☞ 정한 위치 점을 **지니고 있는** 표현. 정한 주소를 지니고 있다. 주소를 갖고 있다.

그래서 한국어"갖고 있다 등"의 표현을 한다. 한국어는 문맥이나 상황에 맞는 뜻으로 표현을 하면 된다.

24. bears gold. 금을 함유하다.

☞ 정한 위치 점을 **지니고 있는** 표현. 정한 금을 지니고 있다. 금을 함유하다.

그래서 한국어"함유하다 등"의 표현을 한다. 한국어는 문맥이나 상황에 맞는 뜻으로 표현을 하면 된다.

25. bears herself with grace. 품위를 지니다.

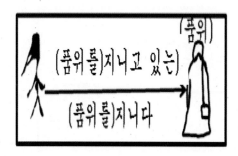

☞ 정한 위치 점을 **지니고 있는** 표현. 정한 품위를 지니고 있다. 품위를 지니다.

그래서 한국어"지니다 등"의 표현을 한다. 한국어는 문맥이나 상황에 맞는 뜻으로 표현을 하면 된다.

26. bears himself with dignity. 위엄을 지니다.

☞ 정한 위치 점을 **지니고 있는** 표현. 정한 위엄을 지니고 있다. 위엄을 지니다.

그래서 한국어"지니다 등"의 표현을 한다. 한국어는 문맥이나 상황에 맞는 뜻으로 표현을 하면 된다.

☞ bear against. 영어 본래 의미(나쁘게 서 있는 마음)

나쁘게 서 있는 마음을 지니고 있는 표현. 이러한 의미를 나타낼 때 bear against을 쓰면 된다.

27. witness against. 반대 증언을 하다.

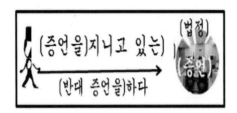

☞ 나쁘게 서 있는 **마음을 지니고 있는 표현**. 나쁘게 서 있는 반대 증언을 지니고 있다. 반대 증언을 하다.

그래서 한국어"…을 하다, 지니다 등"의 표현을 한다. 한국어는 문맥이나 상황에 맞는 뜻으로 표현을 하면 된다.

28. bear a grudge against us. 우리에게 원한을 품다.

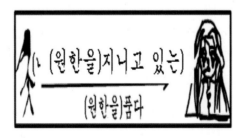

☞ 나쁘게 서 있는 **마음을 지니고 있는 표현**. 나쁘게 서 있는 원한을 지니고 있다. 우리에게 원한을 품다.

그래서 한국어"품다 등"의 표현을 한다. 한국어는 문맥이나 상황에 맞는 뜻으로 표현을 하면 된다.

29. bear ill against us. 악의를 품다.

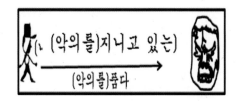

☞ 나쁘게 서 있는 **마음을 지니고 있는 표현**. 나쁘게 서 있는 마음 악의를 지니고 있다. 악의를 품다.

그래서 한국어"품다 등"의 표현을 한다. 한국어는 문맥이나 상황에 맞는 뜻으로 표현을 하면 된다.

☞ **bear to.** 영어 본래 의미(맞추어 채워 지니고 있는)

정해져 있는 것에 **관련해서** 맞추어 채워 **지니고 있는 표현**. 이러한 의미를 나타낼 때 bear to를 쓰면 된다.

30. bear to the right. 오른쪽으로 나아가다.

☞ **bear in.** 영어 본래 의미(속에 지니고)

속에 **지니고 있는 표현**. 이러한 의미를 나타낼 때 bear on을 쓰면 된다.

☞ bear in mind. 마음에 새기다.

☞ (사랑을) 속에 지니고 있는 표현. 마음에 새기다.

bind

영어 본래 의미(① 경계선에 묶는, ② bound(떨어지지 않게 묶는)
경계선에 **묶는 표현**. 이러한 의미를 나타낼 때 bind를 쓰면 된다.

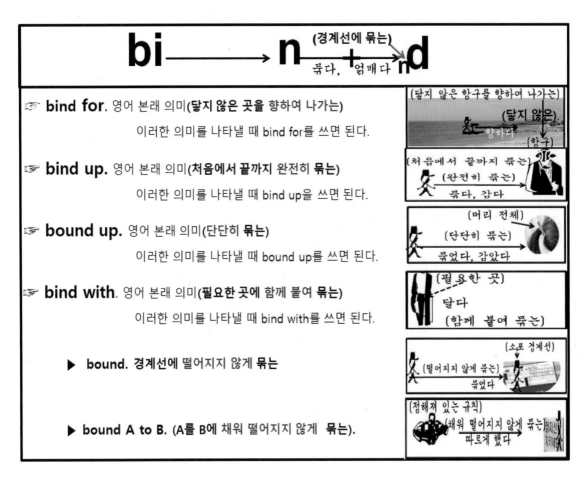

그래서

사전에서 bind의 뜻을 찾아보면 "묶다, 매다, 달다, 둘러 감다, 감다, 싸다, 포박하다, 얽매다, 묶이게 하다, 굳히다, 등"의 다양한 뜻들이 실려 있다. 한국어는 문맥이나 상황에 맞는 뜻으로 표현을 하면 된다.

1. bind the package. 소포를 묶다.

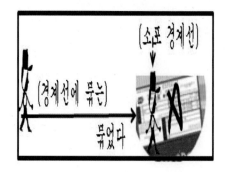

☞ 경계선에 **묶는 표현**. 소포 경계선에 묶다. 소포를 묶다.

그래서 한국어 "묶다, 매다, 감다 등"의 표현을 한다. 한국어는 문맥이나 상황에 맞는 뜻으로 표현을 하면 된다.

2. bind person's legs together. 양발을 묶다.

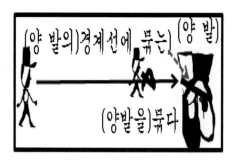

☞ 경계선에 **묶는 표현**. 양발 경계선에 묶다. 양말을 묶다.

그래서 한국어 "묶다, 매다, 감다 등"의 표현을 한다. 한국어는 문맥이나 상황에 맞는 뜻으로 표현을 하면 된다.

3. bind person rigid. 몹시 진력나게 하다.

☞ 경계선에 **묶는 표현**. 감정의 경계선에 묶다. 몹시 진력나게 하다.

그래서 한국어"(진력나게)하다 등"의 표현을 한다. 한국어는 문맥이나 상황에 맞는 뜻으로 표현을 하면 된다.

4. bind the edge of cloth. 천에 가장자리를 달다.

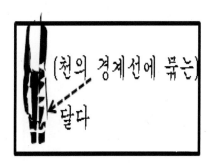

☞ 경계선에 **묶는 표현**. 천의 경계선에 묶다. 천의 가장자리에 달다.

그래서 한국어"달다, 묶다, 매다 등"의 표현을 한다. 한국어는 문맥이나 상황에 맞는 뜻으로 표현을 하면 된다.

☞ bound. 영어 본래 의미(떨어지지 않게 묶는)

경계선에 떨어지지 않게 **묶는 표현**. 이러한 의미를 나타낼 때 bound를 쓰면 된다.

5. bound the package. 소포를 묶었다.

☞ **경계선(소포)에** 떨어지지 않게 **묶는 표현**. 소포의 경계선에 떨어지지 않게 묶었다. 소포를 묶었다.

그래서 한국어"묶었다, 감았다 등"의 표현을 한다. 한국어는 문맥이나 상황에 맞는 뜻으로 표현을 하면 된다.

6. bound by their hands and feet. 그들의 손발을 묶었다.

☞ **경계선에** 떨어지지 않게 **묶는 표현**. 손발의 경계선에 떨어지지 않게 묶었다. 그의 손발을 묶었다.

그래서 한국어"묶었다, 감았다 등"의 표현을 한다. 한국어는 문맥이나 상황에 맞는 뜻으로 표현을 하면 된다.

☞ bind up. 영어 본래 의미(완전히 묶는)

처음에서 끝까지 완전히 **묶는 표현**. 이러한 의미를 나타낼 때 bind up을 쓰면 된다.
한국어"(완전히, 가득, 끝까지, 전부, 모두, 단단히)묶다 등"의 표현을 한다. 한국어는 문맥이나 상황에 맞는 뜻으로 표현을 하면 된다.

7. bind up a wound. 상처에 붕대로 감다.

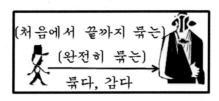

☞ 처음에서 끝까지 완전히 **묶는 표현**. 처음에서 끝까지 상처를 완전히 붕대로 묶다. 상처에 붕대로 감다.

그래서 한국어"감다, 묶다, 매다 등"의 표현을 한다. 한국어는 문맥이나 상황에 맞는 뜻으로 표현을 하면 된다.

☞ bound up. 영어 본래 의미(단단히 묶는)

처음에서 끝까지 **떨어지지 않게** 단단히 **묶는 표현**. 이러한 의미를 나타낼 때 bound up를 쓰면 된다.

8. bound up her hair. 그녀의 머리를 단단히 묶었다.

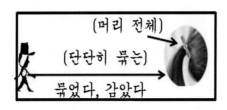

☞ **떨어지지 않게** 단단히 **묶는 표현**. 머리를 떨어지지 않게 단단히 묶다. 그녀의 머리를 단단히 묶었다.

그래서 한국어"감았다, 묶었다 등"의 표현을 한다. 한국어는 문맥이나 상황에 맞는 뜻으로 표현을 하면 된다.

☞ bind with. 영어 본래 의미(함께 붙여 묶는)

필요한 곳에 함께 붙여 **묶는** 표현. 이러한 의미를 나타낼 때 bind with를 쓰면 된다.

9. bind it with string. 그것을 끈으로 묶다.

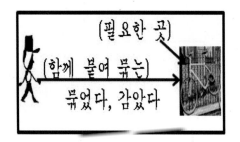

☞ 필요한 곳에 함께 붙여 **묶는** 표현. 끈을 필요한 그것에 함께 붙여 묶다. 그것을 끈으로 묶다.

그래서 한국어"감다, 묶다, 싸다 등"의 표현을 한다. 한국어는 문맥이나 상황에 맞는 뜻으로 표현을 하면 된다.

10. bind dress with leather. 옷에 가죽으로 달다. (함께 붙여 묶는)

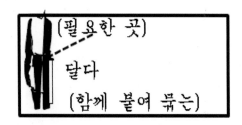

☞ 필요한 곳에 함께 붙여 **묶는** 표현. 가죽을 필요한 옷에 함께 붙여 묶다. 옷에 가죽으로 달다.

그래서 한국어"달다, 선을 치다 등"의 표현을 한다. 한국어는 문맥이나 상황에 맞는 뜻으로 표현을 하면 된다.

11. bind with a rope. 밧줄로 묶다. (함께 붙여 묶는)

☞ 필요한 곳에 함께 붙여 **묶는 표현**. 밧줄이 필요한 곳에 함께 붙여 묶다. 밧줄로 묶다.

그래서 한국어"묶다 등"의 표현을 한다. 한국어는 문맥이나 상황에 맞는 뜻으로 표현을 하면 된다.

12. bound the prisoner with rope. 죄수를 밧줄로 묶었다. (떨어지지 않게)

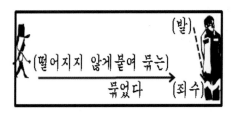

☞ 필요한 곳에 떨어지지 않게 붙여 **묶는 표현**. 밧줄이 필요한 죄수에게 떨어지지 않게 붙여 묶었다. 죄수를 밧줄로 묶었다.

그래서 한국어"묶었다, 감았다 등"의 표현을 한다. 한국어는 문맥이나 상황에 맞는 뜻으로 표현을 하면 된다.

☞ **bound up with.** 영어 본래 의미(완전히 붙여 묶는)

필요한 곳에 완전히 떨어지지 않게 **붙여 묶는 표현**. 이러한 의미를 나타낼 때 bound up with를 쓰면 된다.

한국어"(완전히, 끝까지, 전부, 단단히)묶었다 등"의 표현을 한다. 한국어는 문맥이나 상황에 맞는 뜻으로 표현을 하면 된다.

13. bound up the wound with bandages. 그 상처를 붕대로 완전히 묶었다.

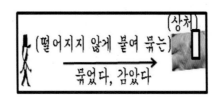

☞ 필요한 곳에 완전히 떨어지지 않게 **붙여 묶는 표현**. 필요한 상처에 완전히 붕대로 떨어지지 않게 붙여 묶었다. 그 상처를 붕대로 완전히 묶었다.

그래서 한국어"(완전히, 끝까지, 전부, 단단히)묶었다 등"의 표현을 한다. 한국어는 문맥이나 상황에 맞는 뜻으로 표현을 하면 된다.

☞ **bind for.** 영어 본래 의미(**향하여 나가는**)

닿지 않은 곳을 향하여 **나가는 표현**. 이러한 의미를 나타낼 때 bind for를 쓰면 된다.

14. bind for the harbor. 항구로 향하다.

☞ 닿지 않은 곳을 향하여 **나가는**(~로 **향하다**, 행하다) **표현**. 닿지 않은 항구를 향하여 나가다. 항구로 향하다.

그래서 한국어"향하다 등"의 표현을 한다. 한국어는 문맥이나 상황에 맞는 뜻으로 표현을 하면 된다.

15. bind for Busan. 부산행이다.

☞ 닿지 않은 곳을 향하여 **나가는 표현**. 닿지 않은 부산을 향하여 나가다. 부산 행이다.

그래서 한국어"행이다 등"의 표현을 한다. 한국어는 문맥이나 상황에 맞는 뜻으로 표현을 하면 된다.

☞ **bind to.** 영어 본래 의미(경계선에 맞추어 채워 묶는)

정해져 있는 경계선에 맞추어 채워 **묶는 표현**. 이러한 의미를 나타낼 때 bind to를 쓰면 된다.

16. bind to the stake. 기둥을 묶다. (경계선에 묶는)

☞ 정해져 있는 경계선에 맞추어 채워 **묶는 표현**. 정해져 있는 기둥에 맞추어 채워 묶다. 기둥을 묶다.

그래서 한국어"묶다, 동여매다 등"의 표현을 한다. 한국어는 문맥이나 상황에 맞는 뜻으로 표현을 하면 된다.

▶ bound A to B. (A를 B에 맞추어 채우는).

17. bound him to pay a debt. 그에게 빚을 갚게 했다.

☞ 정해져 있는 곳에 맞추어 채워 **떨어지지 않게 묶는 표현**. 정해져 있는 빚에 맞추어 채워 떨어지지 않게 묶었다. 그에게 빚을 갚게 했다.

그래서 한국어"(갚게)했다 등"의 표현을 한다. 한국어는 문맥이나 상황에 맞는 뜻으로 표현을 하면 된다.

18. bound to follow the rules. 규칙을 따르게 했다.

☞ 정해져 있는 곳에 채워 **떨어지지 않게 묶는 표현**. 정해져 있는 규칙에 채워 떨어지지 않게 묶었다. 규칙을 따르게 했다.

그래서 한국어"따르게 했다 등"의 표현을 한다. 한국어는 문맥이나 상황에 맞는 뜻으로 표현을 하면 된다.

draw

영어 본래 의미(끌어당겨 옮기는)
따로 끌어당겨 **옮기는** 표현. 이러한 의미를 나타낼 때 draw를 쓰면 된다.

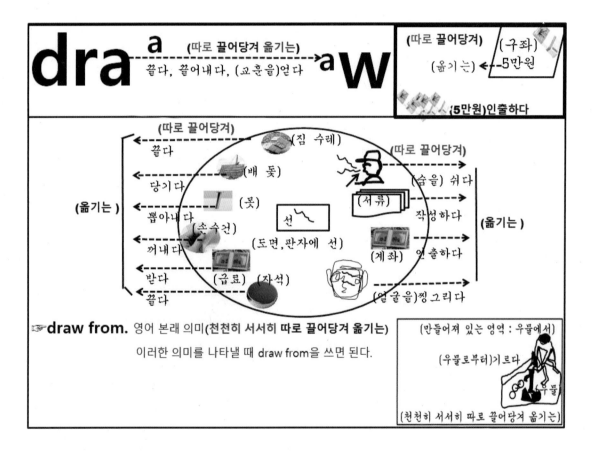

그래서

사전에서 draw의 뜻을 찾아보면 "끌어내다, 뽑다, 끌다, 그리다, 꾀어 들이다, 당기다, 흡수하다, 들이쉬다, 받아들이다, 구별하다, 퍼 올리다, 긋다, 작성하다, 발행하다, 오므리다 등"의 다양한 뜻들이 실려 있다. 한국어는 문맥이나 상황에 맞는 뜻으로 표현을 하면 된다.

1. draw a sword. 칼을 뽑다.

☞ 따로 끌어당겨 **옮기는** 표현. 칼을 따로 끌어당겨 옮기다. 칼을 뽑다.

그래서 한국어 "뽑다, 끌어내다 등"의 표현을 한다. 한국어는 문맥이나 상황에 맞는 뜻으로 표현을 하면 된다.

2. draw a cart. 짐수레를 끌다.

☞ 따로 끌어당겨 **옮기는** 표현. 짐수레를 따로 끌어당겨 옮기다. 짐수레를 끌다.

그래서 한국어 "끌다 등"의 표현을 한다. 한국어는 문맥이나 상황에 맞는 뜻으로 표현을 하면 된다.

3. draw a conclusion. 결론을 끌어내다.

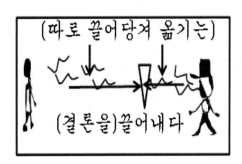

☞ 따로 끌어당겨 **옮기는** 표현. 결론을 따로 끌어당겨 옮기다. 결론을 끌어내다.

그래서 한국어"끌어내다, 얻다 등"의 표현을 한다. 한국어는 문맥이나 상황에 맞는 뜻으로 표현을 하면 된다.

4. draw a long sigh. 긴 한 숨을 내쉬다.

☞ 따로 끌어당겨 **옮기는** 표현. 호흡을 따로 끌어당겨 옮기다. 긴 한숨을 내쉬다.

그래서 한국어"내쉬다 등"의 표현을 한다. 한국어는 문맥이나 상황에 맞는 뜻으로 표현을 하면 된다.

5. draw a crowd. 관중을 끌어들이다.

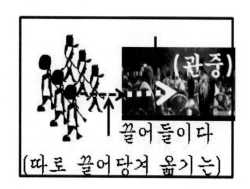

☞ 따로 끌어당겨 **옮기는** 표현. 관중을 따로 끌어당겨 옮기다. 관중을 끌어들이다.

그래서 한국어 "끌어들이다, 끌어모으다 등"의 표현을 한다. 한국어는 문맥이나 상황에 맞는 뜻으로 표현을 하면 된다.

6. draw his pay. 그의 임금을 받다.

☞ 따로 끌어당겨 **옮기는** 표현. 임금을 따로 끌어당겨 옮기다. 임금을 받다.

그래서 한국어 "받다 등"의 표현을 한다. 한국어는 문맥이나 상황에 맞는 뜻으로 표현을 하면 된다.

7. draw a map. 지도를 그리다.

☞ 따로 끌어당겨 **옮기는** 표현. 지도를 따로 끌어당겨 옮기다. 지도를 그리다.

그래서 한국어"그리다 등"의 표현을 한다. 한국어는 문맥이나 상황에 맞는 뜻으로 표현을 하면 된다.

8. draw a curve line. 곡선을 긋다.

☞ 따로 끌어당겨 **옮기는** 표현. 곡선을 따로 끌어당겨 옮기다. 곡선을 긋다.

그래서 한국어"긋다, 그리다 등"의 표현을 한다. 한국어는 문맥이나 상황에 맞는 뜻으로 표현을 하면 된다.

9. draw a bill. 어음을 발행하다.

☞ 따로 끌어당겨 **옮기는** 표현. 어음을 따로 끌어당겨 옮기다. 어음을 발행하다.

그래서 한국어"발행하다 등"의 표현을 한다. 한국어는 문맥이나 상황에 맞는 뜻으로 표현을 하면 된다.

10. draw a sail. 돛을 올리다.

☞ 따로 끌어당겨 **옮기는** 표현. 돛을 따로 끌어당겨 옮기다. 돛을 올리다.

그래서 한국어"(돛을)올리다 등"의 표현을 한다. 한국어는 문맥이나 상황에 맞는 뜻으로 표현을 하면 된다.

☞draw from. 영어 본래 의미(천천히 서서히 따로 옮기는)

만들어져 있는 영역에서 천천히 서서히 따로 **끌어당겨 옮기는 표현**. 이러한 의미를 나타낼 때 draw from을 쓰면 된다.

11. draw from his family. 가족으로부터 얻다.

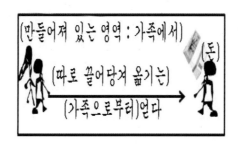

☞ 만들어져 있는 영역에서 천천히 서서히 따로 **끌어당겨 옮기는 표현**. 만들어져 있는 가족으로부터 천천히 서서히 따로 끌어당겨 옮기다. 가족으로부터 얻다.

그래서 한국어"얻다 등"의 표현을 한다. 한국어는 문맥이나 상황에 맞는 뜻으로 표현을 하면 된다.

12. draw water from the well. 우물로부터 물을 기르다.

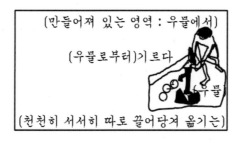

☞ 만들어져 있는 영역에서 천천히 서서히 따로 **끌어당겨 옮기는 표현**. 만들어져 있는 우물에서 천천히 서서히 따로 끌어당겨 옮기다. 우물로부터 물을 기르다.

그래서 한국어"기르다, 얻다 등"의 표현을 한다. 한국어는 문맥이나 상황에 맞는 뜻으로 표현을 하면 된다.

13. draw money from the account. 구좌에서 돈을 인출하다.

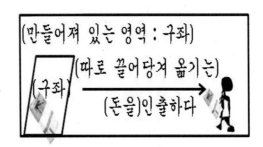

☞ 만들어져 있는 영역에서 천천히 서서히 따로 **끌어당겨 옮기는 표현**. 만들어져 있는 구좌에서 천천히 서서히 따로 끌어당겨 옮기다. 구좌에서 돈을 인출하다.

그래서 한국어 "인출하다 등"의 표현을 한다. 한국어는 문맥이나 상황에 맞는 뜻으로 표현을 하면 된다.

14. draw facts from the books. 책에서 사실을 끌어내다.

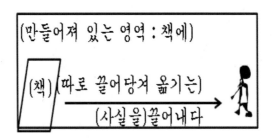

☞ 만들어져 있는 영역에서 천천히 서서히 따로 **끌어당겨 옮기는 표현**. 만들어져 있는 책에서 사실을 천천히 서서히 따로 끌어당겨 옮기다. 책에서 사실을 끌어내다.

그래서 한국어 "끌어내다 등"의 표현을 한다. 한국어는 문맥이나 상황에 맞는 뜻으로 표현을 하면 된다.

☞draw over. 영어 본래 의미(목적을 넘어 옮기는)

정해놓은 목적을 넘어 끌어당겨 **옮기는** 표현. 이러한 의미를 나타낼 때 draw over을 쓰면 된다.

15. draw over 100 people. 100명이 넘는 인원을 끌어 모으다.

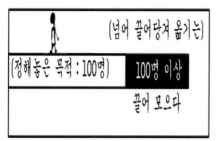

☞ 정해놓은 목적을 넘어 **끌어당겨 옮기는 표현**. 정해놓은 목적 100명을 넘는 끌어당겨 옮기다. 100명이 넘는 인원을 끌어 모으다.

그래서 한국어"모으다 등"의 표현을 한다. 한국어는 문맥이나 상황에 맞는 뜻으로 표현을 하면 된다.

16. draw a curtain over a window. 창문에 커튼을 치다.
▶ draw A over B. A를 B에 넘어 끌어당겨 옮기는)

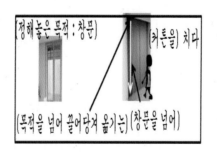

☞ 정해놓은 목적(창문)을 넘어 **끌어당겨 옮기는 표현**. 창문을 넘어 끌어당겨 옮기다. 커튼을 치다.

그래서 한국어"치다, 끌어당기다 등"의 표현을 한다. 한국어는 문맥이나 상황에 맞는 뜻으로 표현을 하면 된다.

☞draw over와 draw across의 사용법

17. draw over.

영어 본래 의미(목적을 넘어 옮기는)
정해놓은 목적을 넘어 **끌어당겨 옮기는** 표현. 이러한 의미를 나타낼 때 draw over를 쓰면 된다.

drew a curtain over a winder. 창문의 커튼을 쳤다. (목적을 넘어)

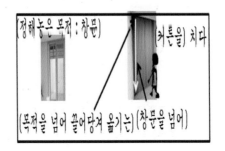

18. draw across.
영어 본래 의미(한쪽에서 다른 쪽에 맞추어 옮기는)
한쪽에서 다른 쪽에 맞추어 **끌어당겨 옮기는** 표현. 이러한 의미를 나타낼 때 draw across를 쓰면 된다.

drew a curtain across a winder. 창문의 커튼을 쳤다. (한쪽에서 다른 쪽에)

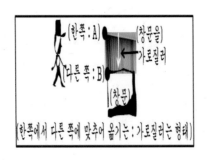

have

영어 본래의 의미(주어져 있는)

이미 주어져(들어와) 있는 **표현**. 이러한 의미를 나타낼 때 have를 쓰면 된다.
한국어 "가지고 있다"는 영어 본래의 의미가 아니다.

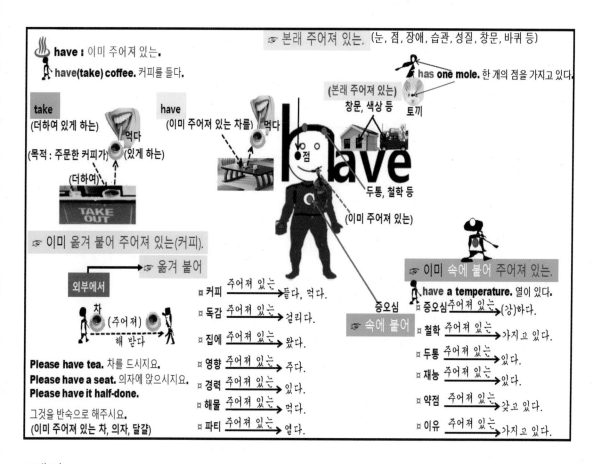

그래서

사전에서 have의 뜻을 찾아보면 "가지고 있다, 걸리다, 소유하다, 갖고 있다, 먹다, 마시다, 만나다, 지니다, 품다, 받다, 보유하다, 대접하다, 초대하다, 당하다 등"의 다양한 뜻들이 실려 있다. 한국어는 문맥이나 상황에 맞는 뜻으로 표현을 하면 된다.

☞ have. 본래 주어져 있는 표현.

has blue eyes. 눈이 푸르다.

has a broad forehead. 넓은 이마를 가졌다.

has one mole. 한 개의 점을 가지고 있다.

has a fierce temper. 난폭한 성질을 가졌다.

has a genius. 소질을 가지고 있다.

has five windows. 창이 다섯 개 있다.

has a good laboratory. 훌륭한 실험실을 가지고 있다.

have no palm. 야자나무가 없다.

have four seasons. 사계절이 있다.

have learning disabilities. 학습 장애를 가지고 있다.

have bad sleeping habits. 나쁜 수면 습관을 가지고 있다.

- ◆ broad. a. 폭 넓은, 광대한.
- ◆ mole. n. 사마귀.
- ◆ fierce. a. 난폭한, 맹렬한.
- ◆ temper. n. 기질, 성질.
- ◆ genius. n. 천재, 소질.
- ◆ laboratory. n. 실험실, 연구소.
- ◆ learning. n. 학습, 학문.
- ◆ disability. n. 불구, 무능.
- ◆ habit. n. 습관, 버릇.

1. has a broad forehead. 넓은 이마를 가졌다.

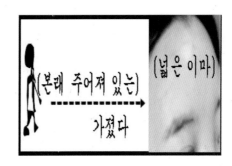

☞ 본래 주어져 있는 표현. 넓은 이마가 본래 주어져 있다. 넓은 이마를 가졌다.

그래서 한국어"가졌다 등"의 표현을 한다. 한국어는 문맥이나 상황에 맞는 뜻으로 표현을 하면 된다.

2. has one mole. 한 개의 점을 가지고 있다.

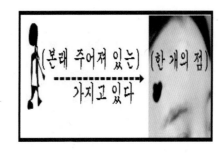

☞ 본래 주어져 있는 표현. 점 한 개가 본래 주어져 있다. 한 개의 점을 가지고 있다.

그래서 한국어"가지고 있다 등"의 표현을 한다. 한국어는 문맥이나 상황에 맞는 뜻으로 표현을 하면 된다.

3. has five windows. 창이 다섯 개 있다.

☞ 본래 주어져 있는 표현. 창 다섯 개가 본래 주어져 있다. 창이 다섯 개 있다.

그래서 한국어 "있다 등"의 표현을 한다. 한국어는 문맥이나 상황에 맞는 뜻으로 표현을 하면 된다.

4. have no palm. 야자나무가 없다.

☞ 본래 주어져 있는 표현. 야자나무가 본래 주어져 있지 않다. 야자나무가 없다.

그래서 한국어 "없다 등"의 표현을 한다. 한국어는 문맥이나 상황에 맞는 뜻으로 표현을 하면 된다.

☞ have. 이미 옮겨 붙어 주어져 있는 표현.

have a book. 책 한 권을 가지고 있다.	**have the power.** 힘을 가지고 있다.
have a friend. 친구가 있다.	**have flowers.** 꽃을 가지고 있다.
have a large family. 대가족이다.	**have a bouquet of flowers.** 꽃다발을 가지고 있다.
have coffee. 커피를 들다.	**have a black dog.** 검은 개를 가지고 있다.
have a bad cold. 독감에 걸리다.	**have one job.** 하나만 직업을 가지고 있다.
have a cigarette. 담배를 피우다.	**have much wealth.** 많은 부를 가지고 있다.
has the reputation. 명성이 나 있다.	**have good friends.** 좋은 친구들이 있다.
has a larger for fortune. 재산가이다.	**have a coupon.** 쿠폰 하나를 갖고 있다.
have more time. 시간이 좀 더 있다.	**have the courage.** 용기가 있다.
has just come home. 막 집에 왔다.	**have a party.** 파티를 열다.
have a lot if options. 선택사항들이 많이 있다.	**have a dinner.** 저녁식사를 하다.
have just read this book. 방금 이 책을 다 읽었다.	**have seafood.** 해산물을 먹다.
have read this book twice. 두 번 이 책을 읽었다.	**have roast beef.** 구운 소고기를 먹다.
have a good record. 경력이 좋다,	**have a seedless watermelon.** 씨 없는 수박을 먹다.
have the records. 기록을 가지고 있다.	**have a shock.** 충격을 받다.
has custody. 보관하고 있다.	**have an encounter.** 우연히 만나다.
have a lot of materials. 자료들을 많이 가지고 있다.	**have a bath.** 목욕을 하다.
have a bicycle. 자전거를 가지고 있다.	**has a consequence.** 결과를 가지다.

- cold. n. 감기. a. 추운, 찬.
- reputation. n. 명성, 평판.
- fortune. n. 재산, 부, 운.
- option. n. 선택(사항).
- record. n. 경력, 기록.
- material. n. 자료, 재료.
- custody. n. 보관, 관리.
- courage. n. 용기. 배짱.
- beef. n. 소고기.

- seedless. a. 씨없는.
- watermelon. n. 수박.
- shock. n. 충격.
- encounter. n. 만남, v. 우연히 만나다.
- consequence. n. 결과, 중요성.

1. have a book. 책 한 권을 가지고 있다.

☞ **이미 옮겨붙어 주어져 있는 표현.** 책 한 권이 이미 옮겨붙어 주어져 있다. 책 한 권을 가지고 있다.

그래서 한국어"가지고 있다 등"의 표현을 한다. 한국어는 문맥이나 상황에 맞는 뜻으로 표현을 하면 된다.

2. have coffee. 커피를 들다.

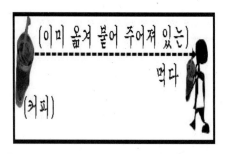

☞ **이미 옮겨붙어 주어져 있는 표현.** 커피가 이미 옮겨붙어 주어져 있다. 커피를 들다.

그래서 한국어"들다, 먹다, 마시다 등"의 표현을 한다. 한국어는 문맥이나 상황에 맞는 뜻으로 표현을 하면 된다.

3. have a cigarette. 담배를 피우다.

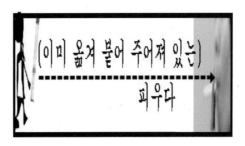

☞ **이미 옮겨붙어 주어져 있는 표현**. 담배가 이미 옮겨붙어 주어져 있다. 담배를 피우다.

그래서 한국어"피우다 등"의 표현을 한다. 한국어는 문맥이나 상황에 맞는 뜻으로 표현을 하면 된다.

4. have more time. 시간이 좀 더 있다.

☞ **이미 옮겨붙어 주어져 있는 표현**. 시간이 좀 더 이미 옮겨붙어 주어져 있다. 시간이 좀 더 있다.

그래서 한국어"있다 등"의 표현을 한다. 한국어는 문맥이나 상황에 맞는 뜻으로 표현을 하면 된다.

5. has just come home. 막 집에 왔다.

☞ **이미** 옮겨붙어 주어져 있는 **표현**. 집에 이미 옮겨붙어 주어져 있다. 막 집에 왔다.

그래서 한국어"왔다 등"의 표현을 한다. 한국어는 문맥이나 상황에 맞는 뜻으로 표현을 하면 된다.

6. have read this book twice. 두 번 이 책을 읽었다.

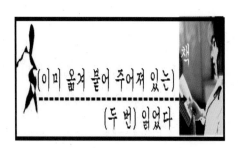

☞ **이미** 옮겨붙어 주어져 있는 **표현**. 읽는 것에 두 번 이미 옮겨붙어 주어져 있다. 이 책을 두 번 읽었다.

그래서 한국어"읽었다 등"의 표현을 한다. 한국어는 문맥이나 상황에 맞는 뜻으로 표현을 하면 된다.

7. have a good record. 경력이 좋다.

☞ **이미 옮겨붙어 주어져 있는 표현**. 좋은 경력이 이미 옮겨붙어 주어져 있다. 경력이 좋다.

그래서 한국어 "좋다 등"의 표현을 한다. 한국어는 문맥이나 상황에 맞는 뜻으로 표현을 하면 된다.

8. have a bicycle. 자전거를 갖고 있다.

☞ **이미 옮겨붙어 주어져 있는 표현**. 자전거가 이미 옮겨붙어 주어져 있다. 자전거를 갖고 있다.

그래서 한국어 "갖고 있다 등"의 표현을 한다. 한국어는 문맥이나 상황에 맞는 뜻으로 표현을 하면 된다.

9. have the power. 힘을 가지고 있다.

☞ **이미** 옮겨붙어 주어져 **있는 표현.** 힘이 이미 옮겨붙어 주어져 있다. 힘을 가지고 있다.

그래서 한국어"가지고 있다 등"의 표현을 한다. 한국어는 문맥이나 상황에 맞는 뜻으로 표현을 하면 된다.

10. have flowers. 꽃을 가지고 있다.

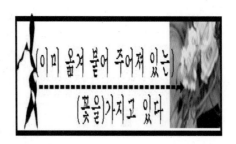

☞ **이미** 옮겨붙어 주어져 있는 **표현.** 꽃이 이미 옮겨붙어 주어져 있다. 꽃을 가지고 있다.

그래서 한국어"가지고 있다 등"의 표현을 한다. 한국어는 문맥이나 상황에 맞는 뜻으로 표현을 하면 된다.

11. have a black dog. 검은 개를 가지고 있다.

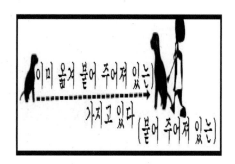

☞ **이미 옮겨붙어 주어져 있는 표현**. 검은 개가 이미 옮겨붙어 주어져 있다. 검은 개를 가지고 있다.

그래서 한국어"가지고 있다 등"의 표현을 한다. 한국어는 문맥이니 상황에 맞는 뜻으로 표현을 하면 된다.

12. have much wealth. 많은 부를 가지고 있다.

☞ **이미 옮겨붙어 주어져 있는 표현**. 많은 부가 이미 옮겨붙어 주어져 있다. 많은 부를 가지고 있다.

그래서 한국어"가지고 있다 등"의 표현을 한다. 한국어는 문맥이나 상황에 맞는 뜻으로 표현을 하면 된다.

13. have one job. 하나만 직업을 가지고 있다.

☞ **이미** 옮겨붙어 주어져 있는 **표현**. 직업 하나만 이미 옮겨붙어 주어져 있다. 하나만 직업을 가지고 있다.

그래서 한국어"가지고 있다 등"의 표현을 한다. 한국어는 문맥이나 상황에 맞는 뜻으로 표현을 하면 된다.

14. have a party. 파티를 열다.

☞ **이미** 옮겨붙어 주어져 있는 **표현**. 파티가 이미 옮겨붙어 주어져 있다. 파티를 열다.

그래서 한국어"열다 등"의 표현을 한다. 한국어는 문맥이나 상황에 맞는 뜻으로 표현을 하면 된다.

15. have seafood. 해산물을 먹다.

☞ **이미 옮겨붙어 주어져 있는 표현**. 해산물이 이미 옮겨붙어 주어져 있다. 해산물을 먹다.

그래서 한국어"먹다 등"의 표현을 한다. 한국어는 문맥이나 상황에 맞는 뜻으로 표현을 하면 된다.

16. have a seedless watermelon. 씨 없는 수박을 먹다.

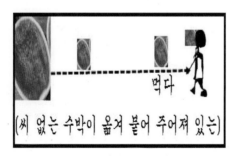

☞ **이미 옮겨붙어 주어져 있는 표현**. 씨 없는 수박이 이미 옮겨붙어 주어져 있다. 씨 없는 수박을 먹다.

그래서 한국어"먹다 등"의 표현을 한다. 한국어는 문맥이나 상황에 맞는 뜻으로 표현을 하면 된다.

17. have an encounter. 우연히 만나다.

☞ **이미** 옮겨붙어 주어져 있는 **표현**. 우연히 이미 옮겨붙어 주어져 있다. 우연히 만나다.

그래서 한국어"만나다 등"의 표현을 한다. 한국어는 문맥이나 상황에 맞는 뜻으로 표현을 하면 된다.

18. have a bath. 목욕을 하다.

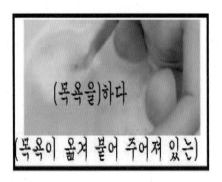

☞ **이미** 옮겨붙어 주어져 있는 **표현**. 목욕이 이미 옮겨붙어 주어져 있다. 목욕을 하다.

그래서 한국어"하다 등"의 표현을 한다. 한국어는 문맥이나 상황에 맞는 뜻으로 표현을 하면 된다.

☞ have. 이미 옮겨 붙여 주어져 있는 표현.

have a car in a ditch. 차를 도랑에 쳐 박다.

have a clean handkerchief. 깨끗한 손수건을 가지고 있다.

have a slide projector. 영사기 한 대를 갖고 있다.

have a sewing machine. 재봉틀 한 대를 갖고 있다.

have some furniture. 약간의 가구를 가지고 있다.

have a plastic operation. 성형수술을 받다.

have a Caesarean section operation. 제왕절개 수술을 받다.

has five kittens. 다섯 마리의 새끼고양이가 있다.

have a spacious garden seat. 넓은 정원 벤치를 가지고 있다.

have positive evidence. 확실한 증거를 가지고 있다.

has a crew of five. 5명의 승무원이 있다.

have a great influence. 막대한 영향을 주다.

have more information. 더 많은 정보를 가지고 있다.

have digital control. 디지털로 조절하다.

have various way. 다양한 방법으로 제공하다.

have begun a project. 계획에 착수했다.

have something here. 어떤 것을 이곳에서 입수하다.

have high-quality employees. 고급 인력을 보유하고 있다.

have sent you an e-mail. 메일을 보냈다.

have full-time. 전업제를 제공하다.

have definite patterns. 뚜렷한 양식을 가지고 있다.

have a sense of what. 무언가에 대한 느낌을 가지고 있다.

have an immediate effect. 즉효가 있다.

have historical reasons. 역사적인 근거들을 가지고 있다.

have another benefit. 다른 이익을 가져다 준다.

have the story of a cat. 고양이에 대한 이야기를 하다.

have many customers. 많은 고객들이 있다.

have an obligation. 의무가 있다.

have parental rights. 어버이로서의 권리를 가지고 있다.

have the technology to travel. 여행하는 기술을 가지고 있다.

has a very lucrative position. 아주 돈벌이가 되는 지위를 갖고 있다.

have much money on a per capita basis.
기초 위에서 일인당 많은 돈을 가지고 있다.

have the exact change. 정확한 거스름돈을 가지고 있다.

has a colorful career. 화려한 경력을 가지고 있다.

have the higher admission standard. 더 높은 입학 기준을 갖고 있다.

have the opportunity. 기회를 가지고 있다.

◆ ditch. n. 도랑, 개천.　◆ positive. a. 확신하는.　◆ evidence. n. 증거.

◆ sewing. a. 재봉의.　◆ full-time. a. 전시간(제)의. (기준노동시간).

◆ machine. n. 기계.　◆ definite. a. 뚜렷한, 분명한.

◆ furniture. n. 가구.　◆ pattern. n. 양식, 모범.　◆. parental. a. 어버이(로서)의

◆ plastic. a. 성형의.　◆ sense. n. 느낌, 감각.　◆ technology. n. 공업기술.

◆ operation. n. 수술, 작업.◆ immediate. a. 즉시의,◆lucrative. a. 수지가 맞는

◆ Caesarean. n. 절개, 절단.　◆ effect. n. 효과, 영향.

◆ kitten. n. 새끼고양이.　◆ spacious. a. 넓은.

◆ information. n. 정보, 지식.　◆ benefit. n. 이익, 은혜.

◆ influence. n. 영향, 세력.　◆ obligation. n. 의무, 책임.

◆ a per capita. 일인당. L. capita의 복수(capita). n. 머리.

◆ per. (배분)...마다.　◆ career. n. 경력, 직업.　◆ colorful. a. 화려한.

19. have a car in a ditch. 차를 도랑에 쳐 박다.

☞ **이미** 옮겨붙어 주어져 있는 **표현**. 차가 도랑에 이미 옮겨붙어 주어져 있다. 차를 도랑에 쳐 박다.

그래서 한국어"박다 등"의 표현을 한다. 한국어는 문맥이나 상황에 맞는 뜻으로 표현을 하면 된다.

20. have a plastic operation. 성형수술을 받다.

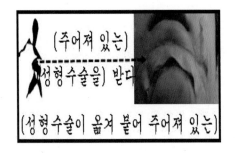

☞ **이미** 옮겨붙어 주어져 있는 **표현**. 성형수술이 이미 옮겨붙어 주어져 있다. 성형수술을 받다.

그래서 한국어"받다 등"의 표현을 한다. 한국어는 문맥이나 상황에 맞는 뜻으로 표현을 하면 된다.

21. have a crew of five. 5명의 승무원이 있다.

(5명의 승무원이 옮겨 붙어 주어져 있는)

☞ **이미 옮겨붙어 주어져 있는 표현**. 5명의 승무원이 이미 옮겨붙어 주어져 있다. 5명의 승무원이 있다.

그래서 한국어"있다 등"의 표현을 한다. 한국어는 문맥이나 상황에 맞는 뜻으로 표현을 하면 된다.

22. have digital control. 디지털로 조절하다.

(디지털 조절이 옮겨 붙어 주어져 있는)

☞ **이미 옮겨붙어 주어져 있는 표현**. 디지털 조절이 이미 옮겨붙어 주어져 있다. 디지털로 조절하다.

그래서 한국어"...하다 등"의 표현을 한다. 한국어는 문맥이나 상황에 맞는 뜻으로 표현을 하면 된다.

23. have begun a project. 계획에 착수했다.

☞ **이미** 옮겨붙어 주어져 있는 **표현**. 계획에 이미 옮겨붙어 주어져 있다. 계획에 착수했다.

그래서 한국어"했다 등"의 표현을 한다. 한국어는 문맥이나 상황에 맞는 뜻으로 표현을 하면 된다.

24. have sent you an e-mail. 메일을 보냈다.

☞ **이미** 옮겨붙어 주어져 있는 **표현**. 메일 보내는 것이 이미 옮겨붙어 주어져 있다. 메일을 보냈다.

그래서 한국어"보냈다 등"의 표현을 한다. 한국어는 문맥이나 상황에 맞는 뜻으로 표현을 하면 된다.

25. have high-quality employees. 고급 인력을 보유하고 있다.

☞ **이미** 옮겨붙어 주어져 있는 **표현**. 고급 인력이 이미 옮겨붙어 주어져 있다. 고급 인력을 보유하고 있다.

그래서 한국어"보유하고 있다 등"의 표현을 한다. 한국어는 문맥이나 상황에 맞는 뜻으로 표현을 하면 된다.

26. have an immediate effect. 즉효가 있다.

☞ **이미** 옮겨붙어 주어져 있는 **표현**. 약효가 이미 옮겨붙어 주어져 있다. 즉효가 있다.

그래서 한국어"있다 등"의 표현을 한다. 한국어는 문맥이나 상황에 맞는 뜻으로 표현을 하면 된다.

27. have historical reasons. 역사적인 근거들을 가지고 있다.

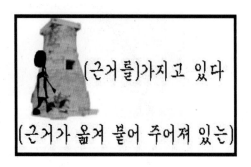

☞ **이미 옮겨붙어 주어져 있는 표현**. 역사적 근거들이 이미 옮겨붙어 주어져 있다. 역사적 근거들을 가지고 있다.

그래서 한국어"가지고 있다 등"의 표현을 한다. 한국어는 문맥이나 상황에 맞는 뜻으로 표현을 하면 된다.

28. have the story of a cat. 고양이에 대한 이야기를 하다.

☞ **이미 옮겨붙어 주어져 있는 표현**. 이야기가 이미 옮겨붙어 주어져 있다. 고양이에 대한 이야기를 하다.

그래서 한국어"하다 등"의 표현을 한다. 한국어는 문맥이나 상황에 맞는 뜻으로 표현을 하면 된다.

29. have an obligation. 의무가 있다.

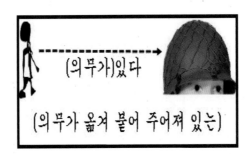

☞ **이미 옮겨붙어 주어져 있는 표현.** 의무가 이미 옮겨붙어 주어져 있다. 의무가 있다.

그래서 한국어"있다 등"의 표현을 한다. 한국어는 문맥이나 상황에 맞는 뜻으로 표현을 하면 된다.

30. have the technology to travel. 여행하는 기술을 가지고 있다.

☞ **이미 옮겨붙어 주어져 있는 표현.** 여행하는 기술이 이미 옮겨붙어 주어져 있다. 여행하는 기술을 가지고 있다.

그래서 한국어"가지고 있다 등"의 표현을 한다. 한국어는 문맥이나 상황에 맞는 뜻으로 표현을 하면 된다.

31. have the exact change. 정확한 거스름돈을 가지고 있다.

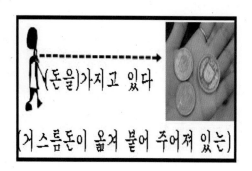

☞ **이미** 옮겨붙어 주어져 있는 **표현**. 정확한 거스름돈이 이미 옮겨붙어 주어져 있다. 정확한 거스름돈을 가지고 있다.

그래서 한국어"가지고 있다 등"의 표현을 한다. 한국어는 문맥이나 상황에 맞는 뜻으로 표현을 하면 된다.

32. have the opportunity. 기회를 가지고 있다.

☞ **이미** 옮겨붙어 주어져 있는 **표현**. 기회가 이미 옮겨붙어 주어져 있다. 기회를 가지고 있다.

그래서 한국어"있다 등"의 표현을 한다. 한국어는 문맥이나 상황에 맞는 뜻으로 표현을 하면 된다.

have many gifts. 많은 재능을 갖고 있다.

have different assumptions. 다른 가정들을 가지고 있다.

have a business background. 직무 경험이 있다.

have a pleasant talk. 즐겁게 이야기 하다.

have a few black plyers. 몇 명의 흑인선수들을 가지고 있다.

have great power. 대단한 능력을 가지고 있다.

have an impact. 영향을 미치다.

have an official occasion. 공식행사를 가지다.

have a grace period. 유예기간을 두다.

have more discretionary funds. 비밀자금을 더 많이 가지고 있다.

has a kind boss. 친절한 상사가 있다.

- ◆ gift. n. 재능, 선물.
- ◆ assumption. n. 가정, 억측.
- ◆ business. n. 사업, 직무.
- ◆ background. n. 경력, 경험.
- ◆ impact. n. 영향(력), 충돌.
- ◆ official. a. 공무상의, 공식의.
- ◆ occasion. n. 행사, 때.
- ◆ grace. n. 유예(기간), 은총.
- ◆ more. a. 더 많은.
- ◆ discretionary. a. ,임의의, 자유재량의.

33. have many gifts. 많은 재능을 갖고 있다.

☞ **이미** 옮겨붙어 주어져 있는 **표현**. 많은 재능이 이미 옮겨붙어 주어져 있다.
많은 재능을 갖고 있다.

그래서 한국어"갖고 있다 등"의 표현을 한다. 한국어는 문맥이나 상황에 맞는
뜻으로 표현을 하면 된다.

34. have a business background. 직무 경험이 있다.

☞ **이미** 옮겨붙어 주어져 있는 **표현**. 직무 경험이 이미 옮겨붙어 주어져 있다.
직무 경험이 있다.

그래서 한국어"있다 등"의 표현을 한다. 한국어는 문맥이나 상황에 맞는 뜻으로
표현을 하면 된다.

35. have a few black plyers. 몇 명의 흑인선수들을 가지고 있다.

☞ **이미 옮겨붙어 주어져 있는 표현**. 몇 명의 흑인선수들이 이미 옮겨붙어 주어져 있다. 몇 명의 흑인선수들을 가지고 있다.

그래서 한국어"가지고 있다 등"의 표현을 한다. 한국어는 문맥이나 상황에 맞는 뜻으로 표현을 하면 된다.

36. have an impact. 영향을 미치다.

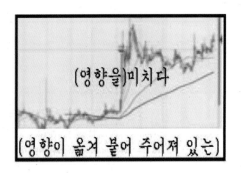

☞ **이미 옮겨붙어 주어져 있는 표현**. 영향이 이미 옮겨붙어 주어져 있다. 영향을 미치다.

그래서 한국어"미치다 등"의 표현을 한다. 한국어는 문맥이나 상황에 맞는 뜻으로 표현을 하면 된다.

37. have more discretionary funds. 비밀자금을 더 많이 가지고 있다.

☞ **이미** 옮겨붙어 주어져 있는 **표현**. 비밀자금이 더 많이 이미 옮겨붙어 주어져 있다. 비밀자금을 더 많이 가지고 있다.

그래서 한국어"가지고 있다 등"의 표현을 한다. 한국어는 문맥이나 상황에 맞는 뜻으로 표현을 하면 된다.

38. has a kind boss. 친절한 상사가 있다.

☞ **이미** 옮겨붙어 주어져 있는 **표현**. 친절한 상사가 이미 옮겨붙어 주어져 있다. 친절한 상사가 있다.

그래서 한국어"있다 등"의 표현을 한다. 한국어는 문맥이나 상황에 맞는 뜻으로 표현을 하면 된다.

☞ have. 이미 속에 붙어 주어져 있는 표현.

have a temperature. 열이 있다.	**has a dignity.** 위엄이 있다.
have a slender waist. 허리가 날씬하다.	**have a very strong tendency.** 매우 강렬한 성향을 지니고 있다.
has an aptitude. 재능이 있다.	**has the advantage of experience.** 경험에 의한 장점이 있다.
have a talent for art. 예술에 대한 재능을 가지고 있다.	**has sufficient courage.** 충분한 용기를 가지고 있다.
has a kidney trouble. 신장이 나쁘다.	**have a particular reason.** 특별한 이유를 가지고 있다.
have a terrible headache. 심한 두통이 있다.	**have a bad temper.** 나쁜 성질을 갖고 있다.
have a philosophy. 철학을 가지고 있다.	**have an addictive disorder.** 중독 장애를 가지고 있다.
has deep faith. 깊은 신념을 가지고 있다.	**have a potential problem.** 잠재적인 문제를 가지고 있다.
have an idea. 생각을 갖고 있다.	**have no reason to doubt.** 의심할 이유가 없다.
has expertise. 전문성을 지니고 있다.	**has a negative character.** 부정적인 성격을 가지고 있다.
have the reputation. 명성을 갖고 있다.	**has a strong hatred.** 증오심이 강하다.
have the sense of privilege. 특권의식을 가지고 있다.	**has a little weakness.** 약간의 약점을 가지고 있다.
has a weakness. 약점을 갖고 있다.	**have different ideas.** 다른 생각들을 가지고 있다.
have a strong stomach. 위가 튼튼하다.	**have a nervous breakdown.** 신경 쇠약에 걸리다.
have certain ideas. 확실한 의견을 가지고 있다.	**has a fine garden.** 훌륭한 정원이 있다.
has polite manners. 예의가 바르다.	**have no special choice.** 특별히 좋아하는 것이 없다.
have a good mind. 좋은 생각을 가지고 있다.	**have a story-like or dream-like quality.**
have creative ability. 창의적인 능력을 소유하고 있다.	이야기 같거나 꿈과 같은 특질을 갖고 있다.
have moral qualities. 도덕적인 특성을 갖고 있다.	

- ◆ temperature. n. 온도, 고열.
- ◆ reputation. n. 명성.
- ◆ waiat. n. 허리.
- ◆ privilege. n. 특권. 면책.
- ◆ slender. a. 날씬한, 홀쭉한.
- ◆ weakness. n. 약점, 결점.
- ◆ aptitude. n. 재능, 적성.
- ◆ stomach. n. 위, 식욕.
- ◆ kidney. n. 신장.
- ◆ polite. a. 공손한, 교양이 있는.
- ◆ trouble. n. 고생, 병.
- ◆ certain. n. 창조적인, 독창적인.
- ◆ terrible. a. 심한, 대단한.
- ◆ ability. n. 능력, 재능.
- ◆ headache. n. 두통.
- ◆ quality. n. 특성. 품질.
- ◆ particular. a. 특별한.
- ◆ philosophy. n. 철학.
- ◆ moral. a. 도덕(상)의.
- ◆ addicitive. a. 중독성인.
- ◆ faith. n. 신념, 믿음.
- ◆ dignity. n. 위엄, 명예.
- ◆. disorder. n. 장애.
- ◆ expertise. n. 전문성,
- ◆ tendency. n. 성향, 경향.
- ◆ advantage. n. 장점, 이익.
- ◆ sufficient. a. 충분한.
- ◆ weakness. n. 쇠약.
- ◆ negative. a. 부정적인.
- ◆ hatred. n. 증오심.
- ◆ nervous. a. 신경의.

1. have a temperature. 열이 있다.

☞ **이미** 속에 붙어 주어져 있는 **표현**. 열이 이미 속에 붙어 주어져 있다. 열이 있다.

그래서 한국어"있다 등"의 표현을 한다. 한국어는 문맥이나 상황에 맞는 뜻으로 표현을 하면 된다.

2. have a slender waist. 허리가 날씬하다.

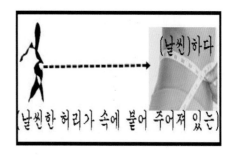

☞ **이미** 속에 붙어 주어져 있는 **표현**. 허리 날씬한 것이 이미 속에 붙어 주어져 있다. 허리가 날씬하다.

그래서 한국어"하다 등"의 표현을 한다. 한국어는 문맥이나 상황에 맞는 뜻으로 표현을 하면 된다.

3. has deep faith. 깊은 신념을 가지고 있다.

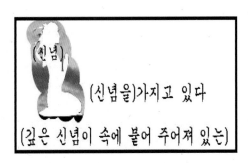

☞ **이미** 속에 붙어 주어져 있는 **표현**. 깊은 신념이 이미 속에 붙어 주어져 있다. 깊은 신념을 가지고 있다.

그래서 한국어 "가지고 있다 등"의 표현을 한다. 한국어는 문맥이나 상황에 맞는 뜻으로 표현을 하면 된다.

4. has expertise. 전문성을 지니고 있다.

☞ **이미** 속에 붙어 주어져 있는 **표현**. 전문성이 이미 속에 붙어 주어져 있다. 전문성을 지니고 있다.

그래서 한국어 "지니고 있다 등"의 표현을 한다. 한국어는 문맥이나 상황에 맞는 뜻으로 표현을 하면 된다.

5. has polite manners. 예의가 바르다.

☞ **이미 속에 붙어 주어져 있는 표현**. 예의가 이미 속에 붙어 주어져 있다. 예의가 바르다.

그래서 한국어"바르다 등"의 표현을 한다. 한국어는 문맥이나 상황에 맞는 뜻으로 표현을 하면 된다.

6. have a good mind. 좋은 생각을 가지고 있다.

☞ **이미 속에 붙어 주어져 있는 표현**. 좋은 생각이 이미 속에 붙어 주어져 있다. 좋은 생각을 가지고 있다.

그래서 한국어"가지고 있다 등"의 표현을 한다. 한국어는 문맥이나 상황에 맞는 뜻으로 표현을 하면 된다.

7. have a bad temper. 나쁜 성질을 갖고 있다.

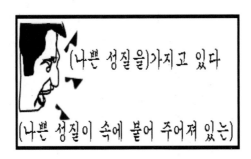

☞ **이미 속에 붙어 주어져 있는 표현.** 나쁜 성질이 이미 속에 붙어 주어져 있다. 나쁜 성질을 갖고 있다.

그래서 한국어"갖고 있다 등"의 표현을 한다. 한국어는 문맥이나 상황에 맞는 뜻으로 표현을 하면 된다.

8. have an addictive disorder. 중독 장애를 가지고 있다.

☞ **이미 속에 붙어 주어져 있는 표현.** 중독 장애가 이미 속에 붙어 주어져 있다. 중독 장애를 가지고 있다.

그래서 한국어"가지고 있다 등"의 표현을 한다. 한국어는 문맥이나 상황에 맞는 뜻으로 표현을 하면 된다.

9. has a little weakness. 약간의 약점을 가지고 있다.

☞ **이미** 속에 붙어 주어져 있는 **표현**. 약간의 약점이 이미 속에 붙어 주어져 있다. 약간의 약점을 가지고 있다.

그래서 한국어"가지고 있다 등"의 표현을 한다. 한국어는 문맥이나 상황에 맞는 뜻으로 표현을 하면 된다.

10. has a fine garden. 훌륭한 정원이 있다.

☞ **이미** 속에 붙어 주어져 있는 **표현**. 훌륭한 정원이 이미 속에 붙어 주어져 있다. 훌륭한 정원이 있다.

그래서 한국어"있다 등"의 표현을 한다. 한국어는 문맥이나 상황에 맞는 뜻으로 표현을 하면 된다.

☞**have to.** 주어져 있는 자리에 채워야 하는 표현.

have to finish that. 그것을 끝내야 한다.

have to memorize. 기억해야 한다.

have to testify. 증언을 해야 한다.

have to secure a budget. 예산을 확보해야 한다.

have to cut corners. 절약을 해야 한다.

have to apply it. 그것을 적용해야 한다..

has to sterilize the instruments. 기구를 소독해야 한다.

have to get certified. 자격을 얻어야 한다.

has to solve the problem. 그 문제를 풀어야한다.

have to appreciate the theory. 이론을 잘 이해 해야 한다.

have to uphold the dignity. 존엄성을 지켜야 한다.

have to pay their school tuition. 수업료를 내야 한다.

have to search for the exact word. 정확한 단어를 찾아야 한다.

have to develop barren land. 불모지를 개발 해야 한다.

have to read the new book. 신간을 읽어야

have to refund a debt. 그 빚을 갚아야 한다.

have to confront the enemy. 적군에 맞서야 한다.

have to ask a guide. 안내인에게 요청해야 한다.

have to fetch water. 물을 길러야 한다.

have to share some of the blame.

비난의 일부를 나누어야 한다.

(주어져 있는 자리 : 길러야 하는 것)

(물)

(길러야)한다

(길러야 하는 자리에 채워야 하는)

◆ finish. v. 끝내다. 마치다.

◆ memorize. v. 기억하다.

◆ testify. v. 증언하다, 증명하다.

◆ secure. v. 확보하다, 보증하다.

◆ budget. n. 예산.

◆ cut corners. 절약하다, 질러가다.

◆ appreciate. v. ,인식하다, 헤아리다.

◆ theory. n. 이론, 학설.

◆ uphold. v. (떠) 받치다, 유지하다.

◆ dignity. n. 존엄성, 위엄.

◆ confront. v. 직면하다, 맞서게 하다.

◆ search. v. 찾다, 탐색하다.

◆ exact. a. 정확한, 꼼꼼한.

◆ barren. n. 불모지, 메마른.

◆ develop. v. 개발하다,

◆ land. n. 땅.토지.

◆ fetch. v. 가져오다, 나오게하다.

◆ share. v. 나누다, 분배하다.

◆ blame. n. 비난

◆ some. a. 얼마간의, 다소.

◆ tuition. n. 수업료, 수업.

☞have to. 영어 본래 의미(주어져 있는 자리에 채워야 하는)

주어져 있는 자리에 채워야 하는 표현. 이러한 의미를 나타낼 때 have to를 쓰면 된다.

1. have to finish that. 그것을 끝내야 한다.

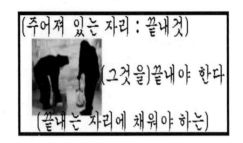

☞ 주어져 있는 자리에 채워야 하는 표현. 주어져 있는 끝내는 자리에 채워야 한다. 그것을 끝내야 한다.

그래서 한국어 "...해야 한다 등"의 표현을 한다. 한국어는 문맥이나 상황에 맞는 뜻으로 표현을 하면 된다.

2. have to memorize. 기억해야 한다.

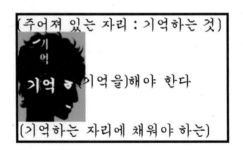

☞ 주어져 있는 자리에 채워야 하는 표현. 주어져 있는 기억하는 자리에 채워야 한다. 기억해야 한다.

그래서 한국어 "...해야 한다 등"의 표현을 한다. 한국어는 문맥이나 상황에 맞는 뜻으로 표현을 하면 된다.

3. have to secure a budget. 예산을 확보해야 한다.

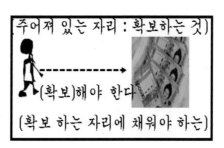

☞ **주어져 있는 자리에 채워야 하는 표현**. 주어져 있는 확보 하는 자리에 채워야 한다. 예산을 확보해야 한다.

그래서 한국어...해야 한다 등"의 표현을 한다. 한국어는 문맥이나 상황에 맞는 뜻으로 표현을 하면 된다.

4. has to sterilize the instruments. 기구를 소독해야 한다.

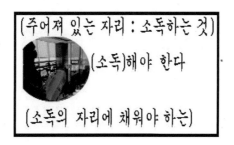

☞ **주어져 있는 자리에 채워야 하는 표현**. 주어져 있는 소독 하는 자리에 채워야 한다. 기구를 소독해야 한다.

그래서 한국어"...해야 한다 등"의 표현을 한다. 한국어는 문맥이나 상황에 맞는 뜻으로 표현을 하면 된다.

5. has to solve the problem. 그 문제를 풀어야 한다.

☞ **주어져 있는 자리에 채워야 하는 표현.** 주어져 있는 풀어야 하는 자리에 채워야 한다. 그 문제를 풀어야 한다.

그래서 한국어"...해여 한다 등"의 표현을 한다. 한국어는 문맥이나 상황에 맞는 뜻으로 표현을 하면 된다.

6. have to pay their school tuition. 수업료를 내야 한다.

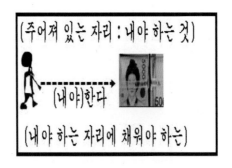

☞ **주어져 있는 자리에 채워야 하는 표현.** 주어져 있는 내야 하는 자리에 채워야 한다. 수업료를 내야 한다.

그래서 한국어"내야 한다 등"의 표현을 한다. 한국어는 문맥이나 상황에 맞는 뜻으로 표현을 하면 된다.

7. have to develop barren land. 불모지를 개발해야 한다.

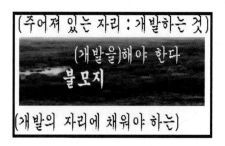

☞ **주어져 있는 자리에 채워야 하는 표현**. 주어져 있는 개발 하는 자리에 채워야 한다. 불모지를 개발해야 한다.

그래서 한국어"...해야 한다 등"의 표현을 한다. 한국어는 문맥이나 상황에 맞는 뜻으로 표현을 하면 된다.

8. have to read the new book. 신간을 읽어야 한다.

☞ **주어져 있는 자리에 채워야 하는 표현**. 주어져 있는 읽어야 하는 자리에 채워야 한다.신간을 읽어야 한다.

그래서 한국어"...해야 한다 등"의 표현을 한다. 한국어는 문맥이나 상황에 맞는 뜻으로 표현을 하면 된다.

9. have to confront the enemy. 적군에 맞서야 한다.

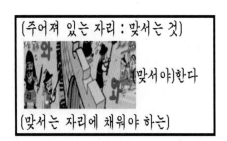

☞ **주어져 있는 자리에 채워야 하는 표현.** 주어져 있는 맞서야 하는 자리에 채워야 한다. 적군에 맞서야 한다.

그래서 한국어"...해야 한다 등"의 표현을 한다. 한국어는 문맥이나 상황에 맞는 뜻으로 표현을 하면 된다.

10. have to fetch water. 물을 길러야 한다.

☞ **주어져 있는 자리에 채워야 하는 표현.** 주어져 있는 길러야 하는 자리에 채워야 한다. 물을 가져와야 한다.

그래서 한국어"...해야 한다 등"의 표현을 한다. 한국어는 문맥이나 상황에 맞는 뜻으로 표현을 하면 된다.

☞ **have-d, -ed.** 맞추어 놓은 자리에 이미 **주어져 있는 표현.**

has announced her marriage. 그녀의 결혼을 알렸다.

have shoes shined. 구두를 닦았다.

(have a watch mended. 시계를 수리했다.

have a machine fixed. 기계를 수리했다.

have developed. 개발했다.

have developed various methods.
다양한 방법들을 개발했다.

have completed the project. 프로젝트를 끝내다.

have developed a new technique.
새로운 기술을 개발하고 있다.

have announced a new program.
새로운 프로그램을 발표했다.

have imported lamps. 렘프를 수입했다.

has her hair parted. 그녀의 머리 가리마를 탔다.

has starred. 주연을 맡았다.

have remained anonymous. 무명인 채로 남았다.

have endured the thing. 그 일을 참았다.

has changed considerably. 상당히 변하여 왔다.

have faced great obstacles. 엄청난 장애들을 직면했다.

have mastered the basic skills. 기본 기술을 마쳤다.

have developed a number of techniques.
몇 가지 기술을 개발했다.

have checked the gas gauge. 연료 눈금을 확인했다.

have recently renewed. 최근에 갱신했다.

have warned. 경고했다.

have always wondered. 언제나 의심을 가졌다.

have rated the training. 훈련을 평가하다.

have learned English. 영어를 배우고 있다.

have published a cookbook. 요리책을 출간했다.

have attended many ball games.
여러 번 야구경기에 참가했다.

- announce. v. 발표하다. 알리다.
- shine. v. 광을 내다, 닦다.
- mend. v. 수선하다, 고치다.
- fix. v. 수리하다, 준비하다.
- develop. v. 개발하다, 발전시키다.
- complete. v. (목적을) 달성하다, 완결하다.
- part. v. 갈라놓다, (머리를) 가리마타다.
- starr. v. 주연으로 하다.
- remain. v. 남다.
- anonymous. n. 무명인.
- check. v. 대조하다, 조사하다.
- warn. v. 경고하다, 알리다.
- endure. v. 견디다, 참다.
- change. v. 변하다, 변경하다.
- considerably. ad. 상당히.
- face. v. 직면하다, 면하다.
- obstacle. n. 장애, 방해.
- skill. n. 기술. 숙련.
- master. v. 기초적인, 기본적인.
- technique. n. 기술, 역량.
- a number of. 다수의, 얼마간의.
- gauge. n. 계량기, 기준.
- renew. v. 갱신하다, 갱신시키다.
- wonder. v. 의심하다, 이상하게 여기다.

☞have -d, -ed. 영어 본래 의미(자리에 이미 주어져 있는)

맞추어 놓은 자리에 이미 **주어져 있는** 표현. 이러한 의미를 나타낼 때 have -d, -ed.를 쓰면 된다.

1. has <u>announced</u> her marriage. 그녀의 결혼을 알렸다. (**맞추어 놓은 자리**)

⚒ **맞추어 놓는** 자리에 이미 **주어져 있는** 표현. 맞추어 놓은 알리는 자리에 이미 주어져 있다. 그녀의 결혼을 알렸다.

그래서 한국어"알렸다 등"의 표현을 한다. 한국어는 문맥이나 상황에 맞는 뜻으로 표현을 하면 된다.

2. have shoes <u>shined</u>. 구두를 닦았다. (**맞추어 놓은 자리**)

☞ **맞추어 놓은 자리에 이미 주어져 있는** 표현. 맞추어 놓은 닦는 자리에 이미 주어져 있다. 구두를 닦았다.

그래서 한국어"닦았다 등"의 표현을 한다. 한국어는 문맥이나 상황에 맞는 뜻으로 표현을 하면 된다.

3. have a watch mended. 시계를 수리했다. (맞추어 놓은 자리)

☞ 맞추어 놓은 자리에 이미 **주어져 있는 표현**. 맞추어 놓은 수리 자리에 이미 주어져 있다. 시계를 수리했다.

그래서 한국어"수리했다 등"의 표현을 한다. 한국어는 문맥이나 상황에 맞는 뜻으로 표현을 하면 된다.

4. have developed. 개발했다. (맞추어 놓은 자리)

☞ 맞추어 놓은 자리에 이미 **주어져 있는 표현**. 맞추어 놓은 개발 자리에 이미 주어져 있다. 개발했다.

그래서 한국어"개발했다 등"의 표현을 한다. 한국어는 문맥이나 상황에 맞는 뜻으로 표현을 하면 된다.

5. have <u>announced</u> a new program. 새로운 프로그램을 발표했다.
(맞추어 놓은 자리)

☞ 맞추어 놓은 자리에 이미 **주어져 있는 표현**. 맞추어 놓은 발표 자리에 이미 주어져 있다. 새로운 프로그램을 발표했다.

그래서 한국어 "발표했다 등"의 표현을 한다. 한국어는 문맥이나 상황에 맞는 뜻으로 표현을 하면 된다.

6. has her hair <u>parted.</u> 그녀의 머리 가리마를 탔다. (맞추어 놓은 자리)

☞ 맞추어 놓은 자리에 이미 **주어져 있는 표현**. 맞추어 놓은 가라마 타는 자리에 이미 주어져 있다. 그녀의 머리 가라마를 탔다.

그래서 한국어 "탔다 등"의 표현을 한다. 한국어는 문맥이나 상황에 맞는 뜻으로 표현을 하면 된다.

7. has <u>changed</u> considerably. 상당히 변하여 왔다. (맞추어 놓은 자리)

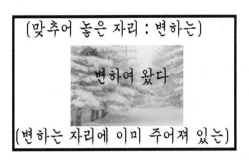

☞ 맞추어 놓은 자리에 이미 **주어져 있는 표현**. 맞추어 놓은 변하는 자리에 이미 주어져 있다. 상당히 변하여 왔다..

그래서 한국어"...하여 왔다 등"의 표현을 한다. 한국어는 문맥이나 상황에 맞는 뜻으로 표현을 하면 된다.

8. have <u>checked</u> the gas gauge. 연료 눈금을 확인했다. (맞추어 놓은 자리)

☞ 맞추어 놓은 자리에 이미 **주어져 있는 표현**. 맞추어 놓은 확인 자리에 이미 주어져 있다. 연료 눈금을 확인했다.

그래서 한국어"...했다 등"의 표현을 한다. 한국어는 문맥이나 상황에 맞는 뜻으로 표현을 하면 된다.

9. have <u>warned</u>. 경고했다. (맞추어 놓은 자리)

☞ 맞추어 놓은 자리에 이미 **주어져 있는 표현**. 맞추어 놓은 경고 자리에 이미 주어져 있다. 경고했다.

그래서 한국어"...했다 등"의 표현을 한다. 한국어는 문맥이나 상황에 맞는 뜻으로 표현을 하면 된다.

10. have <u>attended</u> many ball games. 여러번 야구경기에 참가했다.
(맞추어 놓은 자리)

☞ 맞추어 놓은 자리에 이미 **주어져 있는 표현**. 맞추어 놓은 참가 자리에 이미 주어져 있다. 여러번 야구경기에 참가했다.

그래서 한국어"...했다 등"의 표현을 한다. 한국어는 문맥이나 상황에 맞는 뜻으로 표현을 하면 된다.